中国工业文化发展报告

（2022）

工业和信息化部工业文化发展中心 ◎ 编著

电子工业出版社
Publishing House of Electronics Industry
北京·BEIJING

内 容 简 介

《中国工业文化发展报告（2022）》（以下简称《报告》）是由工业和信息化部工业文化发展中心编著的国内首部工业文化蓝皮书。报告共计33万字，分为综述、产业、区域、专题四大篇章、18篇子报告。

《报告》以"新机遇、新形象"为主题，重点梳理了党的十八大以来我国工业文化领域的创新实践和理论成果，从政策、产业、区域、行业等维度全景勾勒出新时代我国工业文化发展的总体特征，并对集群文化、品牌文化及元宇宙等新兴热点进行了深入探讨。

《报告》得到工业和信息化部有关司局和各省（市、自治区）工业和信息化主管部门的大力支持，案例翔实，可为政府制定决策、企业经营管理、学术机构研究提供参考。

未经许可，不得以任何方式复制或抄袭本书之部分或全部内容。
版权所有，侵权必究。

图书在版编目（CIP）数据

中国工业文化发展报告．2022/工业和信息化部工业文化发展中心编著．—北京：电子工业出版社，2022.9

ISBN 978-7-121-44291-9

Ⅰ.①中⋯　Ⅱ.①工⋯　Ⅲ.①工业－文化研究－研究报告－中国－2022　Ⅳ.①F42-05

中国版本图书馆 CIP 数据核字（2022）第 169372 号

责任编辑：张佳虹
印　　刷：北京天宇星印刷厂
装　　订：北京天宇星印刷厂
出版发行：电子工业出版社
　　　　　北京市海淀区万寿路173信箱　邮编：100036
开　　本：787×1092　1/16　印张：17.25　字数：331.2千字
版　　次：2022年9月第1版
印　　次：2022年9月第1次印刷
定　　价：89.00元

凡所购买电子工业出版社图书有缺损问题，请向购买书店调换。若书店售缺，请与本社发行部联系，联系及邮购电话：（010）88254888，88258888。

质量投诉请发邮件至 zlts@phei.com.cn，盗版侵权举报请发邮件至 dbqq@phei.com.cn。
本书咨询联系方式：zhangjh@phei.com.cn，（010）88254493。

编 委 会

主　任：

何映昆

副 主 任：

李　宁

编委会成员：（按姓名笔画排序，排名不分先后）

阮　力	丁广军	毛六平	闫　肃	岳　阳	赵　刚	孔庆成
王有军	肖　烟	朱大勇	乔丽刚	项长权	王学峰	叶元龄
袁国书	郑正春	胡学同	任世强	姜广智	何立颖	任钧恩
杨茂盛	郝敬红	索申敬	黄宝荣	任洪源	施惠财	宋晓辉
盛章学	周海琦	简秧根	袁鑫涛			

报告编写组：

陈晓清	唐秀锋	曹　璇	姜海伦	周　岚	张伟杰	马雨墨
冯家祺	徐　骥	王星伟	欧　爽	刘亚飞	崔　纯	董温彦
邢天添	张　凡	杨雪芹	司玉锋	高彩霞	樊　睿	崔瑞敏
柯　斌	王　斌	邓桂垚	韩　强	张　潞		

序　言

春华秋实，夏菡冬蕴。

党的十八大以来，在以习近平同志为核心的党中央坚强领导下，我国工业和信息化事业发展取得重大成就，制造强国、网络强国战略深入实施，工业文化支撑作用越发彰显。习近平总书记指出，统筹推进"五位一体"总体布局、协调推进"四个全面"战略布局，文化是重要内容；推动高质量发展，文化是重要支点；满足人民日益增长的美好生活需要，文化是重要因素；战胜前进道路上各种风险挑战，文化是重要力量源泉。[①] 当前，我国工业文化发展已驶入快车道。一是政策体系持续完善，为贯彻落实党中央、国务院决策部署，工业和信息化部等有关部门先后印发《关于推进工业文化发展的指导意见》《推进工业文化发展实施方案（2021—2025年）》等文件，各地政府因地施策，联合企业、社会团体、科研机构共同推进落实和发展。二是重点领域取得突破，认定5批共194项国家工业遗产，抢救性保护了一批重要工业遗产，各地通过建设工业博物馆、工业遗址公园、文化产业园区等"让工业遗产活起来"。三是产业融合发展加速，工业旅游、工业文化研学掀起热潮，工业设计创新能力稳步提升，工艺美术数字化转型持续推进，实现满足人民文化需求和增强人民精神力量相统一。四是工业形象焕新升级，制造业综合实力和国际影响力大幅提升，一大批工业品牌脱颖而出，国内外消费者对"中国制造"的认同度不断提高。

承前启后，继往开来。

2022年是我国实施"十四五"规划的关键之年。世界百年未有之大变局加速演进，新一轮科技革命和产业变革深入发展，我国已转向高质量发展阶段，迎来从"制造大国""网络大国"向"制造强国""网络强国"迈进的历史性跨越，为工业文化发展再上新台阶赋予了全新优势、创造了重大机遇。以工业文化为经济恢复增动

[①] 源自2020年9月22日习近平总书记在教育文化卫生体育领域专家代表座谈会上的讲话。

力，为产业发展添活力，为国际竞争强内力，既利当前又利长远。在工业和信息化部办公厅、产业政策与法规司等有关司局悉心指导下，在各省（市、自治区）工信主管部门大力支持下，我们以"新机遇、新形象"为主题，组织编写了《中国工业文化发展报告（2022）》，重点梳理了党的十八大以来我国工业文化领域的创新实践和理论成果，从政策、产业、区域、行业等维度勾勒新时代我国工业文化发展的总体特征，并对集群文化、产融合作、品牌文化及元宇宙等新兴热点展开了深入探讨。

行而不辍，履践致远。

2022年是党的二十大胜利召开之年。文化是软实力，增强文化软实力是硬任务。站在"两个一百年"奋斗目标的历史交汇点，传承和弘扬中国工业精神，塑造和传播新时代中国工业新形象，推动中国特色社会主义工业文化繁荣发展，是历史赋予我们的重要使命，将为实现第二个百年奋斗目标、开创党和国家事业新局面，提供坚强的思想保证和磅礴的精神力量！

《中国工业文化发展报告（2022）》编委会
2022年9月30日

目　录

综述篇

2022年中国工业文化发展报告 ························· 002
  一、工业文化是制造强国的文化基石和软实力 ··········· 002
  二、现阶段我国工业文化发展总体特征 ··············· 005
  三、坚定不移推动工业文化大发展大繁荣 ············· 024

我国工业文化研究历程和展望 ························· 028
  一、工业文化的研究历程和内涵 ··················· 028
  二、宏观视野：基于制造强国战略的文化研究 ··········· 034
  三、微观视野：基于发展保护视角的应用研究 ··········· 042
  四、未来展望 ····························· 057

产业篇

我国工业遗产发展报告 ····························· 062
  一、工业遗产的内涵与中国特色 ··················· 062
  二、保护利用现状及特点 ······················ 065
  三、问题与对策 ··························· 073

我国工业设计产业发展报告 ·························· 076
  一、我国工业设计产业发展概况 ··················· 076

二、产业特点及新趋势 ················· 083
　　三、问题与对策 ····················· 087

我国工艺美术产业发展报告 ················ 089
　　一、我国工艺美术产业发展概况 ············ 089
　　二、发展现状及产业新趋势 ··············· 092
　　三、问题与对策 ····················· 100

我国工业旅游产业发展报告 ················ 104
　　一、工业旅游面临形势 ·················· 104
　　二、发展现状及特点 ··················· 106
　　三、问题与对策 ····················· 109

我国工业博物馆发展报告 ·················· 113
　　一、工业博物馆的内涵及中国特色 ··········· 113
　　二、发展现状及新趋势 ·················· 117
　　三、问题与对策 ····················· 128

区域篇

工业遗产活化利用与首都城市复兴 ············ 132
　　一、首都城市复兴背景下的工业遗产保护利用 ···· 132
　　二、典型案例：首钢工业遗产的活化利用 ······· 139
　　三、未来展望 ······················ 141

工业文化创新与江苏省的制造强省之路 ········· 142
　　一、制造大省的工业文化发展创新 ··········· 142

二、典型案例：大运河沿线的工业文化明珠 …………………………… 147
　　三、未来展望 …………………………………………………………… 151

文化赋能"广东制造"迈向"广东创造" ………………………………… 153
　　一、高质量发展推动广东省工业文化活力迸发 ………………………… 153
　　二、典型案例：南风古灶与红旗茶厂 …………………………………… 159
　　三、未来展望 …………………………………………………………… 161

传承红色文化，振兴辽宁老工业基地 …………………………………… 164
　　一、老工业基地工业文化的新发展 ……………………………………… 164
　　二、典型案例：鞍钢工业遗产群与阜新工业遗产群 …………………… 168
　　三、未来展望 …………………………………………………………… 172

构建四川工业文化新格局 ………………………………………………… 174
　　一、弘扬工业文化，助力四川经济跨越式发展 ………………………… 174
　　二、典型案例：工业遗产资源的创新性开发 …………………………… 178
　　三、未来展望 …………………………………………………………… 182

专题篇

世界级竞争力集群培育与集群文化建设 ………………………………… 186
　　一、我国产业集群发展现状 ……………………………………………… 186
　　二、世界级领先集群竞争力分析 ………………………………………… 190
　　三、我国产业集群与世界级领先集群的差距 …………………………… 194
　　四、集群文化建设与产业集群竞争优势提升的关系 …………………… 197
　　五、集群文化促进产业集群竞争力提升的路径 ………………………… 200

加强产融合作，推动工业设计产业做大做强 ········· 204
- 一、工业设计产业迫切需要金融支持 ············ 204
- 二、政府引导+多方推动，加速工业设计产融合作 ······ 205
- 三、股权融资+上市，赋能工业设计企业转型升级 ····· 208
- 四、解决产融合作掣肘，加速工业设计企业发展 ······ 213

培育工业品牌，建设质量强国 ················· 217
- 一、品牌的内涵及培育意义 ················ 217
- 二、我国工业品牌的发展与崛起 ·············· 221
- 三、面临的机遇与挑战 ·················· 224
- 四、加快工业品牌培育的策略建议 ············· 226

博物馆数字化发展现状与案例分析 ··············· 229
- 一、博物馆数字化的兴起 ················· 229
- 二、我国博物馆数字化的类型及特点 ············ 234
- 三、博物馆数字化的经验及对工业文化发展的启示 ····· 238

工业题材电影和工业形象塑造探究 ··············· 242
- 一、1949年以来的工业题材电影 ············· 242
- 二、我国工业题材电影的特点及其塑造的工业形象变迁 ··· 246
- 三、未来展望 ······················ 249

元宇宙，开启工业文化发展新纪元 ··············· 252
- 一、元宇宙概述 ····················· 252
- 二、元宇宙与工业 ···················· 256
- 三、布局元宇宙，抢占工业文化发展新高地 ········· 263

综述篇

2022 年中国工业文化发展报告

党的十九大报告指出,"文化自信是一个国家、一个民族发展中更基本、更深沉、更持久的力量"。习近平总书记多次强调,"提高国家文化软实力,关系'两个一百年'奋斗目标和中华民族伟大复兴中国梦的实现"[1],要"弘扬劳模精神、工匠精神""为推动高质量发展、实施制造强国战略、全面建设社会主义现代化国家贡献智慧和力量"[2]。我国工业文化伴随着工业化进程而衍生、积淀和升华,对产业变革具有基础性、长期性、决定性的影响,是工业进步最直接、最根本的思想源泉,是制造强国建设的强大精神动力,是打造国家软实力的重要内容。但从国际国内新形势、新要求并结合实际调研来看,我国工业文化发展水平与世界工业强国相比,与中国制造转型升级的迫切需求相比,与人民群众日益增长的精神文化需求相比,还存在一定差距。发展新时代中国特色社会主义工业文化,是提升中国工业综合竞争力的重要手段,是建设社会主义现代化强国的内在要求,是塑造中国工业新形象的战略选择,是切实增强人民群众获得感、幸福感的迫切需要,是推动"中国制造"向"中国创造"转变的有力支撑。

一、工业文化是制造强国的文化基石和软实力

(一)发展工业文化是提升中国工业综合竞争力的重要手段

中华人民共和国成立 70 多年来,特别是改革开放以后,我国建成了门类齐全、

---

[1] 引自 2013 年 12 月 30 日,习近平总书记主持十八届中共中央政治局第十二次集体学习时的讲话。
[2] 2022 年 4 月 27 日,习近平总书记在致首届大国工匠创新交流大会的贺信中强调,我国工人阶级和广大劳动群众要大力弘扬劳模精神、劳动精神、工匠精神,适应当今世界科技革命和产业变革的需要,勤学苦练、深入钻研,勇于创新、敢为人先,不断提高技术技能水平,为推动高质量发展、实施制造强国战略、全面建设社会主义现代化国家贡献智慧和力量。

独立完整的现代工业体系，制造业发展取得举世瞩目的成就。根据世界银行数据，2010年中国制造业增加值超过美国，其后连续12年位居世界第一[①]，标志着自19世纪中叶以来，经过一个半世纪后，我国重新取得世界第一制造大国的地位。在推进工业化的探索实践中，我国工业文化的发展也取得了一系列成就，孕育了大庆精神、"两弹一星"精神、载人航天精神等先进工业文化典型，涌现出一大批彰显工业文化力量的优秀企业，留下了大量承载工业文化的物质财富，形成了自力更生、艰苦奋斗、无私奉献、爱国敬业等具有鲜明时代特色的工业精神，为工业发展提供了不竭动力。

但随着产业转型升级加速，工业经济质效提升，相较于硬实力的增长，工业文化软实力的建设日益紧迫。总体来看，我国工业文化的发展水平与制造大国的地位还不匹配，主要表现在：缺少世界知名工业品牌，国际影响力不足；工业设计服务制造业转型提升深度不足，工业文化和产业融合发展亟待突破；工业文化普及率不够，工业文化教育覆盖面较窄；此外，我国现有56项世界遗产中，没有一项工业遗产。大力培育和弘扬优秀工业文化，推动软、硬实力同步提升，才能适应新形势，应对新挑战，促进我国工业综合竞争力的全面提升[②]。

（二）发展工业文化是建设社会主义现代化强国的内在要求

强国战略是一国经济社会发展的重要驱动力。党的十九大提出，到21世纪中叶要建成社会主义现代化强国；"十四五"规划纲要进一步明确，要"深入实施制造强国战略""推进网络强国建设""到2035年，建成文化强国"[③]。这些强国目标是整个社会主义现代化强国的组成部分。只有把各个领域的"强国"都建设好，社会主义现代化强国才有扎实的基础和可靠的保证。

综合国力的竞争，不单是经济、技术之间的竞争，更是文化影响力的竞争。中国特色工业文化源自中华民族五千多年文明历史所孕育的中华优秀传统文化，熔铸于党领导人民在革命、建设、改革过程中锻造的革命文化和社会主义先进文化，植根于中国特色工业化的伟大实践。发展工业文化，是制造强国、网络强国、文化强

---

① 人民日报：《我国制造业增加值连续12年世界第一》。
② 许科敏：《工业文化建设任重道远》，《军工文化》2017年第5期。
③《中华人民共和国国民经济和社会发展第十四个五年规划和2035年远景目标纲要》。

国建设的内在要求。

（三）发展工业文化是塑造传播中国工业新形象的战略选择

习近平总书记提出要"注重塑造我国的国家形象"[1]。工业形象是国家工业实力的重要标识，是国家影响力和感召力的具体呈现，是工业文化发展成果的直接反映。当今世界正经历百年未有之大变局，各种思想文化交流交融交锋频繁，中国工业"迎来从'制造大国''网络大国'向'制造强国''网络强国'迈进的历史性跨越"[2]，迫切需要通过弘扬和发展工业文化，讲好新时代中国工业故事，塑造具有鲜明特色的工业形象，让世界更好地认识认同中国工业。

党的十八大以来，我国制造业综合实力和国际影响力大幅提升，企业竞争力显著增强，加速向高端化、智能化、绿色化方向迈进。弘扬和发展工业文化，可以有效提升中国制造的品质内涵，不断提高中国工业的影响力和美誉度，对培育国家工业品牌、增强产品国际竞争力、塑造中国工业新形象，都具有重要意义。

（四）发展工业文化是增强人民获得感、幸福感的迫切需要

党的十九届五中全会强调，"促进满足人民文化需求和增强人民精神力量相统一"[3]。发展工业文化是满足人民群众美好生活需要的重要组成部分，也是精神价值层面的高级需要。在近年的全国两会上，人大代表和政协委员提出多项工业文化相关建议提案，重点聚焦让工业遗产焕发新活力、大力发展工业旅游等方面，这代表着代表委员们的意见和要求，反映了人民群众对发展工业文化的迫切需求。

在以国内大循环为主体、国内国际双循环相互促进的背景下，工业文化产业随着我国工业经济的不断发展、社会格局的持续优化而呈现蓬勃发展的态势。工业设计、工业旅游、工业博物馆、工业研学等均呈现市场需求巨大、发展速度迅猛的特点，不仅为人们提供了更丰富的精神享受、更多元的文化体验，而且在客观上带动了文

---

[1] 习近平总书记在 2013 年 12 月 30 日十八届中央政治局第十二次集中学习时的讲话。来源：《人民日报》2014 年 1 月 1 日第 1 版。
[2] 2022 年 6 月 14 日，工业和信息化部副部长辛国斌在"中国这十年"系列主题新闻发布会的发言。来源：《人民日报》2022 年 6 月 15 日第 2 版。
[3]《中共中央关于制定国民经济和社会发展第十四个五年规划和二〇三五年远景目标的建议》。

化及相关产业的快速增长,扩大了优质工业文化产品的供给,促进了文化消费市场的繁荣,成为经济社会发展的新亮点。

(五)发展工业文化是"中国制造"向"中国创造"转变的有力支撑

当前,我国经济已由高速增长阶段转向高质量发展阶段。"制造业高质量发展是我国经济高质量发展的重中之重"[①]。虽然我国目前是全世界唯一拥有联合国产业分类中全部工业门类的国家,完备的产业链为制造业高质量发展提供了良好的基础,但在高端制造业等方面仍存在短板。挖掘文化要素对设计创新、质效提升、品牌建设的潜力,提高产品设计、质量、品牌、服务水平,是提升产品附加值、推动制造业产业链价值链迈向中高端的重要途径。

新一轮科技革命浪潮加速演进,抓住数字化、网络化、智能化的发展机遇,以创新驱动推进供给侧结构性改革,推动工业文化产业数字化,赋能实体经济,促进先进制造业和现代服务业深度融合,激发全社会创新活力,是推动"中国制造"向"中国创造"转变的重要支撑。

二、现阶段我国工业文化发展总体特征

20世纪是我国从农业社会向工业社会过渡的一百年,同时也是工业文化逐渐发展、壮大的一百年。进入新时代,随着制造强国、网络强国、文化强国一系列战略深入实施,工业文化发展受到越来越多的关注。中央和地方在政策导向、组织建设、理论实践等方面均开展了一系列有效探索;工业设计与工业文化相互交融、集成创新,持续提升产品、系统、服务的文化价值内涵;工业文化自身也迸发蓬勃的力量,为制造业及相关产业高质量发展提供了全新的动能。新一代数字技术不断催生工业文化发展新业态、新模式,拓展文化消费新空间,为推动工业文化发展繁荣提供了机遇和挑战。

---

① 2018年9月26日,习近平总书记在黑龙江齐齐哈尔中国一重集团有限公司考察时的讲话。

（一）政府主导推动，文化赋能高质量发展成为基本共识

1. 多部门共同擘画工业文化发展蓝图

党的十八大以来，党中央、国务院高度重视工业文化发展。为贯彻落实党中央、国务院决策部署，2016年，工业和信息化部、财政部印发《关于推进工业文化发展的指导意见》（工信部联产业〔2016〕446号），在全国引起普遍关注，山东、四川、陕西、深圳等省市相继出台地方细则和规划[1]，支持本地区工业文化发展。同年，国家发展改革委、科技部、工业和信息化部等五部门联合印发《关于支持老工业城市和资源型城市产业转型升级的实施意见》（发改振兴规〔2016〕1966号），提出"大力发展工业文化，重视工业遗产的保护利用，引导与科普教育、旅游、文化创意产业发展相结合，鼓励改造利用老厂区、老厂房、老设施及露天矿坑等，建设特色旅游景点，发展工业旅游"。2018年，工业和信息化部印发《国家工业遗产管理暂行办法》（工信部产业〔2018〕232号）[2]，对国家工业遗产保护利用及相关管理工作做了明确规定。2020年，国家发展改革委、工业和信息化部等五部门联合印发《推动老工业城市工业遗产保护利用实施方案》（发改振兴〔2020〕839号），提出"加快发展新时代中国特色工业文化，推动工业遗产保护利用与文化保护传承、产业创新发展、城市功能提升协同互进""为老工业城市高质量发展增添新的动力"。

2021年5月，工业和信息化部等八部门联合印发《推进工业文化发展实施方案（2021—2025年）》（工信部联政法〔2021〕54号，以下简称《实施方案》），强调"把工业文化建设作为推动制造业高质量发展的重要内容"，对"十四五"期间工业文化发展的总体要求、主要目标、重点任务、保障措施等提出明确要求。为深入贯彻《实施方案》，截至2022年7月，已有江苏、辽宁、安徽、江西、浙江、陕西、

---

[1] 2017年8月7日，山东省经信委、财政厅印发《关于推进山东省工业文化发展实施意见》；2017年11月，深圳市出台《深圳市深入推进工业文化发展的实施方案》；2018年2月27日，四川省经信委等五部门印发《四川省推进工业文化发展实施方案》；2020年，陕西省工业和信息化厅委托陕西师范大学研究编制《陕西工业文化发展规划（2021—2025）》，对陕西省工业历史渊源、文化底蕴和发展现状进行调研、分析，明确了"十四五"期间陕西省工业文化发展的指导思想、目标任务、发展路径及推进措施。

[2] 为适应新形势新要求，新修订的《国家工业遗产管理办法》于2022年6月28日公示征求意见。

湖南、四川等 8 省发布省级行动计划[①]，将工业文化作为推动本地区高质量发展的重要抓手，促进文化与产业融合发展。

2. 地方立法夯实工业文化发展基础

为推进工业文化工作的科学化、制度化、规范化，我国多地探索将工业遗产保护利用、工艺美术、工业旅游等发展纳入法治化轨道，为政府工作提供明确的法律依据，为工业文化发展创造良好的法律和社会环境。

2016 年，湖北省黄石市率先启动工业遗产保护的立法工作，《黄石市工业遗产保护条例》[②]成为我国第一部工业遗产保护方面的地方性法规。随后，安徽省铜陵市、河北省保定市、湖南省株洲市先后颁布《铜陵市工业遗产保护与利用条例》[③]《保定市工业遗产保护与利用条例》[④]《株洲市工业遗产保护条例》[⑤]。2018 年，安徽省颁布《宣纸保护和发展条例》[⑥]，以立法形式，加强宣纸传统制作技艺的传承，确保宣纸产业全面可持续发展；2019—2020 年，河北省邯郸、邢台、承德、唐

---

① 2021 年 11 月 8 日，江苏省工业和信息化厅等七部门印发《江苏省贯彻〈推进工业文化发展实施方案（2021—2025 年）〉行动计划》；2021 年 11 月 30 日，辽宁省工业和信息化厅等七部门印发《辽宁省推进工业文化发展实施方案（2021—2025 年）》；2021 年 12 月 8 日，安徽省经济和信息化厅等七部门印发《安徽省推进工业文化发展行动方案（2021—2025 年）》；2022 年 1 月 7 日，江西省工业和信息化厅等七部门印发《江西省贯彻〈推进工业文化发展实施方案（2021—2025 年）〉行动计划》；2022 年 4 月 11 日，浙江省经济和信息化厅等九部门印发《浙江省推进工业文化发展行动计划》；2022 年 7 月 14 日，陕西省工业和信息化厅等九部门印发《关于印发陕西省贯彻〈推进工业文化发展实施方案（2021—2025 年）〉行动计划的通知》；2022 年 7 月 15 日，湖南省工业和信息化厅等八部门印发《推动工业文化发展工作方案（2022—2025 年）》；2022 年 9 月 27 日，四川省经济和信息化厅等八部门印发《四川省推进工业文化发展行动方案》。
②《黄石市工业遗产保护条例》于 2016 年 9 月 14 日经湖北省十二届人大常委会第二十四次会议批准，自 2017 年 1 月 1 日起施行。
③《铜陵市工业遗产保护与利用条例》于 2017 年 9 月 29 日经安徽省第十二届人民代表大会常务委员会第四十次会议批准，自 2018 年 1 月 1 日起施行。
④《保定市工业遗产保护与利用条例》于 2018 年 3 月 29 日经河北省第十三届人民代表大会常务委员会第二次会议批准，自 2018 年 7 月 1 日起施行。
⑤《株洲市工业遗产保护条例》于 2018 年 11 月 30 日经湖南省第十三届人民代表大会常务委员会第八次会议批准，自 2019 年 5 月 1 日起施行。
⑥《宣纸保护和发展条例》于 2018 年 3 月 30 日经安徽省第十三届人民代表大会常务委员会第二次会议批准，自 2018 年 10 月 1 日起施行。

山等市也相继制定并出台地方工业遗产保护法规①；2022年，青海省颁布《海北藏族自治州中国第一个核武器研制基地旧址保护管理条例》②。

在工业文化产业方面，2021年，广东省颁布《广东省工艺美术保护和发展条例》③；2022年，天津市公布《天津市旅游条例（修订草案）》，明确"鼓励和支持利用工业遗产、工业博物馆、现代工厂等工业文化特色资源，创建工业旅游示范基地、开发制造业认知和体验、工业科普、企业文化等旅游项目和产品"④。

3. 多方联动协同推进理论与实践发展

为构建支撑服务体系、切实推进工业文化发展，工业和信息化部于2014年成立工业文化发展中心，作为部直属事业单位（公益二类）；各地也相继成立省级、市级推进机构（见表1），整合各方资源，搭建公共服务平台；国内多所高校陆续设立各具特色的工业文化研究机构（见表2），在普及工业文化理念、壮大社会协同力量、推动工业文化教育等方面取得了显著成效。8年来，我国工业文化研究不断深入，一批重要工业遗产得到保护，并推动了工业设计、工业旅游、工艺美术、工业博物馆等相关产业发展，逐渐形成理论与实践并进、上下联动、协同推进的工业文化发展新局面。

---

① 《邯郸市工业遗产保护与利用条例》于2019年7月25日经河北省十三届人大常委会第十一次会议批准，自2019年9月1日起施行；《邢台市工业遗产保护与利用条例》于2019年11月29日经河北省第十三届人民代表大会常务委员会第十三次会议批准，自2020年1月1日起施行；《承德市工业遗产保护与利用条例》于2020年7月30日经河北省第十三届人民代表大会常务委员会第十八次会议批准，自2020年12月1日起施行；《唐山市工业遗产保护与利用条例》于2020年9月24日经河北省第十三届人民代表大会常务委员会第十九次会议批准，自2021年1月1日起施行。
② 《海北藏族自治州中国第一个核武器研制基地旧址保护管理条例》于2022年3月29日经青海省第十三届人民代表大会常务委员会第三十次会议批准，自2022年6月1日起施行。
③ 《广东省工艺美术保护和发展条例》于2021年5月26日经广东省第十三届人民代表大会常务委员会第三十二次会议批准，自2021年7月1日起施行。
④ 《天津市旅游条例（修订草案）》于2022年6月1日发布。

表1 各地工业文化推进机构

机构名称	成立时间	单位性质	举办或业务主管单位
陕西省工业文化发展中心	2011年12月	民办非企业单位	陕西省文化和旅游厅
深圳市工业文化发展中心（深圳市工业展览馆）	2016年12月	事业单位	深圳市工业和信息化局
河北省工业文化协会	2018年1月	社会团体	河北省工业和信息化厅
成都工业文化发展促进会	2018年6月	社会团体	成都市经济和信息化局
辽宁省工业文化发展中心（辽宁省档案馆）	2018年12月	事业单位	中共辽宁省委办公厅
成都市工业文化发展中心	2020年10月	事业单位	成都市经济和信息化局
重庆市工业文化协会	2020年10月	社会团体	—
福建省工业文化协会	2021年7月	社会团体	—
安徽省工业文化协会	2022年6月	社会团体	安徽省经济和信息化厅

注：根据天眼查数据收集整理，按登记时间排序。目前，四川省等在筹备成立省级工业文化协会，陕西省拟以西北大学为依托建立陕西省工业文化发展中心。

表2 部分高校设立的工业文化研究机构

机构名称	成立时间	主旨
华中师范大学中国工业文化研究中心	2017年1月	以中国工业史研究带动工业文化基础理论研究，探寻"工匠精神""企业家精神"的历史渊源与现实价值，培育工业考古等新学科，组织工业文化交流与宣传
长春理工大学中国工业文化研究中心	2017年5月	立足吉林、服务东北、辐射全国，在凝练工业文化、传播"工匠精神"、探索"企业家精神"、建立和完善中国特色社会主义工业文化理论体系等方面发挥重要作用
西北工业大学中国工业文化大数据中心	2017年7月	我国首个从事工业文化大数据研究的机构，依托西北工业大学管理科学、计算机技术、信息技术等学科优势，由文化遗产研究院组织建设，开展工业文化理论研究、教学实践、数据整合及产业推广相关工作

续表

机构名称	成立时间	主旨
太原理工大学工业文化研究所	2018年7月	关注全球工业文明进程，重在梳理近代中国工业转型与变革的脉络，驻足山西省地域百年工业文化与社会变迁，凝练工业文化内核，探索工业创新动力，找寻中国现代工业文明之魂
全国职业院校工业文化研究院	2018年11月	与教育部职业院校文化素质教育指导委员会联合成立，统筹开展全国职业院校工业文化发展的研究、培育、咨询、指导、评估和服务等工作，推动工业文化的交流与传播
南京理工大学中国工业文化研究中心	2019年4月	聚焦工业史与工业文化，特别是国防工业史与军工文化，开展高品质的学术研究与交流、文化教育与推广，致力于繁荣、发展和传播社会主义先进工业文化，助力工业强国、制造强国建设
北京语言大学工业文化国际交流中心	2019年9月	将工业文化研究纳入新文科建设和北京市高精尖学科——国别区域学建设平台，通过学校丰富的国际交流渠道推动中国工业文化走出去，讲好中国工业故事，塑造国家工业新形象
南京邮电大学中国邮政与物流文化研究中心	2019年12月	以发掘邮政与物流文化价值、服务邮政与物流产业发展为宗旨，围绕邮政物流史、邮政物流文化、当代邮政物流发展决策等重点研究方向，开展高品质的学术研究与交流、文化教育与推广

注：工业和信息化部工业文化发展中心整理，按成立时间排序。

（二）文化跨界融合，催生相关领域和产业迅猛发展

1. 让工业遗产"活起来"，助推城市转型发展

2022年年初，首钢园因承办北京冬奥会成功"出圈"，吸引了全世界的目光，展示了我国工业遗产的巨大价值，也为各地工业遗产的更新保护、活化利用起到了示范引领作用。截至2021年年底，工业和信息化部已发布5批次、194项国家工业遗产。国务院国资委先后就核工业、钢铁行业、通信行业、石油石化行业、机械制

造行业、军工行业发布 6 批"中央企业工业文化遗产名录"[①]。四川、广东等省相继开展省级工业遗产认定；江苏、湖北、广东、四川、重庆、广西、辽宁等省（市、自治区）制定了省（市）级工业遗产管理办法[②]；广东省还率先探索工业遗产活化利用模式创新[③]；陕西省探索建立分类保护机制[④]。以尊重历史的态度加强保护修缮，以导入新产业、新业态的发展思路为低效工业遗存注入新活力，已成为地方政府和遗产单位在工业遗产保护利用时的共识。

利用工业遗产遗址建设博物馆。重庆市利用重钢搬迁后留下的丰富遗存和展陈物件，在尊重原址厂房形态、工业符号和历史场景的基础上，建成重庆工业博物馆。它不同于传统的博物馆，以"无边界博物馆"为设计理念，由主展馆、"钢魂"馆、工业遗址公园内工业展品专题及装置式陈列共同构成，2019 年开馆即广受社会好评，成为重庆十大地标性文化设施。

利用工业遗产发展文创产业。江西省景德镇市以原国营宇宙瓷厂为核心，利用至今保留完整的制瓷企业老厂房、老窑址建设陶溪川文创街区，原来的成型车间变为非遗、传统手工的体验地，烧炼车间变成美术馆、博物馆和年轻人聚集的创业造

[①] 根据国务院国资委网站公开信息整理。
[②] 2019 年 1 月 22 日，江苏省工业和信息化厅就《江苏省工业遗产管理暂行办法》公开征求意见；2019 年 4 月 28 日，湖北省经济和信息化厅就《湖北省工业遗产管理暂行办法》公开征求意见；2020 年 11 月 26 日，《广东省工业和信息化厅关于广东省工业遗产的管理办法》印发；2021 年 6 月 2 日，四川省经济和信息化厅印发《四川省工业遗产管理办法》；2021 年 8 月 17 日，重庆市经济和信息化委员会印发《重庆市工业遗产管理暂行办法》；2022 年 5 月，广西壮族自治区工业和信息化厅就《广西壮族自治区工业遗产管理办法（征求意见稿）》公开征求意见；2022 年 7 月，辽宁省工业和信息化厅印发《辽宁省省级工业遗产管理暂行办法》（辽工信产业〔2022〕139 号）。
[③] 广东省鼓励地方政府和遗产所有权人因地制宜创新利用途径，提升遗产活化利用效果。目前主要有 4 种模式：第 1 种模式是政府主导的工业遗产项目向公共设施转型；第 2 种模式是政府支持、民营企业运营的工业遗迹保护性开发；第 3 种模式是国有企业导入民间机构进驻开发和运营；第 4 种模式是企业自发的以公益为主的遗产保护行为。
[④] 陕西省通过初步普查认定将工业遗产分为 3 类：第 1 类是工业遗产保存现状较好，得到有效展示利用，可以发挥作用的，如王石凹煤矿、延长石油"延一井"旧址、西安电影制片厂、宝鸡申新纱厂、大华·1935 等；第 2 类是工业遗产虽保存现状较好，但仍需进一步科学保护和利用提升，从而发挥其应有作用的，如红光沟航天六院旧址、西凤酒厂、白水杜康古法酿酒遗址、中科院授时中心蒲城长短波授时台等；第 3 类是工业遗产利用价值较为单一，不具备进一步发掘与合理利用的，如西安安庆集团有限公司 25 号办公大楼、秦川机床毛主席汉白玉雕像等。

梦空间。自2016年开放以来，陶溪川文创街区汇聚了1.6万余名景漂青年创新创业，成功孵化创业实体2600余家，吸引173家知名机构和品牌企业入驻，成为江西省景德镇市与世界对话的新名片，向全球传播中华优秀传统文化的新窗口。

利用工业遗产开发工业旅游和教学基地。广西壮族自治区合山市抓住资源枯竭型城市的转型契机，依托百年煤电工业历史，利用废弃工厂、煤井、铁路等资源，打造合山国家矿山公园，将旅游与研学教育融合发展，形成了完备的煤炭主题研学课程体系[①]，打造充满创意的工业研学旅行，2021年接待研学活动学生约2万人。

2. 工业旅游日益成熟，各地新模式频出

我国工业旅游兴起于20世纪90年代[②]，2004年国家旅游局公布首批103处工业旅游示范点，标志着工业旅游在我国开始进入市场化运作阶段[③]。北京市、上海市、广东省、山东省、江苏省、浙江省等工业化程度较高的地区，往往工业旅游发展迅速、发育程度较高。上海[④]、广东[⑤]、天津[⑥]等省（市）还在政府有关部门主导下成立了工业旅游促进中心。目前，我国工业旅游的总体人数和市场份额虽然还比不上观光游、休闲游等，但作为一种深度特色旅游，工业旅游的发展趋势值得期待。

上海市在工业旅游服务体系和市场运营推广方面走在全国前列。2018年，上海市政府提出要"着力建设中国工业旅游示范城市"[⑦]。2022年，上海市明确以工业旅游为抓手进一步打响上海旅游品牌，促进工业遗产保护利用更加有效、工业文明

---

① 合山国家矿山公园东矿园区从煤炭成因、与发电关系、能源结构、能源战略等多角度出发，打造了6门研学课程（包含劳动课程1门），形成完备的煤炭研学课程体系，并精选与课程特色相匹配的研学老师，如邀请原合山矿务局退休老矿工进行研学课程讲解。2021年，合山国家矿山公园入选国家4A级旅游景区。
② 陈霞：《江苏发展工业文化业态的若干政策建议》，《江苏教育学院学报（社会科学）》2013年7月第29卷第4期。
③ 熊丽、顾阳：《工业旅游——旅游新时尚》，《经济日报》2010年6月28日第6版。
④ 2015年5月11日，上海工业旅游促进中心成立。
⑤ 2014年5月14日，广东省现代工业旅游促进中心成立。
⑥ 2016年，天津市工业旅游促进中心在天津市企业联合会指导下开始工作。
⑦ 2018年8月，上海市政府印发《关于促进上海旅游高品质发展加快建成世界著名旅游城市的若干意见》（沪府发〔2018〕33号），提出要"着力建设中国工业旅游示范城市"。

传承创新更加显著、上海制造金字招牌更加响亮①。早在 2005 年，上海市就成立了全国首个工业旅游推进机构——上海工业旅游促进中心，创办了上海工业旅游网，编制了《上海市"十一五"工业旅游发展总体规划》。随后，制定了全国首个工业旅游地方标准②，推出近百条工业旅游主题线路；为配合旅游推广，还编印了上海市工业旅游年票、宣传口袋书、宣传册、地图，举办全市工业旅游专题培训班。2019 年，全国工业旅游联盟成立大会在上海市举办。

山东省利用青岛啤酒厂工业建筑与设备，将百年青啤发展历程、酿造工艺与现代化生产作业区相结合，营造了一处集文化历史、生产工艺流程、啤酒娱乐、购物为一体的多功能旅游景点，青岛啤酒博物馆被评为国家一级博物馆。依托始建于 1892 年的青岛港设计邮轮母港工业旅游线路，既包括参观现代化国际邮轮母港、大型邮轮船模展示和观景平台，又包括旧式铁路装卸轨道及大型机械设备等，以及体现码头工人工匠精神和创新精神的皮进军工作室等线路，形成了港口工业遗产资源的深度综合开发利用③。

河北省秦皇岛市编制实施《秦皇岛港口近代建筑群保护规划》，将 21 处优秀近代工业遗产的保护利用与港口资源整合、升级改造、城市建设相融合，耀华玻璃厂的老旧建筑改建成玻璃博物馆，停运 47 年的南山电厂改建为电力博物馆，原开滦矿务局高级员司俱乐部改造为秦皇岛港口博物馆、老船坞区域改建成海誓花园，极大地丰富了全域旅游新业态④。

安徽省以泾县宣纸厂为核心，设立"宣纸文化生态保护区"，创新发展宣纸产业，兴建中国宣纸文化园。一方面，引入中国美术家协会、国家画院建设创作写生基地，开发文创产品；另一方面，"走出去"赴意大利佛罗伦萨举办"中国宣纸与绘画意大利展"，弘扬中华宣纸文化。

海南省依托文昌航天发射基地的旅游价值，加快推进航天科技信息产业园建设，重点发展卫星发射观摩、航天创意、航天教育培训、航天育种、航空航天旅游等，

---

① 2022 年 2 月 15 日，上海市文化和旅游局、上海市经济和信息化委员会等十部门共同印发《关于支持和推进上海工业旅游发展的实施意见》。
②《上海工业旅游景点服务质量要求（DB31/T 392—2007）》，2018 年进行修订。
③ 刘艳杰：《青岛：用工业文化遗产讲好城市发展故事》，《光明日报》2021 年 5 月 10 日第 11 版。
④ 上海工业旅游网：《秦皇岛保护利用港口工业遗产 近代建筑群将成特色文化旅游基地》。

以旅游激发工业文化活力,释放工业外溢效应,宣传工业文明和爱国主义教育,开辟了工业经济与旅游经济融合发展的新领域。

3. 工业文化研学方兴未艾,提升青少年工业文化素养

工业文化研学是以工业园区、工业企业、工业遗产、工业博物馆、重大项目工程、理工院校、科研院所等为主体开展的研学实践、工业文化传承、工业精神传播等的教育活动。它借助现代科学技术手段和多样化的学习途径,通过一系列体验式、趣味性、知识性的方式,让青少年在旅游甚至娱乐中领略工业文化,感知工匠精神,学习科学知识。工业文化研学不仅是产业转型升级、培养新型业态的重要抓手,而且是落实立德树人根本任务、培养新时代新人的重要途径。2016年,教育部等11部门印发《关于推进中小学生研学旅行的意见》(教基一〔2016〕8号),提出依托文化遗产资源、红色教育资源和综合实践基地、工矿企业等,建设中小学生研学旅行基地。2019年,工业和信息化部工业文化发展中心编制了国内首个工业文化研学实践教育基地评估标准,对规范以工业文化为主题的研学实践教育基地发展起到了引导作用。

各地纷纷探索利用工业遗存、工业博物馆、现代化厂房和生产车间等设施开展工业科普教育和劳动教育,开发工业文化研学课程,涌现一批工业文化研学实践教育基地。例如,玉门油田将"旧"工业遗产与"新"科技力量交相辉映,成为认识、了解玉门油田的全新"打开方式",对传承弘扬石油精神、提升工业文化品质具有重要意义;江西直升机科技馆开发现代直升机、无人机等课程等近10门科普教育课程。目前,教育部与工业和信息化部联合共建工业文化专题高校思政课实践教学基地已有59家。

(三)文化与设计和谐共振,激活制造业发展潜能

1. 汲取文化力量,为工业设计培根铸魂

工业设计是创新链的起点、价值链的源头[①]。工业文化是工业设计的"根"和"魂",加强优秀工业文化资源的挖掘、保护、传承、创新,运用具有中国特色的

---

① 《新设计、新趋势、新动能,驱动产业变革升级——2020年中国国际工业设计博览会扬帆起航,从"新"出发》,《工业设计》2020年第11期。

标志元素，汲取其中蕴含的宝贵智慧和创新力量，使当代工业设计走得更稳。例如，商飞团队将古代秦人的三棱形箭镞原理应用于国产大型客机C919的改进设计，使其空气阻力减少5%；2022年北京冬奥会吉祥物"冰墩墩"将工业设计与文化的融合表现得淋漓尽致，使其既"悦目"，又"赏心"。

河南省委、省政府于2022年4月提出建设"设计河南"，依托丰富的历史文化遗产和得天独厚的创意资源，促进工业设计与文化的深度融合，打造具有鲜明中原特色的河南设计品牌，促进全省设计创新能力的整体跃升，最终赋能现代化河南建设。

江西省依托"南康家居小镇"吸引3家国家级工业设计中心落地，10多家国内外知名院校、200多家顶尖设计机构入驻，形成了独具特色的家居文化新业态。设计和文化迭加赋能，推动工业品牌提升，"南康家具"区域品牌成为全国第一个以县级行政区划地名命名的工业集体商标。

2. 激发创新活力，工业设计产业版图逐渐清晰

2018年11月，《战略性新兴产业分类（2018）》（国家统计局令第23号）将"工业设计服务"正式列入战略性新兴产业。2019年，工业和信息化部、国家发展改革委等13部门印发《制造业设计能力提升专项行动计划（2019—2022年）》[①]，江苏、山东、浙江、福建、河北等工业大省纷纷将"工业设计"纳入政府工作报告。深圳、上海、北京、武汉等城市先后被联合国教科文组织授予"设计之都"称号[②]。据统计，截至2022年7月，我国已有298家国家级工业设计中心，覆盖26个省（市、自治区）[③]。在消费升级、绿色可持续发展的趋势下，各地工业设计产业化、

---

① 2019年10月11日，工业和信息化部、国家发展和改革委员会、教育部、财政部、人力资源和社会保障部、商务部、国家税务总局、国家市场监督管理总局、国家统计局、中国工程院、中国银行保险监督管理委员会、中国证券监督管理委员会、国家知识产权局等13部门联合印发《关于印发制造业设计能力提升专项行动计划（2019—2022年）的通知》（工信部联产业〔2019〕218号）。

② 深圳、上海、北京、武汉分别于2008年11月、2010年2月、2012年5月、2017年11月被联合国教科文组织授予"设计之都"称号。2018年，天津开始"设计之都"申请工作；2021—2022年，烟台、重庆、哈尔滨陆续启动"设计之都"创建工作。

③ 根据工业和信息化部网站公布认定名单统计整理。

国际化步伐不断加快，东、中、西三条纵向贯通我国的设计经济走廊①已经初步成型。

江苏省制定"工业设计高质量发展三年行动计划"②，聚焦先进制造业集群推动"名园、名院、名企、名品、名人"建设，建设青苔中日工业设计村③，组织举办江苏工业设计周、工业设计大赛、工业设计进千企等活动，促进设计成果的转移转化。截至2022年5月，江苏已建成24家国家级工业设计中心、412家省级工业设计中心、6家省级工业设计研究院和5家省级工业设计示范园区④，形成多层次发展主体的培育格局，一大批优秀工业设计产品斩获国际国内设计奖项。

广东省是制造业大省，工业设计发展起步较早，连续制定多项政策⑤，以工业设计引领制造和消费；安排财政专项资金支持工业设计中心建设，举办"省长杯"工业设计大赛⑥；吸纳和引进优秀人才，培育壮大设计主体；逐渐发展起深圳、佛山等具有地域特色的工业设计产业集群。以位于顺德的广东工业设计城为例，截至2021年年底，已聚集设计研发人员超8000人，吸引283家国内外设计企业入驻，孵化原创品牌50多个，创新设计产品转化率近85%⑦。

重庆市作为西部唯一城市，入选2021年工业和信息化部评选的全国首批4个工业设计特色类示范城市，2022年年初启动"设计之都"创建工作；推动工业设计全产业链和集聚发展，重庆设计公园（一期）、重庆工业设计产业城、重庆工业设

---

① 东线包括满洲里、齐齐哈尔、哈尔滨、长春、沈阳、大连、烟台、青岛、济南、徐州、合肥、南京、上海、杭州、福州、泉州、厦门；中线包括鄂尔多斯、呼和浩特、张家口、北京、天津、石家庄、郑州、武汉、南昌、长沙、株洲、广州、佛山、东莞、深圳、香港、澳门、珠海、海口；西线包括敦煌、兰州、延安、西安、成都、重庆、贵阳、昆明等。
② 2019年，江苏省工业和信息化厅印发《关于印发江苏省工业设计高质量发展三年行动计划（2019—2021年）的通知》（苏工信服务〔2019〕377号）。
③ 江苏省"十四五"时期工业文化领域重点项目，总投资40亿元。
④ 根据江苏省工业和信息化厅提供数据。
⑤ 2012年，广东省印发《关于促进我省设计产业发展的若干意见》；2020年发布《广东省工业设计能力提升专项行动计划（2020—2022年）》《广东省工业和信息化厅关于省级工业设计中心的管理办法》《广东省培育数字创意战略性新兴产业集群行动计划（2021—2025年）》；2021年发布《广东省工业设计工程技术人才职称评价标准条件》。
⑥ 截至2021年年底，广东省已连续成功举办十届"省长杯"工业设计大赛及广东设计周等活动，目前，第十一届大赛正在组织作品征集中。
⑦ 21世纪经济网：《广东工业设计崛起：促文创与制造相融，撬动高附加值"创造"》。

计总部基地等建成投用；连续举办四届"智博杯"工业设计大赛、设计高峰论坛，开展"抖出重庆好设计"等活动，聚合国内外工业设计优质创新资源。

（四）区域发展特色鲜明，东西部地区差异明显

1. 东部工业文化发展强劲，推动制造业向产业链价值链中高端迈进

工业文化是伴随工业化进程而形成的[①]。工业化和市场化程度越高的地区，工业文化发展就越充分。东部沿海地区[②]是中国近代民族工业发祥地、民族品牌发源地，也是现代工业的集聚地和先进制造业的抢滩地，资本、人才、技术等要素活跃，工业文化载体类型丰富。

上海市自1843年开埠算起，船舶、纺织、印刷、机器制造等已有近180年历史，为上海市工业文化发展赋予了深邃的内涵。截至2022年5月，上海市有工业遗存290余处，已蜕变为137家市级文创园区[③]，许多还成为独具魅力的工业旅游景点。2019年11月习近平总书记考察上海市时，肯定了杨浦滨江公共空间从以往的"'工业锈带'变成了'生活秀带'，人民群众有了更多幸福感和获得感"[④]。

浙江省不仅政府重视，而且省内企业乃至公众对工业文化的价值形成了较高的认知度。挖掘文化要素的潜力，扩大优质工业文化产品供给，截至2022年5月已建成各类工业博物馆30余家，以及一批主题鲜明的工业旅游精品路线、工业文化研学基地。依托浙江省内大量民营中小企业对工业设计巨大的市场需求，大力发展集成设计和一体化设计，推动"浙江制造"向价值链中高端攀升。推进传统产业转型升级和工业遗产保护利用互促互融，打造了绍兴柯桥黄酒小镇、湖州南浔善琏湖笔小镇、吴兴丝绸小镇、杭州余杭工业设计小镇等一批特色小镇。

福建省着力提升融合发展深度，推动工业旅游与旅游资源、文化资源对接整合，有效串联各类文旅业态，激活旅游带消费的新工业消费模式；推动工业设计聚焦区域产业重点，赋能文旅产品开发，打造"福设计"品牌；活化福建省船政文化、历

---

① 王新哲、孙星、罗民：《工业文化》，电子工业出版社，2018：27-28。
② 主要指中国东部沿海省份及其相关城市，包括山东、江苏、浙江、福建、上海、广东、海南。
③ 根据上海市经济和信息化委员会提供数据整理。
④ 新华社：《习近平在上海考察时强调 深入学习贯彻党的十九届四中全会精神 提高社会主义现代化国际大都市治理能力和水平》。

史遗存资源，建设"船政文化城"，举办宣传活动，提升区域产业经济活力与福建工业的知名度、美誉度。

2. 老工业基地文化资源丰富，极具发展潜力

我国老工业基地大多集中在中西部地区，是在计划经济时期依靠国家投资建设而形成的门类比较齐全、相对集中的工业区域。根据《全国老工业基地调整改造规划（2013—2022年）》，我国共有老工业城市120个，分布在27个省（市、自治区）[①]。老工业基地见证了我国近现代工业不同寻常的发展历程，蕴藏着丰富的历史文化价值，传承和弘扬了不朽的中国工业精神。2020年，《推动老工业城市工业遗产保护利用实施方案》印发后，各地加快推进老工业城市工业遗产保护利用，促进城市更新改造，以文化振兴带动城市全面振兴。从总体看，我国老工业基地的工业文化氛围渐浓，整体发展势头向好，为推动产业转型升级、结构优化、产品创新和"十四五"进一步发展提供了有力支撑。

辽宁省工业遗产单位和汽车、医药、食品饮品等与生活关联度高的工业企业开发工业旅游，打造了鞍钢集团、沈阳航空博览园（国家4A级旅游景区）、华晨宝马铁西工厂等工业旅游观光产品，辽宁重工之旅、鞍山钢铁之旅被全国工业旅游联盟评为工业旅游特色线路。

黑龙江省大庆市发展以铁人王进喜纪念馆为代表的石油工业展馆游，松机三井纪念园、萨55井为代表的油田纪念地游，以及1205钻井队为代表的石油工业场景游，还创新开发出铁人第一口井采出的一滴油、磕头机、工业版画、芦苇画、剪纸等衍生工业旅游商品。

内蒙古自治区结合自身旅游资源丰富的特点，将工业旅游打造为老工业基地转型升级的新亮点[②]，在包头市打造包钢、小肥羊调味食品、戎王羊绒、北方兵器城等工业研学旅游线路，在赤峰市建成全国工业旅游示范点2家、以工业旅游为主的

[①] 2013年3月18日，国家发展改革委发布《全国老工业基地调整改造规划（2013—2022年）》（发改东北〔2013〕543号）。该规划所称老工业基地是指"一五""二五"和"三线"建设时期国家布局建设、以重工业骨干企业为依托聚集形成的工业基地。老工业基地的基本单元是老工业城市。

[②] 赤峰市、包头市被国家发展改革委评为2020年、2021年全国推进老工业基地调整改造和产业转型升级工作成效明显地市。

国家 2A 级旅游景区 3 家，年接待游客近 10 万人次[①]。

山西省工业旅游起步较早，于 1989 年建成中国煤炭博物馆；平朔露天煤矿在开发之初，就贯彻"边开采边恢复生态"的理念，并于 20 世纪 90 年代开辟了工业旅游线路。近年来，山西省陆续开发了晋华宫矿山公园、太钢博物园、1819 兵器工业园区等，工业旅游从早期博物馆为主，向创意创业园区、产业园区、（遗址）公园等形式转变。

甘肃省天水市对原"三线"建设工业遗址活化利用，建成天水工业博物馆，集工业历史和产品展示、工业遗产保护、科学知识普及、工业文化产业开发、旅游休闲于一体，为天水市聚力新兴产业培育、增强发展新动能、推动老工业基地走出高质量发展新路子提供精神原动力。

3. 西部地区工业文化发展起步较晚，发展特色突出

西部尤其是边疆和少数民族地区[②]推动工业文化发展较晚，但随着西部大开发战略的推进，西部地区对工业文化传承保护和文化资源开发利用日益重视，西部工业文化进入全新发展时期，对突出西部地区工业特色、推进少数民族工业文明进程、增强民族团结、坚定文化自信起到积极的推动作用。

四川省凭借国家工业遗产数量多[③]的优势，初步形成以工业遗产旅游为引领，工业科普旅游、产业公园旅游、企业文化旅游和工业购物旅游相结合的工业旅游产品体系，成都东郊记忆景区入选国家工业遗产旅游示范基地，还有正在打造中的航天工业（西昌市）、科技工业（绵阳市）、重装工业（德阳市）、白酒工业（成都市、德阳市、宜宾市、泸州市）等工业旅游品牌。

新疆生产建设兵团于 2021 年系统启动工业文化相关工程，与新疆维吾尔自治区联合制定了《新疆工业遗产管理操作指南》《新疆工业旅游基地申报指南》，梳理和挖掘工业遗产、工业旅游、工艺美术、工业设计等资源，多渠道传承和弘扬新疆工业文化。

西藏自治区在拉萨水泥厂旧址建成西藏工业博物馆，突出民族特色和和地方特

---

① 根据内蒙古自治区工业和信息化厅提供数据整理。
② 本文所指少数民族地区包括内蒙古、新疆、西藏、广西、宁夏 5 个少数民族自治区，以及云南、贵州和青海 3 个享受自治区待遇的多民族省。
③ 在已经完成的五批次国家工业遗产认定中，四川省共 19 项入选，位居全国首位。

色为重点,展现西藏自治区发展中的工业记忆、红色记忆以及现代文明和进步的新气象;羊八井地热电站等 3 项国家工业遗产加强修缮保护,发挥科普、教育作用,建成爱国主义教育基地;组织西藏工艺美术大师评选,挖掘、保护西藏工艺美术传统技艺[①]。

宁夏回族自治区先后投资新建平汝线大武口火车站、宁夏工业纪念馆、宁夏煤炭地质博物馆,冠名投运"石炭井号"旅游列车,串联石炭井工业文旅小镇、绿皮小火车、大武口洗煤厂等项目,构建"两点一线三片区"的生态工业文化旅游发展框架。

云南省利用财政专项资金或遗产单位投资,对石龙坝水电站等 6 项国家工业遗产进行保护,并积极探索产教融合、文旅结合、茶旅融合等发展模式,加大培育工业旅游、红色旅游、工业设计、文化创意等领域的应用。

贵州省依托"专精特新"培育、中小企业"星光培训工程"等,重点赋能传统民族手工艺企业,支持"苗银""苗绣"等龙头企业发展。

青海省已制定茫崖石棉矿老矿区和核武器研制基地国营二二一厂的保护利用规划,筹措资金推进文物本体修缮工程,加快建设红色教育基地。

(五)社会全面参与,工业文化的内涵不断深化

近年来,新闻媒体、文艺工作者、社会公众也积极参与工业文化发展建设,为推动工业文化发展贡献力量。全社会呈现以社会主义核心价值观为引领,舆论环境昂扬向上、市场氛围积极健康、工业形象正面有力的发展趋势。

1. 现实数据和史料丰富,讲好中国工业故事

主流媒体及时宣传我国工业成就,讲好工业故事。2013 年,工业和信息化部、中央电视台联袂制作纪录片《大国重器》并在央视财经频道(CCTV-2)播出,再现中国装备制造业从无到有,赶超世界先进水平背后的艰辛历程,讲述充满中国智慧的机器制造故事。自 2016 年起,央视《国家记忆》栏目先后播出《军工记忆》《永不过时的劳模精神》《大三线》《大国之盾》《大国鲲鹏》《一座工厂的抗日传奇》《黄崖洞兵工厂》《新中国第一台拖拉机诞生记》等专题纪录片。2018 年,陕西电

---

① 西藏已举办三届自治区工艺美术大师评选,各地(市)也开展了地(市)级工艺美术大师评选。

视台制作播出《陕西智造》6集专题片，并策划推出《丝路在陕商——"三品"工程在行动》节目，宣传陕西"增品种、提品质、创品牌"成效显著企业。自2019年起，《中国工业报》推出《工业文化周刊》和《工业设计周刊》①。2021年，新华社与湖南省国资委联合开展湖湘国企党建品牌塑造行动、文化建设对标提升行动、文化建设样板打造行动。《四川经济日报》每月刊发整版"工业文化"专栏，《四川画报》举办"工业遗产：四川工业记忆再发现"图文系列宣传，大力宣传四川省工业遗产资源和工业文化。

系列大型展览集中展现我国工业发展成就和历程。2018—2019年，国家档案局中央档案馆、工业和信息化部在北京、沈阳等10个城市巡回举办"不忘初心、奋发图强——新中国工业档案文献展"，通过1300多件珍贵档案、重要文献、历史照片、实物模型，真实再现了在中国共产党领导下、我国工业由小到大的发展历程和辉煌成就。还有"匠人营国——中国工匠精神文化展""《国家工业遗产影像志》摄影展"都引起了较好的社会反响。

2. 主题宣传活动迭出，传播弘扬工业精神

多省市开展"工匠"和"优秀企业家"评选工作，组织技能大赛，展示弘扬劳模精神、工匠精神、企业家精神。例如，浙江省推动实施新时代浙江工匠培育工程，辽宁省、陕西省等开展"优秀工匠"和"优秀企业家"评选，四川省开展"寻找四川工匠"及"四川名片·荣耀中国"品牌企业宣传推广等活动。又如，自2019年起，山东省陆续出台系列政策②，评选"山东省杰出企业家"；自2020年起，吉林省将每年11月1日设为"吉林省企业家日"，并对优秀民营企业和民营企业家进行表彰；2022年，江苏省开展"江苏省制造突出贡献奖"评选，营造了尊重企业家价值、鼓励企业家创新、发扬企业家精神的浓厚氛围。

3. 工业题材类创作繁多，塑造中国工业形象

自2017年起，工业和信息化部工业文化发展中心与中国作家协会创作联络部连续举办三届中国工业文学作品"光耀杯"大赛，累计征集原创文学作品1000余部，

---

① 2021年起合并为《工业文化与设计周刊》。
② 2019年，山东省委、省政府印发《关于弘扬企业家精神支持企业家干事创业的若干措施（试行）》（鲁发〔2019〕17号）；2021年，山东省委组织部、山东省委统战部、山东省工业和信息化厅等五部门印发《山东省优秀企业家表彰奖励办法》。

在社会上形成了关注工业文学、弘扬工业文化的良好氛围。社科界、文艺界也对工业文化倾以关注。2018年，《北京工业文化遗产研究》出版；2019年，南京出版社推出"中国工业遗产故事"丛书；2020年，《大连工业遗产图鉴》《江苏省工业遗产地图（2020年版）》出版；2021年，《辽宁工业文化遗产》《品读四川工业遗产（故事篇）》等出版；2022年，《百年记忆——江苏工业遗产的光辉》系列丛书发布，等等，用深入浅出的表达、引人入胜的思考，普及了工业遗产知识，弘扬了工业精神。

自2019年起，四川省启动实施"天府天工·四川工业题材美术创作工程"，以反映自20世纪50年代以来四川省工业建设的艰辛历程和辉煌成就，亮出四川省美术创作反映工业振兴、大国崛起的名片，2022年5月18日，"天府天工——四川工业题材美术创作工程作品展"开幕，展出117件优秀作品，用美术诠释工业文明之美，书写了四川省工业战线战斗之志、创作之力、发展之果。

黑龙江省创作我国首部工业题材舞蹈诗剧《大荒的太阳》，以弘扬大庆精神、铁人精神，讴歌石油工人无私奉献、艰苦创业为主题[①]，还有演绎石油文化、诠释生态文明的《石油秀》《欢乐秀》等大型演出[②]，广受市民、游客欢迎。

影视创作方面，中华人民共和国第一部电影《桥》[③]是工业题材的电影，正面描写了中国工人阶级为缔造中华人民共和国而进行的劳动和斗争，塑造了工人阶级的崭新形象。近年来，又陆续涌现出《金牌工人》《钢的琴》《国徽》《逆境王牌》等一批影响力颇大的工业题材电影。2019年，第一部民族重工业题材的国产动画电影《江南》上映，该片以江南造船前身江南制造总局为原型，展现了小人物在民族大义和国家命运面前的大情怀[④]。2021年，央视先后播出电视连续剧《逐梦蓝天》《火红年华》，前者再现了中国航空工业70年的发展历程，后者书写了"三线"建设的恢宏篇章，受到各年龄段受众的关注和喜爱。

---

① 《大荒的太阳》由大庆歌舞团创作并演出，首演于1992年，于1997年荣获中宣部"五个一工程"奖。
② 《石油秀》由大庆文体旅集团打造，在大庆石油馆常年驻场演出，运用大庆特有的石油元素，以石油文化为轴、历史文化为纽，用高科技加上演员的形体、灯光、实物相配合，演示石油的开采全过程。
③ 《桥》由东北电影制片厂拍摄，1949年5月首映，讲述了东北某铁路工厂的工人们克服一系列困难完成抢修松花江铁桥的任务，为解放战争的胜利做出贡献的故事。
④ 搜狐网：《动画电影〈江南〉即将上映，抒写中国军工燃情岁月》，来源：澎湃新闻。

（六）新业态不断涌现，催生新的消费模式和空间

2022年3月29日，中共中央办公厅、国务院办公厅印发《关于推进实施国家文化数字化战略的意见》（中办发〔2022〕27号），明确提出"以国家文化大数据体系建设为抓手"，加快推进文化数字化进程。在工业文化领域，目前备受瞩目的是工业文化资源数字化、工业文化产业数字化和工业文化传播数字化。

1. 数字技术应用普及，工业文化数字化按下"快捷键"

随着区块链、大数据、虚拟/增强现实、人工智能等新一代信息技术及工业科技的发展，工业与文化的结合越来越紧密，工业技术与产品融入文化元素后，推动跨媒体内容制作与呈现，孕育形成诸多新型的工业文化业态，如3D打印、可穿戴设备、无人机、智能汽车、智能机器人。与此同时，工业遗产、工业博物馆通过与数字技术融合发展，衍生新业态，如数字博物馆、互联网教育、VR体验游等。

目前，重庆市、湖南省等多个省市已经启动网上工业博物馆建设；天津市依托工业遗存建立"海鸥表博物馆"文化空间，通过微信、抖音尝试IP文化衍生创新与短视频直播的新体验，带动线上线下销售；郑州大信家居有限公司面向中小学生打造社会教育公共平台，提供VR沉浸式体验、大数据云计算中心零距离体验、博物馆中的复活互动、5G技术下的全息工业云感受、智能车间全真接触等沉浸式体验，截至2022年5月，已接待超过300所大中小学校的10万余名学生。

2. 搭建数字化传播平台，助力工业文化"走出去"

工业和信息化部工业文化发展中心与英国剑桥大学菲茨威廉博物馆、考古人类学博物馆合作共建中国遗失海外工艺品（未展陈）数字博物馆，于2019年建成开放，通过对保留在两馆内未对外展示的500件中国藏品进行数字化整理和展示，促进了藏品资源的深度开发和全球共享。这也是我国第一次运用数字技术进行海外文化遗产回流工作，通过互联网为海内外受众了解中国古代优秀工业文化提供了便捷直观的窗口。

苏州工业园区以江南文化的数字化输出为方向，推动文化与旅游、会展、商贸、科技等产业的有机融合，组织企业参加"中国国际进口博览会"及"一带一路"海外文化贸易推广项目等展会，实现双边、多边交流互动。

三、坚定不移推动工业文化大发展大繁荣

进入新发展阶段，工业文化作为中国特色社会主义文化的重要组成部分，迎来发展的重大机遇。坚定不移"把工业文化建设作为推动制造业高质量发展的重要内容"，加强规划和政策引导，强化工业遗产保护利用，完善工业文化发展体系，促进工业文化产业做大做强，传承弘扬中国工业精神，丰富中国制造文化内涵，塑造中国工业新形象，促进社会主义文化繁荣兴盛，是当前乃至今后很长一段时间内的重要任务。

（一）加强政策引领，部门协同央地联动形成合力

近年来，工业和信息化部等部门抢抓机遇，大力加强方向引导、政策支持，积极探索工业文化赋能产业发展的有效路径。

加强部门协同，建立健全跨部门协同工作机制。2021年，工业和信息化部、国家发展和改革委员会、教育部等八部门联合印发《推进工业文化发展实施方案（2021—2025年）》，初步建立工信、发展改革、教育、财政、人社、文化、国资、文物等部门共同参与的协同工作体系；各省制定省级实施方案时，也是多部门联合施策、协同作战。

深化央地联动，构建多层次合作发展新局面。中央和地方各级政府部门加强分类分级指导，依据各地资源禀赋，规划先行，统筹实施，鼓励各地先行先试、试点示范，推进工业文化协调发展；在工业和信息化部等部门指导下相继成立全国工业博物馆联盟、全国工业旅游联盟，多地成立工业文化发展中心及相关行业组织，统筹整合产、学、研、用等资源；联合高校、科研机构、企事业单位共建工业文化研究机构，打造工业文化领域公共服务平台，推动工业文化实践教育基地、工业旅游示范基地建设，形成各类主体合力推进的工作格局。

（二）抓住战略机遇，推动工业文化产业做大做强

工业文化与产业的融合由来已久，随着我国制造业进入高质量发展阶段，工业文化相关领域和产业走过探索、培育阶段，进入蓬勃发展的新阶段。

利用工业遗产、老旧厂房资源建设工业遗址公园，打造工业文化产业园区、特色街区、创新创业基地；以文化创意、文旅融合、科技创新等催生工业文化新业态，

形成一批有特色的工业文化创意品牌，一批有示范性、有影响力的工业博物馆，一批工业旅游精品线路和旅游目的地，一批优秀工业文化研学实践教育基地；加快工业文化资源数字化，推进数字技术在工业文化企业、体验产品和项目建设中的应用，健全工业文化产业体系和市场体系，实现满足人民文化需求和增强人民精神力量相统一。

（三）整合优势资源，推进西部地区工业文化振兴

习近平总书记强调，"要在新起点上接续奋斗，推动全体人民共同富裕取得更为明显的实质性进展。"[1] 由于历史、自然、社会等原因，我国地区间工业文化发展状况差异较大，当前西部尤其是边疆和少数民族地区仍存在工业文化发展不平衡、不充分的问题依然突出。例如，部分地区工业遗产利用程度较低，工业旅游项目仍处于规划阶段；工业设计赋能制造业发展的效能尚未充分显现等。推动西部地区工业文化振兴，对于助力新时代西部大开发[2]、提升我国工业文化综合实力有着重要意义。

发挥比较优势，推动西部地区工业文化产业快速发展。建议西部地区对工业文化发展给予一定财税优惠或金融支持政策，调动产权单位保护利用工业遗产的积极性；用好中央预算内投资等政策，用足国家文化产业投资、制造业转型升级及国家科技成果转化引导等基金，推动西部地区工业文化重大项目建设；鼓励工业文化载体创新；挖掘本地区工业文化特色资源，完善工业旅游、工业文化研学等基础设施建设；利用已有条件积极开展工业文化科普教育，营造重视工业文化、弘扬工业精神的社会氛围。

推动东西互济，将西部文化存量资源转化为生产要素。积极组织专家开展对口业务培训，借鉴先进地区的经验做法为西部地区工业文化发展提供智力支持；吸引东部、中部地区的优秀人才、资本、市场开发主体参与西部地区工业文化产业发展，探索多元化经营模式；抓住新时代西部大开发等契机，布局数字文化产业等新兴产业，最终实现跨越式发展，缩小与东部地区差距。

---

[1] 2021年4月25日，习近平总书记在广西壮族自治区桂林市全州县才湾镇毛竹山村考察时的讲话。
[2] 2020年5月，中共中央、国务院印发《关于新时代推进西部大开发形成新格局的指导意见》。

（四）打造国家名片，塑造传播中国工业崭新形象

塑造中国工业形象是新时代工业文化发展的重要使命，在当前国际竞争、对外交往中发挥着不可替代的作用。讲好中国工业故事，弘扬中国工业精神，推动世界工业文化交流，塑造形成创新开放、质优绿色、可亲可信的中国工业新形象，是增强中国工业自信、文化自信的坚实保证。

培育一批深受国内外认同和赞誉的中国产业名片。围绕高端装备制造、新材料、人工智能、生物医药等重点产业，实施产业名片打造计划，培育一批彰显我国工业核心价值理念和文化内涵、凸显现代工业实力和能力的国家产业名片，推出一批代表新时代中国工业形象的标杆企业，形成支撑新时代中国工业形象的标识矩阵。

设计创新一批风靡全球的中国工业文化产品。推动传统工艺美术行业创造性转化，展示中华民族独特精神标识和中华优秀传统文化；组织开展工业文学、工业歌曲大赛，推动工业题材电影、电视剧创作；围绕传播中国文化、中国精神，制作发行"国家记忆""人民记忆""工业匠心"等主题的工业文化数字藏品，等等。

建成一批展示新形象的优质文化载体和高效传播平台。推动国家工业遗产项目申报世界文化遗产，打造对外工业文化交流基地；开设工业强国短视频平台，系统开展绿色发展、硬核科技、工业遗产等专题宣传；举办"中国工业名人堂"等传播活动，面向全球宣传中国工业的"根""魂""梦"；加强与主流媒体、新媒体、外宣平台、海外媒体合作，向全世界展示和传播中国工业新形象。

（五）加速数字赋能，推动工业文化高质量发展

当前，以物联网、人工智能、云计算、大数据为代表的新一代信息技术迅猛发展，数字经济异军突起，对全球经济结构重塑、国际格局调整产生重大影响。数字技术全面融入工业文化发展各个领域，一方面通过技术创新赋能工业文化进行数字化升级；另一方面发展数字文化产业新业态，给工业文化发展带来更多可能性。

推动工业文化数字化升级，创新文化与产业融合发展模式。利用数字技术和产业优势，加强承载重要文化的工业遗产保护利用，深度挖掘文化元素并赋予新活力，推动数字化与工业文化的融合发展，如数字工业博物馆、VR体验旅游、在线协同设计，实现"工业文化+消费""工业文化+旅游""工业文化+设计"等线上线下互动，为用户提供更丰富、更立体的体验。

加快发展新业态、新模式，推动数字文化产业创新发展。大力发展工业元宇宙，以中国工业历史、特色工业文化 IP 为创作来源，探索建设数字文化（元宇宙）街区，以"内容"赋能"场景"，以科技赋能开启沉浸式文化体验，创新工业文化数字载体；同步建设相关线下体验空间，发展线上线下一体化、在线在场相结合的数字化文化消费新场景，满足互联网时代下人民群众的工业文化新需求。

（六）加强人才建设，提高全民工业文化素养

快速发展中的工业文化及相关产业，需要大量素质能力与之匹配的从业人员，对我国的人才教育培训体系提出了极高的要求。

强化专业人才建设。建设工业文化高水平智库，开展理论研究，为工业文化发展提供智力支撑；围绕工业文化学术研究、教育培训、经营管理、宣传推广等领域，培育一批复合型领军人才；深化产教融合校企合作，针对工业遗产、工业博物馆、工业旅游及其他工业文化新业态，培养更多高技能专业人才和大国工匠。

推广工业科普教育。鼓励利用工业文化资源开展研学实践、劳动教育，建设一批工业文化元素丰富的研学教育实践基地；开展校企合作，组织高校及中小学生到工业企业、园区进行工业实训实践；组织大国工匠、劳动模范、优秀企业家进校园、进课堂，传承弘扬优秀工业文化；鼓励各类工业博物馆、科技馆，面向青少年和成人举办科普教育和研学实践活动，通过传播普及工业技术、工匠技能和工业文化，提升全民科学素质和工业文化素养，传承、培育中国特色工业精神，推动中国特色社会主义工业文化全面发展繁荣。

我国工业文化研究历程和展望

工业文化孕育于18世纪中叶的工业革命。1851年,以展示世界文化和工业科技为主的伦敦万国博览会成功举办,确立了英国世界工厂的主导地位,也推动了工业文化在世界范围内的迅速传播。在我国,洋务运动开启了中国工业化的先河,大批近代工业企业得以建立,工业文化随之萌芽[1]。1949年之后,中国现代工业逐渐蓬勃发展,但是有关工业文化研究一直滞后于经济文化的发展。进入21世纪,党的十六大提出"走新型工业化道路",学术界对工业文化的关注日渐增多,部分研究者陆续从文学、历史、经济、建筑、艺术等视角对工匠精神、工业史、工业旅游、工业遗产等展开研究。但真正对于工业文化的系统凝视,还是由于近年来国家政策自上而下的推动,特别是党的十八大以来,政府有关部门大力推进工业文化发展,工业文化的内涵不断丰富,涌现出一大批工业文化研究成果,研究对象也由散落于多个学科下的碎片逐渐发展为整体史观统摄下的工业文化理论和框架。

一、工业文化的研究历程和内涵

近200多年来,工业化一直是世界经济发展的主题。即使在当今时代,发达国家也在不断推进所谓"再工业化",全世界范围内仍处于工业化不断深化的进程中[2]。随之工业文化研究也不断深入,但是从现有文献来看,东西方学术界在工业文化的内涵上存在较大分野。

---

[1] 王新哲、周荣喜:《工业文化研究综述》,《哈尔滨工业大学学报(社会科学版)》2015年第1期。
[2] 黄群慧:《新中国70年工业化进程的历史性成就与经验》,《光明日报》2019年7月19日。

（一）西方工业文化研究概况

工业文化（Industrial Culture）一词最早出现于1882年德国哲学家尼采的著作《快乐的科学》[①]。在西方主流经济学中，工业文化被赋予自由竞争及与之相关联的企业家精神等一般性意象，以成本、收益为考量的市场理性成为西方工业文化的显性标识[②]。但法兰克福学派在研究发达工业社会的文化时持批判态度。例如，马尔库塞认为其以"压制的方式"解决人们内心对美好事物的追求，科技理性在发达工业社会全面盛行[③]。

近年来，西方关于工业文化的研究主要分为两个方向：一类是从国家或行业视角，例如，Meric Gertler（2004）所著 *Manufacturing Culture* 一书，通过对加拿大、美国、德国的工业文化案例进行比较，论证工业文化与学习和创新、国家竞争力、地区繁荣之间的相关性，提出文化差异是导致新技术投资回报和技术创新效果不同的原因；另一类则从企业组织视角，例如，Pavol Durana 等（2019）认为在"工业4.0"背景下，人们主要关注技术层面而忽略了组织文化的影响，通过对斯洛伐克部分企业的定量分析，提出发达的质量文化对于企业创新有着至关重要的作用[④]。

（二）我国工业文化研究历程

中国曾是世界性工业化的后来者、落伍者，直到1949年之后才大规模地发动工业化，成为工业化的追赶者，到现在成为世界最大的工业国[⑤]。循着我国工业化的发展脉络，可以发现工业文化发展的清晰足迹。在这一过程中，来自高校、科研机构和政府研究部门的研究者从不同角度对工业文化展开了探究，逐渐由点到面、由浅入深，大体可以分为3个阶段。

[①] 尤政、黄四民：《新时代工业文化研究的机遇与挑战》，《智慧中国》2018年第1期。
[②] 严鹏：《西方工业文化中的"国家理由"》，《文化纵横》2020年第4期。
[③] 毛二女：《试论马尔库塞对发达工业社会的批判与困境》，《西部学刊》2022年第1期。
[④] Pavol Durana, Pavol Kral, Vojtech Stehel, George Lazaroiuand Wlodzimierz Sroka. Quality Culture of Manufacturing Enterprises: A Possible Way to Adaptation to Industry 4.0. *Social Sciences*. 2019, No. 8.
[⑤] 胡鞍钢：《中国进入后工业化时代》，《北京交通大学学报（社会科学版）》2017年第1期。

1. 萌芽阶段（20世纪60年代—21世纪初期）

1962年，清华大学刘仙洲教授所著《中国机械工程发明史》[1]系统总结了我国古代在简单机械方面的发明创造，有些项目早于其他国家几百年，甚至一两千年。在社会主义建设初期，全国先后掀起学大庆、"三线"建设的热潮，理论界也对大庆精神、"三线"精神等展开了热烈讨论[2]。由此衍生中国特色工业文化的基本内涵，即与工业化进程相伴生又推动工业发展的价值观体系[3]。但在很长一段时间里我国对世界工业发展进程产生影响的工业文化研究很少，尚未提出"工业文化"的整体概念。

20世纪90年代末，已有研究者认识到工业遗产中的文化价值[4]。进入21世纪，张鸿声（2000）在研究中国现代文学史时提出，20世纪30年代，上海市已经产生较成熟的资本主义工业文化，突出表现是左翼工业文学，作家们以大工业为基点，把产业工人作为主角，展示社会变迁与产业工人的属性及命运[5]。姚孟金等（2000）结合国企改革的困境，提出改革离不开文化力的支撑[6]。

2. 概念阐释阶段（2002—2012年）

2002年，党的十六大报告正式提出"走新型工业化道路"，并提出要"立足于改革开放和现代化建设的实践""在内容和形式上积极创新，不断增强中国特色社会主义文化的吸引力和感召力"[7]。随后，部分研究者开始关注"工业文化"，并试图对其进行定义。张心昊等（2005）在研究唐山工业文化时，将工业文化的内涵总结为敢为人先的开拓精神、重视科技的创新精神、开放吸纳的进取精神、脚踏实地的务实精神、为国分忧的兼济精神、勇往直前的奋进精神等[8]。王正林（2006）认为，

---

[1] 转引自尤政、黄四民《新时代工业文化研究的机遇与挑战》。《中国机械工程发明史》是中国科技史事业的开拓者、中国工程专家、科学院院士刘仙洲1961年完成的科技史专著，1962年由科学出版社出版。
[2] 《高举红旗学大庆 自力更生创新篇》，《科技简报》1971年第3期。
[3] 严鹏：《西方工业文化中的"国家理由"》，《文化纵横》2020年第4期。
[4] 陆邵明：《是废墟，还是景观？——城市码头工业区开发与设计研究》，《华中建筑》1999年第2期。
[5] 张鸿声：《论30年代中国左翼工业文学》，《许昌师专学报》2000年第3期。
[6] 姚孟金、赵理富：《国企改革中应加强企业文化培育》，《党政干部论坛》2000年第9期。
[7] 摘自江泽民同志2002年11月8日在党的十六大上所做报告《全面建设小康社会，开创中国特色社会主义事业新局面》。
[8] 张心昊、王振良、王士立：《唐山工业文化初论》，《唐山学院学报》2005年第2期。

工业文化不仅指工业社会的精神生产和物质生产,而且包括两者的方方面面,以及社会发展与进步的水平[①]。魏新龙(2007)认为,工业文化特点和工业社会的特点相似,即群体化、标准化、同步化、集中化和大型化[②]。余祖光(2010)则从行为和制度文化的角度阐释工业文化的内涵,认为工业文化应包括合格公民的意识与行为规范、合格劳动者的意识与行为规范、合格企业法人的意识与行为规范、环境生态意识与行为规范、多元文化理解与行为规范等[③]。陈霞(2012)提出工业文化资源的开发利用途径,包括"四化"即:规范化整理与解释、实用化盘活与推广、信息化改造与利用、艺术化展现与包装,最终达到文化反哺社会,并为工业经济发展创造更加有利的社会文化环境的目的[④]。

3. 专业化研究阶段(2013年至今)

党的十八大提出"工业化基本实现""文化软实力显著增强"等发展目标,直接推动了各级政府和学术界对工业文化的重视。部分研究者开始思考文化的生产力及其作用机制,例如,赵学通(2013)提出工业文化深深地熔铸于社会生产力之中,对工业生产发展形成深刻的影响,其作用主要表现在以下6个方面:一是提供精神动力;二是提供行为规范;三是优化发展环境;四是推动增长方式变革;五是提升产品品质及附加值;六是工业文化本身也成为经济增长的要素[⑤]。

2014年,工业和信息化部工业文化发展中心成立,从提升中国工业软实力、塑造中国工业形象、助力制造强国建设、赋能产业高质量发展等角度开展课题研究和学术研讨,标志着我国工业文化研究进入专业化阶段。从2015年起,以中国工业文化高峰论坛[⑥]为代表的专业会议陆续召开,华中师范大学等多所高校[⑦]组建了工业

---

① 王正林:《工业文化纵论:为合肥"工业立市"而作》,安徽人民出版社,2006。
② 魏新龙:《历史进程中的工业文化》,《浙江传媒学院学报》2007年第1期。
③ 余祖光:《先进工业文化进入职业院校校园的研究》,《职业技术教育》2010年第31卷第22期。
④ 陈霞:《工业文化资源开发利用的基本途径——以江苏工业文化资源开发为例》,《高等职业教育》2012年第5期。
⑤ 赵学通:《高职院校文化使命:工业文化的传承与创新》,《中国高教研究》2013年第9期。
⑥ 中国工业文化高峰论坛已连续成功举办五届,2022年第六届中国工业文化高峰论坛已经启动筹备,同时还将举办首届中国工业文化发展大会。
⑦ 包括华中师范大学、西北工业大学、长春理工大学、上海大学、上海交通大学、清华大学、南京理工大学、北京语言大学,以及全国21所职业院校等。

文化研究机构，一批以理论构建和案例汇编为特征的著作相继涌现，例如，中国社科院研究员刘光明编著的《工业文化——21世纪企业文化丛书》[①]、工业和信息化部工业文化发展中心编著的《工业文化》[②]《工匠精神：中国制造品质革命之魂》[③]、华中师范大学严鹏编著的《富强求索：工业文化与中国复兴》[④]《富强竞赛——工业文化与国家兴衰》[⑤]、长春理工大学郑慧等编著的《多元视域下的中国工业文化》[⑥]。这一系列著作的出现，初步为我国工业文化的研究理清了方向。

2015年5月，国务院制造强国战略明确提出，要"培育有中国特色的制造文化"。2016年3月，国务院总理李克强在政府工作报告提出"鼓励企业开展个性化定制、柔性化生产，培育精益求精的工匠精神，增品种、提品质、创品牌"[⑦]，涵盖了工业设计、工匠精神、质量品牌等内容。随后，"工业文化"一词开始频繁出现在各类政策文件[⑧]中，内涵愈加丰富。2016年12月，《关于推进工业文化发展的指导意见》[⑨]印发，首次对工业文化建设做出顶层设计，并对我国工业文化做出宽口径定义，即"在中国工业化、现代化进程中形成、渗透到工业发展中的物质文化、制度文化和精神文化的总和"[⑩]，获得了国内大多数研究者的认同。有研究者提出，文化基因对工业化进程和产业变革具有基础性、长期性、决定性的影响，要实现我国从制造大国向制造强国的转变，就要充分认识到工业文化的支撑作用[⑪]。

[①] 刘光明：《工业文化——21世纪企业文化丛书》，经济管理出版社，2015年。

[②] 王新哲、孙星、罗民：《工业文化》，电子工业出版社，2016年。

[③] 工业和信息化部工业文化发展中心：《工匠精神：中国制造品质革命之魂》，人民出版社，2016年10月。

[④] 严鹏：《富强求索：工业文化与中国复兴》，电子工业出版社，2016年10月。

[⑤] 严鹏：《富强竞赛：工业文化与国家兴衰》，电子工业出版社，2017年12月。

[⑥] 郑慧、尹晓琳、张闯：《多元视域下的中国工业文化》，中国文联出版社，2019年3月。

[⑦] 2016年3月5日，李克强总理代表国务院在十二届全国人大四次会议上作《政府工作报告》。

[⑧] 2016年9月，国家发展改革委等五部门印发《关于支持老工业城市和资源型城市产业转型升级的实施意见》（发改振兴规〔2016〕1966号），明确提出要把大力发展工业文化作为实现产业转型升级的重要抓手。

[⑨] 2016年12月30日，工业和信息化部、财政部印发《关于推进工业文化发展的指导意见》（工信部联产业〔2016〕446号）。

[⑩] 参考工业和信息化部网站《〈关于推进工业文化发展的指导意见〉解读》。

[⑪] 郭航：《打造制造强国需解工业文化薄弱之"忧"》，《中国产经新闻》2016年12月13日。

2017年10月,党的十九大报告许多重要论述都涉及工业文化,如"创新文化""企业家精神""劳模精神""工匠精神""敬业风气""文化遗产""文化软实力""文化产业""质量强国"等,赋予了工业文化研究新的使命[①]。惠鸣(2019)认为,工业文化是围绕工业生产和消费所形成的文化形态,是工业文明的重要组成部分;是融合在国家工业"硬实力"中的文化软实力,要实现进入世界制造强国之列的宏伟目标,工业文化建设需要全面提速[②]。

2020年10月,党的十九届五中全会就社会主义文化强国建设做出系统谋划和战略部署,明确提出,繁荣发展文化事业和文化产业,提高国家文化软实力,健全现代文化产业体系[③]。作为中国特色社会主义文化的重要组成部分,推进工业文化建设是新时代建设社会主义文化强国的职责所在。2021年5月,工业和信息化部等八部门联合印发《推进工业文化发展实施方案(2021—2025年)》,从弘扬工业文化价值内涵、促进工业文化与产业融合发展、推动工业旅游创新发展、开展工业文化教育实践、提高工业遗产保护利用水平、完善工业博物馆体系、加大传播与交流、健全工业文化发展体系8个方面提出未来5年推进工业文化发展的工作重点。在这一阶段,工业文化赋能产业发展成为普遍共识,工业文化的内涵和外延得到前所未有的深化和拓展。

(三)工业文化研究的分类

部分研究者将工业文化分为产业文化、行业文化和企业文化3个层次[④]。王学秀等(2016)则认为,工业文化是一种区别于农业文化、服务业文化的产业文化,是基于工业这个独特的"产业"及其与社会的互动过程来研究的;行业文化则主要基于某一个行业进行研究,探讨其区别于其他行业的独特文化模式;企业文化较为单纯,就是基于某一家企业自身的文化进行研究[⑤]。严鹏(2020)提出,宏观工业文化与微观工业文化共同构成了一种依靠发展制造业来塑造经济循环的观念。在宏

---

① 尤政、黄四民:《新时代工业文化研究的机遇与挑战》,《智慧中国》2018年第1期。
② 惠鸣:《建构新时代中国特色工业文化》,《中国社会科学报》2019年12月24日第2版。
③《中共中央关于制定国民经济和社会发展第十四个五年规划和二〇三五年远景目标的建议》。
④ 赵学通:《高职院校文化使命:工业文化的传承与创新》,《中国高教研究》2013年第9期。
⑤ 王学秀、韩成霞、张晓曦:《工业文化几个基本问题的辨析》,《企业文明》2016年第3期。

观层面，需要通过发展制造业来启动一种高质量与报酬递增的良性经济循环；在微观层面，则需要通过以创新为内核的企业家精神来为循环提供驱动力[①]。张红梅等（2022）认为现代文化的重要组成部分之一就是产业文化[②]。刘亚玲（2021）提出，企业文化包括企业在长期的生产经营中形成的管理思想、管理方式、群体意识和行为规范等，渗透于企业的各个领域和全部时空[③]。

回顾近年来国内200余篇各类公开出版物，我国工业文化研究大致可从宏观和微观两个维度进行梳理。

二、宏观视野：基于制造强国战略的文化研究

（一）理论与宏观政策研究

近年来，党中央、国务院高度重视文化建设，习近平总书记强调，"文化兴国运兴，文化强民族强。没有高度的文化自信，没有文化的繁荣兴盛，就没有中华民族伟大复兴。"[④]建设制造强国既是国家战略，也是一项系统工程，不仅需要技术发展的刚性推动，更需要文化力量的柔性支撑[⑤]。《关于推进工业文化发展的指导意见》指出，工业文化在工业化进程中衍生、积淀和升华，时刻影响着人们的思维模式、社会行为及价值取向，是工业进步最直接、最根本的思想源泉，是制造强国建设的强大精神动力，是打造国家软实力的重要内容[⑥]。在行业主管部门的大力推动下，之前长期滞后于实践的工业文化研究渐入佳境。

[①] 严鹏：《培育制造业生态体系：工业史视角下的"双循环"》，《文化纵横》2020年第6期。
[②] 张红梅、李霞：《教育视角下化工产业文化的内涵、发展与再生——评〈化工产业文化教育〉》，《化学工程》2022年第50卷第3期。
[③] 刘亚玲：《浅议企业文化内涵与路径》，《工会博览》2021年第11期。
[④] 引自蒋述卓：《文化强国：文化软实力的中国目标》，《南方日报》2020年11月30日。
[⑤] 苗圩：《大力弘扬工业文化　支撑制造强国建设》，摘自《工业文化》（2016版）序。
[⑥] 摘自《关于推进工业文化发展的指导意见》。

1. 重点论证工业文化柔性支撑作用

研究者格外关注工业文化对于制造强国建设的柔性支撑作用，普遍认为，中国工业化进程已进入需要以工业文化作为重要支撑的新阶段①。王新哲（2017）提出，坚定文化自信，大力推进中国特色工业文化建设，既是实施制造强国战略的有力举措，又是繁荣社会主义文化的重要途径②。孙星（2018）提出，工业文化在支撑制造强国建设中，既表现出规范、凝聚、调控的制约作用，又体现了包容、浸染、渗透的润滑功能，这种影响更像"润物细无声"的"春雨"，具有持久和潜移默化的作用③。严鹏（2020）认为，制造业产业链、国家政策与社会文化交织在一起，形成制造业生态体系。虽然企业是制造业生态体系的主体，但是各级政府、行业协会、高校与科研机构等同样不可或缺，它们具有企业所不具备的功能④。

2. 以问题为导向开展工业文化研究

部分研究者发现，创新不足、专注不深、诚信不够、实业精神弱化等问题，已成为制约我国工业转型升级和提质增效的严重障碍⑤。付向核等（2016）提出中国虽然已经成为制造业大国，但很多企业的产品质量不高，企业过度追求投资少、周期短、见效快的即时利益，忽略了产品的品质，其中一个重要原因就是对工匠精神缺乏足够的认知和实践⑥。Li Jinhua（2018）提出，中国制造的质量提升主要依靠基础设施的完善、尖端技术的突破，大多数企业对工业文化发展关注不够⑦。王曙光等（2021）认为，我国当前存在产业链高端环节占有不足、生产性服务业发展不充分等突出问题，已成为制约中国新型工业化高质量发展与升级的瓶颈⑧。

---

① 刘坤：《中国制造需要文化"柔性支撑"》，《光明日报》2020年7月17日第10版。
② 王新哲：《加快发展新时代中国特色工业文化》，《光明日报》2017年11月27日第5版。
③ 孙星：《建设中国特色工业文化 促进工业高质量发展》，《光明日报》2018年10月16日第14版。
④ 严鹏：《培育制造业生态体系：工业史视角下的"双循环"》，《文化纵横》2020年第6期。
⑤ 刘坤：《工业"大而强"需要文化力量的柔性支撑》，《光明日报》2018年10月16日第14版。
⑥ 付向核、孙星：《解读德国工匠精神创新中国工业文化》，《中国工业评论》2016年第6期。
⑦ Li Jinhua. China's Process and Action Framework for Transforming to a Manufacturer of Quality. *Contemporary Social Sciences*. 2018, No.6.
⑧ 王曙光、王伟龙、徐余江：《双循环新发展格局、新型工业化与政府—市场关系——兼谈德日经验》，《社会科学战线》2021年第9期。

3. 持续探索工业文化赋能产业途径

2018年中央经济工作会议对制造业发展做出明确部署,"十四五"规划纲要将"深入实施制造强国战略"单独成篇①,制造业高质量发展成为"我国经济高质量发展的重中之重"②。工业文化如何赋能制造业使之高质量发展成为研究者关注的新热点。2020年9月,中国工业文化赋能制造业发展论坛在沈阳举办,提出工业文化赋能制造业高质量发展的作用机理,包括工业物质文化的支撑机制、工业制度文化的保障机制、工业精神文化的引领机制③。有研究者认为,中国基于传统手工业的"工匠精神""天下为公""自强不息"的理念、近代工业的"自强运动",以及中国共产党领导下中华人民共和国的自力更生、改革开放的自主创新,形成一种不同于现代化先发国家的新型工业文化;通过这种工业文化塑造的国家形象,对内能够增强认同感与凝聚力,使国家进一步富强,对外则能够展示为人类命运共同体创造新文明的责任与担当④。

（二）工业史与工业精神研究

"历史研究是一切社会科学的基础"⑤。许多研究者试图从中华传统文化、中国工业发展史及世界先进工业国家的工业化历史中,探寻工业文化和工业精神形成的历史依据,阐释工业文化、工业精神的核心内涵。

1. 中国特色工业化道路研究

中国的工业化可追溯到清末的"洋务运动",到现在已经有150多年历史,大发展则始于1949年⑥。许多研究者从中国工业快速发展的历史里挖掘经验、总结规律,为走好中国特色新型工业化道路提供理论参考。孙星等（2020）认为,中国特

---

① 《瞭望·治国理政纪事 | 制造强国筑牢发展根基》,新华社新媒体2022年1月11日。
② 2021年4月26日,习近平总书记在广西柳工集团有限公司调研时强调,制造业高质量发展是我国经济高质量发展的重中之重,建设社会主义现代化强国、发展壮大实体经济,都离不开制造业,要在推动产业优化升级上继续下功夫。转引自经济日报刊发文章《柳工移山——牢记总书记的嘱托·企业调研行》。
③ 罗民：《文化赋能融合发展助推制造业强国建设》,来源：中国工业新闻网。
④ 严鹏：《富强与文明：工业文化与国家形象的塑造》,《中央社会主义学院学报》2022年第2期。
⑤ 习近平：《致第二十二届国际历史科学大会的贺信》(2015年8月23日)。
⑥ 范卫青：《中国工业化道路的历史演进》,武汉大学2012年博士论文。

色社会主义工业化道路的设想萌芽于土地革命战争时期①。陈洪昭等（2021）梳理了中国共产党百年工业发展的主要成就与基本经验②。史丹等（2022）则认为我国工业化走过了有别于工业化先行国的"压缩式"道路，在缔造了后发赶超的大国工业化奇迹同时，"短而快"的增长路径和粗放的发展方式导致我国存在工业化基础不够扎实、工业整体技术水平不高、工业布局不尽合理、工业企业素质有待提高等问题，提出新发展阶段中国工业的新使命，包括"进一步改善市场环境，促进公平竞争""尊重企业家精神，以多层级、多元化的市场主体支撑开放包容、充满活力的工业生态系统""以工业文明助推生态文明建设"等③。

有经济学者通过实证研究，对中国工业化进程做出重大判断。例如，胡鞍钢（2017）在定量分析的基础上提出中国在 2016 年已经提前实现"基本工业化"的目标，进入后工业化时代④；黄群慧等（2021）通过科学测算，做出中国已于 2020 年基本实现工业化的判断⑤。

2. 工业史溯源探寻文化基因

不少研究者将 20 世纪 20 年代至 70 年代的工业文化作为研究对象。李彩华（2005）提出，毛泽东在工业化建设中始终强调，激发人们的革命精神是给经济发展提速的关键⑥。阳勇等（2007）提出大庆的成功引起了毛泽东极大的关注和思考，在全国掀起了工业学大庆运动⑦；王纪一（2012）论述了在毛泽东思想的鼓舞下，中国"两弹一星"科研人员在极端压力下迸发出来的韧性⑧；曾斌（2013）指出，毛泽东始

---

① 孙星、蔡盈芳、程楠、张伟杰：《论新中国工业化道路的形成和发展》，《南京理工大学学报》2020 年第 1 期。
② 陈洪昭、林寿富：《中国共产党百年工业发展的主要成就与基本经验》，《经济研究参考》2021 年第 22 期。
③ 史丹、杨丹辉：《新发展阶段中国工业的三大新使命》，《光明日报》2022 年 2 月 28 日。
④ 胡鞍钢：《中国进入后工业化时代》，《北京交通大学学报（社会科学版）》2017 年第 1 期。
⑤ 黄群慧：《2020 年我国已经基本实现了工业化——中国共产党百年奋斗重大成就》，《经济学动态》2021 年第 11 期。
⑥ 李彩华：《我国大三线建设的历史经验和教训》，《东北师大学报》2005 年第 4 期。
⑦ 阳勇、阳伶：《毛泽东发动工业学大庆运动原因探析》，《毛泽东思想研究》2007 年第 2 期。
⑧ 王纪一：《毛泽东与"两弹一星"战略决策》，《毛泽东邓小平理论研究》2012 年第 12 期。

终致力于创造以人民为中心的工业发展路径①；李民骐等（2016）②、胡国栋（2016）③对"鞍钢宪法"展开研究，还系统梳理了 20 世纪 20 年代至 70 年代我国关于工厂管理制度的探索，指出主人翁精神和激发员工的主人翁行为，是对中国工业文化的创新；韩润华（2018）则概括了工业文化在 20 世纪 20 年代至 70 年代的历史地位，并探究了其当代价值④。

从历史中汲取工业文化的智慧和力量。有研究者提出，先进中国工业文化的基因不是凭空创造的，而是来自中华优秀传统文化传承，来自老一辈缔造者的"工业精神"，来自工业化发达国家先进经验的汲取和借鉴⑤。严鹏（2013）通过 1900—1957 年间机械工业的演化考察了 20 世纪上半叶的中国工业化进程⑥。赵军（2014）通过对近代山西省机器纺织业的考察，肯定了近代"产业合理化运动"思潮在企业生产技术管理中起到的积极作用⑦。严鹏、关艺蕾（2020）通过梳理世界主要工业国家产业政策的历史流变，从演化经济学的视角，研究各国工业文化的特点及其如何促进了本国制造业的发展⑧。

3. 弘扬工业精神驱动新发展

赛迪智库（2018）曾提出，要推动制造业高质量发展，就要培育以工匠精神、劳模精神为代表的工业精神，培育保护企业家精神，通过待遇驱动、发展前景驱动、情感驱动等多维度实现人才向实体经济回归⑨。本书所述的工业精神主要指 1949 年之后在工业行业领域形成的，以"三线"精神、"两弹一星"精神、劳模精神、工

---

① 曾斌、赵绍成：《毛泽东人本经济思想初探——基于鞍钢宪法的视角》，《毛泽东思想研究》2013 年第 4 期。
② 李民骐、张耀祖、许准、齐昊：《资本的终结：21 世纪大众政治经济学》，中国人民大学出版社，2016 年。
③ 胡国栋：《企业民主的缺失与重建：从"鞍钢宪法"到组织主人翁行为》，《马克思主义研究》2016 年第 1 期。
④ 韩润华：《毛泽东时期工业文化研究（1949—1976）》，天津财经大学 2018 年硕士论文。
⑤ 付向核、孙星：《解读德国工匠精神创新中国工业文化》，《中国工业评论》2016 年第 6 期。
⑥ 严鹏：《战略性工业化的曲折展开：中国机械工业的演化（1900—1957）》，华中师范大学 2013 年博士论文。
⑦ 赵军：《近代山西机器纺织业发展的考察》，东华大学 2014 年博士论文。
⑧ 严鹏、关艺蕾：《产业政策启示录：工业文化的政治经济学》，电子工业出版社，2020 年。
⑨ 赛迪智库：《推动我国制造业高质量发展要过"五关"》，《经济日报》。

匠精神、企业家精神等优秀工业精神谱系。

"三线"精神。朱云生、何悦（2020）认为，"三线"建设孕育形成了艰苦创业、无私奉献、团结协作、勇于创新的"三线"精神，来源于"三线"建设的伟大实践，中华优秀传统文化对民族精神的强力塑造、中国共产党红色革命精神对民族性的深度浸染构成了"三线"精神的底层逻辑；特殊历史时期"保家卫国"的家国动员和社会主义建设初期强烈的时代感召共同催生了"三线"精神[1]。

"两弹一星"精神。1999年9月，在表彰为研制"两弹一星"作出突出贡献的科技专家的大会上，首次提出"两弹一星"精神的科学内涵并强调，"两弹一星"精神，是爱国主义、集体主义、社会主义精神和科学精神活生生的体现，是中国人民在20世纪为中华民族创造的新的宝贵精神财富[2]。关于"两弹一星"精神的基本内涵，目前比较一致的看法是江泽民所概括的以"热爱祖国、无私奉献，自力更生、艰苦奋斗，大力协同、勇于登攀"为核心的崇高精神。载人航天精神、新时代北斗精神、探月精神等都是"两弹一星"精神在新时期的拓展和延伸[3]。

劳模精神。王新哲（2015）提出，劳模精神是工业文化软实力的具体体现和重要内涵，具体包括劳模坚定理想信念、以民族振兴为己任的主人翁精神，勇于创新、争创一流、与时俱进的开拓进取精神，艰苦奋斗、艰难创业的拼搏精神；淡泊名利、默默耕耘的"老黄牛"精神，甘于奉献、乐于服务的忘我精神，以及紧密协作、相互关爱的团队精神[4]。于春玲等（2019）认为，劳模精神是劳模文化的本质内核，在多样化的载体承载传递中不断发展，呈现自身鲜明的特点[5]。

工匠精神。付向核等（2016）对近200年来的德国现代化道路进行了分析，认

---

[1] 朱云生、何悦：《三线精神的历史生成逻辑与精神内涵》，《学校党建与思想教育》2020年第14期。

[2] 江泽民：《在表彰为研制"两弹一星"作出突出贡献的科技专家大会上的讲话》，《人民日报》1999年9月19日。

[3] 方立江、米金华：《20年来国内关于"两弹一星"精神的研究综述》，《社会科学动态》2021年第10期。

[4] 王新哲：《弘扬劳模精神 引领工业文化》，《军工文化》2015年第11期。

[5] 于春玲、曾孟：《成果精要：东北（辽宁）老工业基地劳模文化研究》，《劳动文化研究（2）》2019年12月1日会议论文。

为工匠精神是其强国之路的重要内在支撑①。还有研究者认为，制造强国建设是技术创新、匠艺精进的过程，弘扬工匠精神，不仅是对传统的传承，而且是提高工业主导力和竞争力的有效保证②。

企业家精神。习近平总书记指出，全面深化改革，就要激发市场蕴藏的活力，市场活力来自人，特别是来自企业家，来自企业家精神。2020年7月，习近平总书记在企业家座谈会上全面阐述了新时代企业家精神的内涵及培育要求，包括增强爱国情怀、勇于创新、诚信守法、承担社会责任、拓展国际视野③。从最早的近现代工业萌芽，从张謇到陈嘉庚，我国的企业家与实业救国、与中华民族命运紧密结合；改革开放以来，有胆识、勇创新的企业家层出不穷，形成了具有鲜明时代特征、民族特色、世界水准的中国企业家队伍④。

（三）行业文化研究

有研究者提出，工业文化是一个地区的产业企业在长期的工业活动中所创造和提炼的文化价值观念的集合，它往往与特殊的时代、特定的人物和特色的行业活动密切相关，有着丰富的精神和文化内涵⑤。被关注较多的有新兴的绿色工业文化，以及矿业文化、航空工业文化、军工文化等。

1. 绿色工业文化

2005年8月，时任浙江省委书记习近平在湖州市安吉县考察时，对余村主动关停矿山的做法给予高度评价，并提出"绿水青山就是金山银山"的科学论断⑥。在"两山"理念的影响下，绿色文化逐渐成为热点。宋晶（2013）将绿色工业文化视

---

① 付向栎、孙星：《解读德国工匠精神创新中国工业文化》，《中国工业评论》2016年第6期。
② 王新哲、孙星：《培育工匠精神建设制造强国》，《西北工业大学学报（社会科学版）》2016年第3期。
③《【奋斗百年路 启航新征程·中国共产党人的精神谱系】"企业家精神"的培育发展》，央视新闻《朝闻天下》2021年12月6日。
④ 清华大学中国发展规划研究院执行副院长董煜接受央视采访时提及，央视新闻《朝闻天下》2021年12月6日。
⑤ 王新哲、孙星：《工业文化概念、范畴和体系架构初探》，《西北工业大学学报（社会科学版）》2015年第1期。
⑥ 向凯：《"绿水青山就是金山银山"发展样本：余村的后矿山时代》，《新京报》2019年8月5日。

为后工业时代的新兴理念，提出以生态文化为导向，建设绿色循环低碳可持续发展经济，改变原有高污染"灰色"工业生产方式，发展新型绿色工业①。吴海霞（2020）将绿色工业文化定义为人们在工业化过程中促进人与自然和谐发展而创造的一系列文化成果的总和，并提出发展绿色化学工业文化，引导人们走向"绿色工业时代"②。

2. 矿业文化

刘烈武（2015）对"世界锡都"个旧展开个案研究，提出以锡矿开采、冶炼文化为中心的矿业文化，在2000余年锡矿开采历史中，锡业经济已与人民生活紧密联系在一起，矿业文化对区域社会经济发展及生态环境保护的作用，是系统间的良性互动③。赵腊平（2021）将矿业文化分为4个层次，分别是物态文化层、制度文化层、行为文化层和精神（心态）文化层。其中，物态文化层如矿山、矿区遗址、矿工服（帽）、矿山博物馆、先进设备、智能化矿山、制度文化层如"鞍钢宪法"、安全生产管理办法、矿长下井制度、《加强职工文化生活的决定》，行为文化层如敬业守纪、勤俭节约、患难与共、"绿色、安全、和谐、智能、高效"，精神（心态）文化层如"两山论"、以国家利益为重、铁人精神、独立思考④。曹宇（2019）进一步提出"矿冶文化景观"概念，认为矿冶遗产是矿冶活动过程中孕育矿冶文化的载体⑤。

3. 航空工业文化

新中国航空工业被认为始于1952年《关于航空工业建设的决定》。韩建昌（2016）从社会主义核心价值观演绎我国通用航空工业文化的精神特征：自由、探索、创新、人本、开放、服务、法治⑥。周国强（2018）认为，"航空报国"的家国情怀是航空工业文化与生俱来的精神基因⑦。孙清漪（2019）将航空工业文化分为两部分："物"，包括早期的航空工业建筑场景、航空产品及机器设备、文件内容和图片等；

---

① 宋晶：《将"绿色"工业文化融入现代职业教育的思考》，《职教论坛》2013年第6期。
② 吴海霞：《绿色化学工业文化的提炼及其在高职教育中的应用》，《内蒙古石油化工》2020年第10期。
③ 刘烈武：《个旧锡矿矿业文化研究》，昆明理工大学2015年博士论文。
④ 赵腊平：《矿业文化是中华文明璀璨的篇章——我国矿业文化发展的历史脉络与现实逻辑探析之一》，《中国矿业报》2021年9月28日。
⑤ 曹宇：《黄石矿冶文化景观研究》，华中科技大学2019年博士论文。
⑥ 韩建昌：《我国通用航空文化建设研究》，西北工业大学2016年博士论文。
⑦ 周国强：《用优秀的航空文化提升航空工业综合竞争力》，《企业文明》2018年第8期。

"人"，参与航空工业、承载工业文化精神的相关人物①。刘姣瑶（2021）认为，航空工业文化是人们在航空活动实践过程中所创造的所有物质文化和精神文化②。欧阳杰等（2022）通过研究沈阳东塔机场建筑和航空工业建筑群的建设背景、演进过程，提出航空工业遗产保护和再开发策略③。

4. 军工文化

军工文化是国防科技工业战线的特殊文化。李晓义（2017）提炼出新时期军工文化建设应当遵循的基本理念：坚持主流、尊重多元，强军富民、追求卓越，以人为本、改革创新，适应市场、持续发展④。易玉洁、曾立（2021）将军工文化的历史演进分为救国、兴国、富国、强国4个阶段⑤。孙利、赵平（2022）则提出，军工文化在长期发展实践中形成的物质和精神文明成果，是渗透到国防科技工作中的价值取向、思想观念、法规体系和行为规范的集中反映，是爱国主义、集体主义、社会主义和革命英雄主义的生动体现⑥。

三、微观视野：基于发展保护视角的应用研究

（一）区域工业文化研究

1. 东北老工业基地

东北地区曾经是中国工业的摇篮和重要的工业基地，拥有一批关系国民经济命脉和国家安全的战略性产业，资源、产业、科教、人才、基础设施等支撑能力较

---

① 孙清漪：《中国航空工业文化数字化保护与展示方法研究》，南京航空航天大学2019年硕士论文。
② 刘姣瑶：《航空文化的内涵、特征及育人价值》，《长沙航空职业技术学院学报》2021年第21卷第1期。
③ 欧阳杰、杨太阳、聂晨：《沈阳东塔机场地区工业建筑遗产保护和再利用研究》，《自然与文化遗产研究》2022年第1期。
④ 李晓义：《新时期军工企业文化建设的理论与实践研究》，南京航空航天大学2017年博士论文。
⑤ 易玉洁、曾立：《军工文化建设：历程·动因·启示》，《党史博采（下）》2021年第9期。
⑥ 孙利、赵平：《军工文化的内涵与外延分析》，《军工文化》2022年第1期。

强①，包括辽宁省、吉林省、黑龙江省和内蒙古自治区东部五市盟地区②。在东北振兴的背景下，东北老工业基地的工业文化研究内容十分丰富，既包括工业旅游资源开发、工业遗产保护利用，又包括通过影视剧、大众媒体对东北工业文化进行传播，以及工业文化品牌开发和传播。

利用工业文化为城市建设和发展服务是研究者最感兴趣的领域。例如，发展工业旅游，打造特色城市形象。殷世华（2015）对大庆独具特色的"城企一体化"的工业旅游发展模式进行了研究③。范晓君等（2016）在研究沈阳城市旅游形象时提出，一方面，要突出工业文明特色，保存工业文化物质载体的整体意象；另一方面，要塑造老工业城市文化记忆，保留非物质的工业文化氛围④。张剑桥（2018）通过实地调研长春工业遗产，提出整合长春优势工业资源，打造工业主题旅游路线⑤。孙志伟（2020）提出东北工业文化旅游融合开发的具体路径，建议工业旅游与工匠文化、军工文化、红色文化、民俗文化、城市文化、地域文化融合⑥。

挖掘工业遗产当代价值，推动活化利用。有研究者提出，工业遗产承载着工业情感和乡愁记忆，唤起并强化老工业基地的地方记忆，提升民众的地方依恋与情感认同，对助力辽宁的新一轮振兴计划具有重要意义⑦。朱妍（2019）以辽宁省鞍山市为对象，重点研究在工业文化城市视角下的工业遗产活化策略，避免对于工业遗产的单一保护⑧。也有研究者清醒地看到当前存在的问题，例如，孙晓雪（2021）认为，东北工业遗产保护始于政府的主导与介入，总体还处于起步阶段，远远没有形成系统和完善的保护措施与体系，存在价值保护理念模糊、总体保护规划欠缺、执行主体不够明确等问题⑨。

---

① 《中共中央 国务院关于全面振兴东北地区等老工业基地的若干意见》（2016年4月26日）。
② 《关于实施东北地区等老工业基地振兴战略的若干意见》（2003年10月5日）。
③ 殷世华：《大庆市石油工业文化旅游开发研究》，哈尔滨师范大学2015年硕士论文。
④ 范晓君、张萍：《工业遗产与沈阳城市旅游形象塑造》，《辽宁经济》2016年第7期。
⑤ 张剑桥：《旅游视角下的长春市工业遗产保护与利用研究》，吉林建筑大学2018年硕士论文。
⑥ 孙志伟：《东北工业文化旅游深度融合开发探究》，《辽宁工业大学学报（社会科学版）》2020年第6期。
⑦ 范晓君：《老工业基地振兴背景下辽宁工业遗产与地方记忆塑造》，《辽宁经济》2017年第11期。
⑧ 朱妍：《工业文化城市视角下鞍山工业遗产活化研究》，东北林业大学2019年硕士论文。
⑨ 孙晓雪：《东北工业文化遗产保护研究》，哈尔滨理工大学2021年硕士论文。

东北工业题材影视是国内工业文化艺术的重要组成部分。贺庆玲（2020）梳理了长春电影制片厂出品的《桥》《光芒万丈》《高歌猛进》等优秀工业题材电影，指出这些电影作品紧跟时代脉搏，传递着不惧困难、奋力拼搏、团结协作、锐意进取和精益求精的工业精神[1]。朱博文（2021）对转型期（2000—2020年）的东北工业题材电影进行研究，发现工业文化与红色文化依旧是当下东北电影的历史文化底色，但社会的急剧分化、重组也导致了失序与迷茫，对东北工人形象产生了负面影响[2]。

工业文化品牌开发与传播是东北工业文化研究的新兴热点。李静（2013）提出，打造辽宁特色工业文化遗产品牌，但没有探讨品牌如何传播[3]；温婧（2019）对有关辽宁地区工业文化的新闻报道进行了梳理，发现人民网上的相关报道在2016年开始明显增多，这与当年中央出台全面振兴东北政策有直接关系；而北国网[4]上的相关报道在2018年才出现，并在2019年显著增加，意味着辽宁对于自身工业文化的宣传"虽晚但到"，对外传播的主动性开始提升[5]。徐畅（2018）提倡系统打造辽宁工业文化品牌，包括以创新精神为核心的物质文化品牌、以奉献精神为核心的精神文化品牌和以合作精神为核心的制度文化品牌[6]。耿仲恺（2019）创新性地提出将工业文化动画化，以宣传短片的形式让年轻群体接受并了解传统的工业文化[7]。贺庆玲（2021）提出挖掘和宣传辽宁工业建设的先进典型、引导和扶持工业形象的正面传播、创办和发展新型文化产业项目、打造和强化工业文化城市品牌等建议[8]。

---

[1] 贺庆玲：《东北电影工业化生产与工业精神传播融合发展研究——基于东北全面振兴视角》，《辽宁行政学院学报》2020年第1期。

[2] 朱博文：《东北工业题材电影的空间叙事研究》，山东艺术学院2021年硕士论文。

[3] 李静：《加强辽宁工业文化遗产再利用，打造城市特色文化研究》，《价值工程》2013年第32卷第2期。

[4] 北国网是辽宁日报传媒集团旗下的官方综合性辽宁新闻门户网站。

[5] 温婧：《关于辽宁地区工业文化的文献综述》，《科技传播》2019年第16期。

[6] 徐畅：《辽宁工业文化品牌打造与传播研究》，沈阳师范大学2018年硕士论文。

[7] 耿仲恺：《MG动画在沈阳工业文化传播短片中的应用研究》，沈阳航空航天大学2019年硕士论文。

[8] 贺庆玲：《辽宁工业文化形象传播与工业文化品牌塑造探究》，《辽宁经济职业技术学院 辽宁经济管理干部学院学报》2021年第6期。

2. 川渝"三线"地区

"三线"建设主要是指 20 世纪 60 年代至 80 年代初期，以备战为目的，以国防科技工业为主体，在我国西南、西北 13 个省（市、自治区）进行的大规模工业建设[①]。川渝地区是"三线"建设的重点区域[②]。随着我国经济结构的调整，"三线"建设早已退出了历史舞台，部分"三线"企业因各种原因搬迁或者破产，遗留下大量的工业遗产，类型多、分布广，具有重要的历史价值和文化价值[③]。

围绕川渝地区"三线"工业遗产的保护利用，主要的研究成果如下。饶小军等（2008）从建筑历史角度对部分"三线"工业遗产进行了调查分析和研究，呼吁重视"三线"工业建筑保护[④]；刘瀚熙（2012）结合川东、黔北地区的"三线"工业遗产，引入层次分析法（AHP法）构建相应的价值评估体系[⑤]；许东风（2012）创新性地构建从整体到局部的评价城市工业遗产的方法，在调查研究的基础上提出 60 处重庆市工业遗产保护名录[⑥]；刘凤凌（2012）以"三线"建设时期长江沿岸重庆段的船舶工业遗产为例，分别对单体建筑、工业及单位、工业聚集区、沿运城镇进行价值评估和分级，提出构建工业遗产廊道，实现整体保护与利用[⑦]；顾蓓蓓等（2014）进一步提出构建西南区域范围内的"三线"工业遗产廊道[⑧]；胥雪娇（2015）针对朝阳工业遗址区建构了文化生态学思想下的保护更新策略[⑨]；付玉冰（2019）发现四川地区"三线"工业遗产存在生态环境问题严重、产业经济发展困难、土地资源利用率低、区域空间结构混乱、工业遗产保护欠缺等问题，最终用层次分析法和德

[①] 王毅：《三线建设与川渝地区城市发展》，《理论月刊》2017 年第 9 期。
[②] 王毅、钟谟智：《川渝地区三线建设企业区位选择及其对当地经济的影响——以军工、化工、机械三类工业企业为例》，《军事历史研究》2021 年第 2 期。
[③] 张宇明：《"共生思想"下川渝地区三线工业遗产更新策略研究》，重庆大学 2015 年硕士论文。
[④] 饶小军、陈华伟、李鞠、周慧琳：《追溯消逝的工业遗构 探寻三线的工业建筑》，《世界建筑导报》2008 年第 5 期。
[⑤] 刘瀚熙：《三线建设工业遗产的价值评估与保护再利用可行性研究》，华中科技大学 2012 年博士论文。
[⑥] 许东风：《重庆工业遗产保护利用与城市振兴》，重庆大学 2012 年博士论文。
[⑦] 刘凤凌：《三线建设时期工业遗产廊道的价值评估研究》，重庆大学 2012 年博士论文。
[⑧] 顾蓓蓓、李巍翰：《西南三线工业遗产廊道的构建研究》，《四川建筑科学研究》2014 年第 3 期。
[⑨] 胥雪娇：《文化生态视角下的绵阳市朝阳工业遗区保护更新研究》，重庆大学 2015 年硕士论文。

尔菲法相结合，对"三线"工业遗产进行价值评估[①]；肖洪未等（2021）针对重庆工业文化景观遗产，提出空间价值的完整保护、时间价值的永续更新、文化价值的创新表达等价值传承途径[②]。

川渝地区已有不少"三线"工业遗产活化利用的成功典型。例如，在原国营红光电子管厂旧址基础上改造而成的成都东郊记忆，利用重钢工业遗存建成的重庆工业博物馆等。李佳（2013）通过文化景观理论，解读成都东郊记忆独特的文化景观和旅游意义[③]。陈杰杰（2014）认为，在建设重庆工业博物馆是重庆市工业布局调整"退城进园""退城进郊"过程中，抢救性保护重庆工业遗产的科学举措，也是新兴文化遗产活化利用模式的探索[④]。蒲培勇（2017）以攀枝花席草坪工业遗址片区改造为例[⑤]，王蜜等（2019）以成都市二仙桥华西物流片区改造为例[⑥]，丁小珊（2021）以重庆816核工程工业遗产改造为例[⑦]，分别提出不同的"三线"工业遗产价值再塑方案，但不约而同都强调提取"三线"精神内核，通过自然环境、人为环境营造场所精神，让参观者在环境氛围中产生情感共振，进而形成价值认同，实现记忆的复现与再生。

3. 传统工业城市

工业城市是指主要由于工业的产生和发展而形成的城市，面对城市转型发展，工业文化遗产保护问题日益凸显，工业文化保护与传承的任务尤为重要[⑧]。我国研究者热切关注的传统工业城市包括长沙市、武汉市、广州市、唐山市、南昌市、青

[①] 付玉冰：《四川地区三线工业遗产价值评估体系研究》，西南科技大学2019年硕士论文。

[②] 肖洪未、郭欣、刘磊：《重庆工业文化景观遗产的特征、内涵及价值传承研究》，《新建筑》2021年第6期。

[③] 李佳：《工业遗产视野下的成都"东郊记忆"文化景观解读及旅游意义》，四川师范大学2013年博士论文。

[④] 陈杰杰：《重庆的工业遗产及工业博物馆展品征集研究》，重庆师范大学2014年硕士论文。

[⑤] 蒲培勇：《三线建设城市老工业区改造中的遗产价值再塑——以攀枝花席草坪工业遗址片区改造为例》，《现代城市研究》2017年第2期。

[⑥] 王蜜、舒波：《工业建筑遗产的价值再塑——以成都市二仙桥华西物流片区改造为例》，中国建筑学会建筑史学分会年会暨学术研讨会2019论文集（下）：267-271。

[⑦] 丁小珊：《三线工业遗产文化记忆的再生路径研究》，《社会科学研究》2021年第3期。

[⑧] 盖鸿章、桑恺璇：《文化自信视域下城市工业文化遗产保护与利用研究》，《明日风尚》2021年第7期。

岛市等。例如，杨帆等（2016）以长沙裕湘纱厂建筑群为例，分析了长沙市民国工业建筑遗产的时代特色及利用现状①；翁春萌（2017）②、王慧娟（2018）③分别对武汉市近代工业发展与城市形态变迁、龟山北沿江近代工业区展开研究，并提出具体的开发策略；曹幸（2017）通过对广州市13个旧工业建筑更新改造现状的调查研究，强调改造的目的在于发现、挖掘，并以适当方式延续旧工业建筑的核心价值④；张亚红（2018）提出唐山市工业旅游可利用的5种模式，包括科技知识传播型、形象观赏休闲型、购物体验娱乐型、节事会展文化型、度假全域型等⑤；徐文俊（2020）通过考察南昌市工业遗产留存现状并对其进行综合价值评估，提出工业遗产保护的科学有效路径⑥。此外，青岛市作为中国近代最早启动工业化的城市之一，既有海尔、青岛啤酒、颐中烟草、中车四方机车等现代民族工业，又有国棉一厂等灿烂深厚的工业文明记忆⑦，备受研究者关注。经梳理相关研究成果就有10余篇，例如，陈群丽（2009）提出，"品牌战略"使青岛市工业名牌频出，树立了先进、厚实、国际化、多样化的"青岛工业形象"⑧；张雪（2014）⑨、林伯玮（2020）⑩对青岛市胶济线工业遗产廊道的保护再利用与城市互动发展进行了系统研究；徐雪松等（2018）研究了青岛啤酒博物馆将现代化理念融入青岛啤酒厂旧址改造的做法和经

---

① 杨帆、陶蕴哲：《民国长沙工业建筑遗产更新利用研究》，《工业建筑》2016增刊。
② 翁春萌：《武汉近代工业发展与城市形态变迁研究（1861—1937）》，武汉大学2017年博士论文。
③ 王慧娟：《武汉龟山北近代工业区再开发初探》，生态文明视角下的城乡规划——2008中国城市规划年会论文集。
④ 曹幸：《广州旧工业建筑更新改造的调查研究》，华南理工大学2017年硕士论文。
⑤ 张亚红：《唐山工业旅游产业发展研究》，西南交通大学2018年硕士论文。
⑥ 徐文俊：《城市工业遗产保护与利用的对策研究——以南昌市工业遗产为例》，南昌大学2020年硕士论文。
⑦ 刘艳杰：《青岛：用工业文化遗产讲好城市发展故事》，《光明日报》2021年5月10日第11版。
⑧ 陈群丽：《论青岛文化》，《消费导刊》2009年第18期。
⑨ 张雪：《青岛胶济线工业遗产廊道保护再利用与城市互动发展研究》，山东建筑大学2014年硕士论文。
⑩ 林伯玮：《基于遗产廊道模式下青岛工业遗产的保护更新研究》，青岛理工大学2020年硕士论文。

验①；张文浩（2018）实地调研了青岛市在德占时期所建工业厂区、设施等，提出基于青岛市城市特色的工业遗产保护与再利用基本思路②；刘源（2019）针对青岛市大量食品工业遗产面临着被拆迁破坏或闲置废弃的状况，提出城市、片区、建筑3个层面进行保护与再利用的共生策略③；林雁（2010）④、陈欣（2020）⑤、高颖（2021）⑥分别对国棉六厂、纺织谷及整个青岛市纺织工业遗产保护体系展开研究，还提出，在保护和保存老物件时不仅要做到物质传承，还要做到纺织人的精神传承；禚雪迎（2021）以中车四方机车为实践案例，运用城市工业废弃地景观改造利用方法，保护场地工业遗传价值的同时传承工业文化⑦；纪晓东（2022）梳理了21世纪以来青岛市政府在工业遗产保护方面的大量工作，包括编制胶济铁路等多个专项规划、完成《青岛市工业遗产图录》等⑧。

（二）工业遗产价值评估及保护利用研究

近十几年来，工业遗产相关理论与实践一直是我国学术界研究的热点，研究方向包括工业遗产定义及价值评估、工业遗产保护利用、工业遗产旅游开发、工业建筑景观改造、城市规划和更新、遗产保护法规研究等。

1. 工业遗产定义及价值评估

单霁翔（2006）曾就工业遗产的内容和时限作讨论，并指出工业遗产涉及的领域十分宽泛，具有丰富的内涵和外延，并用广义的工业遗产指代工业革命之前各个

---

① 徐雪松、林希玲：《青岛工业文化遗产的保护与利用研究——以青岛啤酒博物馆为例》，《青岛职业技术学院学报》2018年第2期。
② 张文浩：《基于青岛城市特色的殖民时期工业遗产保护与再利用研究》，青岛理工大学2018年硕士论文。
③ 刘源：《基于共生思想的青岛食品工业遗产保护与再利用策略研究》，青岛理工大学2019年硕士论文。
④ 林雁：《青岛纺织工业遗产的保护与再利用》，青岛理工大学2010年硕士论文。
⑤ 陈欣：《青岛纺织谷工业文化传承历史系列插画创作研究》，北京服装学院2020年硕士论文。
⑥ 高颖：《当代艺术视域下青岛市纺织谷传统工业文化的传承与重塑策略研究》，《化纤与纺织技术》2021年第7期。
⑦ 禚雪迎：《城市工业废弃地景观改造利用方法研究》，山东农业大学2021年硕士论文。
⑧ 纪晓东：《城市更新视角下工业遗产保护发展研究——基于青岛工业遗产保护的分析》，《重庆建筑》2022年第3期。

历史时期中反映人类技术创造的文化遗产[①]。梁波（2008）[②]、叶子璇（2015）[③]、刘伯英（2017）[④]先后提出，国际通行的"工业遗产"概念容易导致人们理解偏差，实际已超越18世纪工业革命的时限，建议改用"产业遗产"一词，并且可以涵盖国民经济所有产业。

国内对工业遗产价值评估的研究非常多，分为定性研究和定量研究两种。定性研究成果如下：刘伯英等（2006）认为，工业遗产的价值包括历史价值、文化价值、科学价值、艺术价值、工业价值和经济价值，评价原则包括保护范围、历史性原则、价值原则、层次性原则、真实性原则、鉴定原则等[⑤]；张毅杉等（2008）建立了基于整体观的工业遗产价值评价体系和方法[⑥]；刘凤凌等（2011）从类型学的方法出发，探讨了"三线"工业遗产的分级价值评估体系，并以重庆钢铁厂为研究对象进行了具体评估[⑦]；张宇明（2015）提出我国价值评估研究的目的主要是尽快开展工业遗产的认定与保护[⑧]；马雨墨、周岚等（2018）对国家工业遗产认定方式进行了探究，重点阐释了历史、科技、社会文化和艺术四大价值以及真实性、完整性评判在实际工作中的落实[⑨]。

CVM（意愿调查价值评价法）是近40年来西方国家评价非市场资源价值的最常用和最有效的量化工具，由David于1963年提出[⑩]。我国研究者将工业遗产的价值分为使用价值和非使用价值。谭超（2009）较早采用CVM（条件价值法）对北

[①] 单霁翔：《关注新型文化遗产——工业遗产的保护》，《中国文化遗产》2006年第4期。
[②] 梁波：《日本的产业遗产研究》，《哈尔滨工业大学学报（社会科学版）》2008年第2期。
[③] 叶子璇：《探寻中国式世界工业遗产》，《文化交流》2015年第12期。
[④] 刘伯英：《对工业遗产的困惑与再认识》，《建筑遗产》2017年第1期。
[⑤] 刘伯英、李匡：《工业遗产的构成与价值评价方法》，《建筑创作》2006年第9期。
[⑥] 张毅杉：《基于整体观的城市工业遗产保护与再利用研究》，苏州科技学院2008年硕士论文。
[⑦] 刘凤凌、褚冬竹：《三线建设时期重庆工业遗产价值评估体系与方法初探》，《工业建筑》2011年第11期。
[⑧] 张宇明：《"共生思想"下川渝地区三线工业遗产更新策略研究》，重庆大学2015年硕士论文。
[⑨] 马雨墨、周岚、韩强：《国家工业遗产认定方式探究——从专业视角推动决策的尝试》，《遗产与保护研究》2018年第3期。
[⑩] 崔卫华、杜静：《CVM在工业遗产价值评价领域的应用——以辽宁为例》，《城市》2011年第2期。

京焦化厂遗址进行评估，得出其非使用价值的货币化结果为每年 3.33 亿元[①]。崔卫华等（2011）采用 CVM 对辽宁工业遗产资源价值进行评估，并于 2013 年修订指标并再次进行了评估[②]。高鹤翔（2013）从资源经济学及工业考古学的角度对昂昂溪区中东铁路工业遗产的价值分类与评价方法进行归纳总结，并运用 CVM 估算其非使用价值[③]。

2. 工业遗产保护利用

20 世纪 90 年代以来，随着我国城市化的迅速发展及产业结构的升级，城市中出现大量的工业遗址和废弃的工业建筑。工业遗产是人类历史文化遗产的重要组成部分。进入"后工业时代"，工业遗产的保护、转型、再利用成为各国共同的课题。通过创新改造、产业融合发展等方式，一些工业遗产在转型中展现新活力。[④] 现有研究多从工业建筑和城市更新改造、工业遗产旅游开发、工业博物馆建设经营等视角展开。

工业建筑和城市更新改造。季宏等（2010）分析了"样式雷"设计的一座清末兵工厂——海光寺机器局的选址及设计[⑤]。周岚（2012）以 798 艺术区为对象，研究了老旧厂房改建为艺术社区的发展路径[⑥]。张强（2013）以杨浦滨江地区为案例，研究滨水工业遗产区的城市复兴与空间重构的规划设计策略[⑦]。彭飞（2015）从土地再开发的角度将工业遗产再利用分为城市旧区改造、历史街区更新、产业用地置换与更新 3 类主要模式[⑧]。韩平（2019）以杭州大河造船厂为实践案例，应用共生策略对废旧船厂船坞空间进行改造设计[⑨]。舒波等（2020）结合国内外案例，

[①] 谭超：《应用 CVM 方法评估工业遗产的非使用价值——以北京焦化厂遗址为例》，《内蒙古师范大学学报（自然科学汉文版）》2009 年第 3 期。

[②] 崔卫华、杜静：《CVM 在工业遗产资源价值评价中测度指标差异及其选择的实证研究》，《中国人口·资源与环境》2013 年第 9 期。

[③] 高鹤翔：《昂昂溪区中东铁路工业遗产非使用价值评价研究》，东北林大 2013 年硕士论文。

[④] 李强：《工业遗产在转型中展现新活力》，《人民日报》2021 年 6 月 7 日第 17 版。

[⑤] 季宏、徐苏斌、闫觅：《样式雷与近代工业——以海光寺行宫及机器局为例》，紫禁城学会文集 2010。

[⑥] 周岚：《空间的向度：798 艺术区的社会变迁》，北京轻工业出版社，2012 年。

[⑦] 张强：《杨浦滨江工业遗产保护与公共空间整治研究》，清华大学 2013 年硕士论文。

[⑧] 彭飞：《我国工业遗产再利用现状及发展研究》，天津大学 2015 年硕士论文。

[⑨] 韩平：《废旧船厂船坞空间共生改造策略研究》，重庆大学 2019 年硕士论文。

从功能适应、空间再生、文脉延续3个层面探讨仓储物流类工业建筑遗产的再生方法[1]。高坤铎（2021）则提出广州滨水工业遗存中公共空间日常性营造的策略与方法[2]。值得注意的是，周岚等（2011）[3]、韩强等（2018）[4]均提出工业遗产保护的精髓是工业文化和工业精神，应改变仅提供建筑载体的传统观念，着力挖掘中国特色，使之成为工业文化的宣传载体。

工业遗产旅游开发。张晶（2007）[5]、张彩莲（2012）[6]都选取上海市杨浦区作为案例，提出工业遗产旅游保护性开发的发展策略。王芳（2013）以无锡市为例，提出城市特色文化视角下的4种工业遗产旅游开发模式和路径[7]。陈露（2017）结合武汉市工业遗产保护与再利用过程中的政府五大职能，提出可从提高遗产认知、完善制度法规建设、加强政策引导力度、提升宣传教育效果、促进公众广泛参与等方面进行优化[8]。刘璐（2021）从生态恢复、文化催化、社会激活三种模式入手，从延续文脉、激活经济、融入城市、重点保护、挖掘内涵等多方面进行本钢一铁厂的工业遗产保护与工业旅游开发设计[9]。

工业博物馆建设经营。吕建昌（2014）分析了美国工业博物馆的分类及发展历程，为中国提供借鉴[10]。王雷（2013）[11]、庄力（2013）[12]、李峰（2015）[13]、乔佳

---

[1] 舒波、王蜜：《旧仓储物流类工业建筑遗产的再生》，2020年工业建筑学术交流会论文。
[2] 高坤铎：《广州滨水工业遗存更新中公共空间的日常性研究》，华南理工大学2021年硕士论文。
[3] 周岚、宫浩钦：《城市工业遗产保护的困境及原因》，《城市问题》2011年第7期。
[4] 韩强、安幸、邓金花：《中国工业遗产保护发展历程》，《工业建筑》2018年第8期。
[5] 张晶：《工业遗产保护性旅游开发研究》，上海师范大学2007年硕士论文。
[6] 张彩莲：《中国近代工业遗产旅游发展路径研究》，复旦大学2012年硕士论文。
[7] 王芳：《城市特色文化视域下工业遗产旅游开发研究》，沈阳师范大学2013年硕士论文。
[8] 陈露：《武汉工业遗产保护与再利用中的政府职能研究》，华中师范大学2020年硕士论文。
[9] 刘璐：《基于工业旅游视角下的本钢一铁厂保护与再利用研究》，吉林建筑大学2021年硕士论文。
[10] 吕建昌：《从绿野村庄到洛厄尔——美国的工业博物馆与工业遗产保护》，《东南文化》2014年第2期。
[11] 王雷、赵少军：《浅谈工业遗产的保护与再利用——以中国工业博物馆为例》，《中国博物馆》2013年第3期。
[12] 庄力：《沈阳工业博物馆现状与发展》，辽宁大学2013年硕士论文。
[13] 李峰：《沈阳工业博物馆运营模式优化》，吉林大学2015年硕士论文。

（2017）①、郭绘华（2018）②先后研究了沈阳工业博物馆的经营模式、展陈设计及文创产品开发。郝帅等（2019）介绍了首次全国工业博物馆摸底情况，并提出了新型工业博物馆的设想③。郑友等（2022）则介绍了重庆完善工业博物馆体系、探索工业遗产新模式的做法④。

此外，上海交通大学建筑文化遗产保护国际研究中心先后聚焦黄浦江滨江工业遗产保护的共生策略⑤、上海废旧工业厂房改造型创意产业集聚区⑥、2010—2019年上海市工业遗产保护情况⑦、"还江于民"背景下浦东滨江工业遗产再利用⑧等课题，深化工业遗产保护和活化利用的研究。工业和信息化部工业文化发展中心于2021年举办首届国家工业遗产峰会，国际古迹遗址理事会前主席郭旃、上海大学段勇分别做题为《探讨世界遗产》《洋务运动工业遗产申报世界遗产的可行性与紧迫性》的主旨报告，为国家工业遗产申报世界文化遗产提出意见和建议⑨。

（三）工业文化与产业融合相关研究

1. 工业旅游资源开发

我国工业旅游研究的热潮兴起于21世纪初，最初以工矿旅游为主。李开宇等（2002）以江西省德兴铜矿为例，探讨了矿区工业旅游开发的条件与旅游产品的特点，认为矿区工业旅游在我国还没有得到很好的开发⑩。依绍华（2002）对山西

---

① 乔佳：《工业遗产在博物馆展览陈列设计中的应用研究》，延边大学2017年硕士论文。
② 郭绘华：《中国工业博物馆主题性文创产品设计开发研究》，沈阳航空航天大学2018年硕士论文。
③ 郝帅、程楠、孙星：《新型工业博物馆初探》，《文物春秋》2019年第2期。
④ 郑友、汪茂盛：《保护利用新模式：老厂房变博物馆》，《当代党员》2022年第5期。
⑤ 李增军：《黄浦江滨江工业遗产保护的共生策略》，上海交通大学2010年硕士论文。
⑥ 陈开伟：《上海废旧工业厂房改造型创意产业集聚区景观调查研究》，上海交通大学2013年硕士论文。
⑦ 曹永康、竺迪：《近十年上海市工业遗产保护情况初探》，《工业建筑》2019年第7期。
⑧ 王芳：《"还江于民"背景下浦东滨江工业遗产再利用分析研究》，《中国工业遗产调查、研究与保护——2019年中国第十届工业遗产学术研讨会论文集》。
⑨ 21世纪经济报道：《首届国家工业遗产峰会：中国工业遗产应有世界地位》，2021年10月11日。
⑩ 李开宇、王兴中、孙鹏：《矿区工业旅游开发研究——以江西德兴铜矿为例》，《人文地理》2002年第6期。

省大同市推出的井下工业旅游产品进行了分析，提出要侧重宣传其内在的现代工业文化[①]。吴相利（2002）从英国工业旅游的兴起发展，总结出对中国发展工业旅游的经验启示[②]。李蕾蕾（2003）探讨了世纪之交中国工业旅游发展独特的政经背景，以及从政务接待到商务接待的历史过程，提出中国工业遗产旅游开发的未来潜力[③]。刘雷（2013）研究了河南省工业旅游发展战略[④]。吴扬（2016）构建了工业旅游发展的"资源—业态—治理"分析框架，并对上海市旅游资源的空间分布、业态发展模式进行实证分析[⑤]。王青青（2017）以苏州工业园区为例，创新地提出工业旅游导向下工业园区产业体系的构建、空间布局模式的架构及公共服务设施的布局方法[⑥]。邢程（2021）根据沈阳市新的功能分区规划，将工业旅游项目与沈阳市工业文化内涵进行深度融合，设计出工业旅游专属游览路线[⑦]。闫连星（2021）对川酒展开研究，提出工业旅游资源是分布于工业生产领域的各类旅游吸引物的集合[⑧]。

近年的研究者逐渐重视游客感知价值和游客体验满意度。牛状（2014）以天津港工业旅游为例，采用扎根理论提出工业旅游经营模式创新的4个途径：结合自身优势，提高资源转化能力；引导顾客界面，进行整合营销；深化体验设计，加深印象痕迹；嵌入关系网络，形成场域效应[⑨]。柏灵（2018）对阜新海州露天矿国家矿山公园的游憩者进行了满意度研究[⑩]。苏素萍（2020）采用实证研究方法探究观光工厂游客体验价值各个维度、满意度与品牌形象之间的关系，证明游客体验价值、

[①] 依绍华：《历史文化名城、工业能源基地与旅游产业的协调发展——以山西大同为例》，《城乡建设》2002年第1期。
[②] 吴相利：《英国工业旅游发展的基本特征与经验启示》，《世界地理研究》2002年第4期。
[③] 李蕾蕾：《中国工业旅游发展评析：从西方的视角看中国》，《人文地理》2003年第6期。
[④] 刘雷：《河南省工业旅游发展战略研究》，河南大学2013年硕士论文。
[⑤] 吴扬：《上海工业旅游发展的动力机制与模式研究》，华东师范大学2016年博士论文。
[⑥] 王青青：《基于工业旅游导向的工业园区规划研究》，吉林建筑大学2017年硕士论文。
[⑦] 邢程：《基于工业文化自信提升的沈阳工业旅游规划研究》，沈阳建筑大学2021年硕士论文。
[⑧] 闫连星、杨支才：《基于文化内涵的工业旅游资源开发价值评价：以川酒为例》，《酿酒科技》2021年第2期。
[⑨] 牛状：《基于扎根理论方法的工业旅游经营模式创新研究》，天津财经大学2014年硕士论文。
[⑩] 柏灵：《遗产活化视角下阜新海州露天矿国家矿山公园游憩者满意度研究》，沈阳师范大学2018年硕士论文。

游客满意度均对观光工厂的品牌形象具有积极正向的影响[①]。黄修飞（2020）以东阿阿胶的"阿胶世界"作为案例地，得出工业旅游体验价值生成模型[②]。刘佳艺（2021）探究了沉浸式体验视角下青岛啤酒博物馆旅游体验的影响因素，并从环境设计、旅游服务、活动体验、文创产品4个维度提出旅游体验提升路径[③]。王拓宇（2022）通过实证研究，系统分析了工业旅游中游客的体验价值对游客满意度和重游意愿的影响程度[④]。

2. 工业设计创新及产业化

工业设计是工业与文化创意产业融合发展的新业态。我国工业设计研究的热点经历了从工业设计师、工业设计教育到工业设计企业应用、工业设计产业的变迁[⑤]。2015年，国际设计组织（WDO）对工业设计做出新定义，认为工业设计旨在引导创新，促发商业成功以及提供更好质量的生活，是一种将策略性解决问题的过程应用于产品、系统、服务及体验的设计活动[⑥]。

李朔（2016）采用平行比较的研究方法，对英国和中国的工业设计发展历程轨迹进行互照、互比，研究各阶段两国差异背后体现的优势和劣势[⑦]。柳冠中（2019）通过对中国工业设计百年发展的回顾与总结，提出中国工业设计不仅是一种设计技能，而且是一种创新模式，而"工业设计产业"则是重组知识结构、产业链，整合资源，创新产业机制，以创造人类社会健康、合理、共享、公平的生存方式[⑧]。张凌浩等（2020）围绕基于数字技术的体验互动、基于历史叙事的新沉浸式理解、基于文化互动的新文化探究3个方面展开积极探索，创新中国工业设计遗产的发展策略[⑨]。

---

① 苏素萍：《观光工厂游客体验价值、满意度与品牌形象关系研究》，华侨大学2020年硕士论文。
② 黄修飞：《基于符号互动论的工业旅游体验价值生成机制研究》，山东大学2020年硕士论文。
③ 刘佳艺：《青岛啤酒博物馆旅游体验提升研究》，山东大学2021年硕士论文。
④ 王拓宇：《工业旅游体验价值、游客满意度对重游意愿的研究——基于杭州市钱塘区的实证》，浙江工商大学2022年硕士论文。
⑤ 郑刚强、王志、张梦、连红：《中国工业设计理论研究40年的回顾与展望》，《包装工程》2022年第12期。
⑥ 薛瑞：《智能家居服务机器人工业设计研究》，东南大学2017年硕士论文。
⑦ 李朔：《中英工业设计发展历程轨迹比较研究》，武汉理工大学2016年博士论文。
⑧ 柳冠中：《设计是"中国方案"的实践》，《工业工程设计》2019年第1期。
⑨ 张凌浩、赵畅：《文化互动视角下中国工业设计遗产社会体验策略探究》，《福建论坛（人文社会科学版）》2020年第2期。

李超鹏（2020）针对现代工业设计中如何应用虚拟现实技术这一主题，从理论到实践进行多维度、全面深入的探讨[1]。刘宁（2021）结合阿里巴巴、小米、方太等实际案例，解析了如何推动设计服务向设计产业转变，以及在智能互联为产业发展趋势的背景下，如何构建设计创新力的新属性、创新驱动力的新生态、社会发展力的新关系、国际影响力的新姿态[2]。

3. 工业文化数字化

工业文化资源的数字化目前主要应用于工业遗产保护和开发。研究成果有：王慕抽（2013）提出温州矾矿工业遗产数字化保护的方法，包括建立数据库和数字化博物馆，为地方工业遗产保护提供了一个可借鉴的范本[3]；徐拥军等（2016）建议借力创意城市和智慧城市，推进工业遗产的创意开发与数字化[4]；陈涛等（2020）[5]、谭圆媛等（2021）分别研究了数字技术在黄石华新水泥厂、汉阳铁厂工业遗产保护和开发中的应用[6]；王丹（2021）对工业博物馆应用网络信息技术创新文创活动进行了探讨[7]；孙淼等（2022）从文化经济学视角出发，将工业遗产视为兼具"流量"和"存量"特征的文化资本，并总结出数字化转型的五个层次：数字基座建设、数字平台搭建、数字内容植入、数字产品开发、数字产业发展[8]。

我国工业文化教育研究最初是从职业院校开始的。余祖光（2010）较早提出，"优秀工业文化进校园、优秀企业文化进课堂"是解决日益加快的技能革新、日益

---

[1] 李超鹏：《论虚拟现实技术在现代工业设计中的应用》，齐鲁工业大学2020年硕士论文。
[2] 刘宁：《面向智能互联时代的中国工业设计发展战略和路径研究》，南京艺术学院2021年博士论文。
[3] 王慕抽：《浅谈温州矾矿工业文化遗产数字化保护》，《科技信息》2013年第2期。
[4] 徐拥军、王玉珏、王露露：《我国工业文化遗产保护与开发：问题和对策》，《学术论坛》2016年第11期。
[5] 陈涛、梁燕莺：《矿冶遗产保护中VR技术的应用——以黄石华新水泥厂旧址为例》，《湖北理工学院学报（人文社会科学版）》2020年第2期。
[6] 谭圆媛、李悦：《数字技术在工业文化遗产保护中的应用研究——以汉阳铁厂为例》，《工业设计》2021年第9期。
[7] 王丹：《工业博物馆应用网络信息技术创新文创活动探讨》，《通信与信息技术》2021年第4期。
[8] 孙淼、马雨墨、邝远霄、李垣：《文化经济学视角下的工业遗产数字化转型》，《中国文化遗产》2022年第3期。

凸显的劳资矛盾的突破口[①]。荀莉（2011）提出校企合作是提升学生工业文化素养的有效途径[②]。李小苓等（2012）进一步提出要在主要教育环节中融入工业文化，实现工业文化进校园、社会实践进企业的无缝对接[③]。洪弋力（2018）从工业文化的推广和高职教育教学的革新入手，对工业文化融入高职教育教学的路径进行了探析[④]。严鹏等（2021）认为工业生产现场、工业遗产、工业博物馆、工业史与工业文学等构成的工业文化教育综合体，是开展劳动教育的重要课程资源[⑤]。卢菲菲（2021）探讨了吉林省工业文化遗产再利用背景下高校产教融合发展策略[⑥]。房风文（2021）新时代应重视中小学工业文化教育，内容包括工业精神、工业文化知识、工业技术、职业体验等[⑦]。

（四）制造企业文化建设研究

1949年以来，我国企业文化经历了从单纯学习苏联到自我探索创新，再到改革开放后企业文化建设系统化的过程，从早期重视基层劳模的示范作用，到近年企业家精神成为关注焦点，企业文化已成为企业的核心竞争力之一[⑧]。学术界、企业界对企业文化的研究愈加深入细致，相关研究的理论成果逐渐转化为企业的发展成果。朱美荣（2013）提出，文化动力是制造企业核心能力跃迁的重要动力[⑨]。周璐（2014）提出以社会主义核心价值体系引领，发挥企业工人阶级的主体作用，用现代信息技术丰富企业先进文化形式，将西方的先进管理经验与中国传统优秀文化相结合等优

[①] 余祖光：《先进工业文化进入职业院校校园的研究》，《职业技术教育》2010年第22期。
[②] 荀莉：《校企合作是提升学生工业文化素养的有效途径》，《中国职业技术教育》2011年第31期。
[③] 洪弋力：《工业文化融入高职教育教学的路径研究》，《现代职业教育》2018年第17期。
[④] 李小苓、高满茹、郝凤涛：《职业技术师范教育与工业文化对接的探索——以电子信息工程师范专业为例》，《职业技术教育》2012年第8期。
[⑤] 严鹏、陈文佳、孙星：《工业文化是劳动教育的重要课程资源》，《教师教育论坛》2021年第2期。
[⑥] 卢菲菲：《吉林工业文化遗产再利用背景下高校产教融合发展策略》，《长春理工大学学报（社会科学版）》2021年第3期。
[⑦] 房风文：《职业院校开展中小学工业文化教育的策略分析》，《辽宁高职学报》2021年第4期。
[⑧] 刘刚、殷建瓴、刘静：《中国企业文化70年：实践发展与理论构建》，《经济管理》2019年第10期。
[⑨] 朱美荣：《制造企业核心能力跃迁的动力机制研究》，哈尔滨工程大学2013年博士论文。

化制造企业文化建设的路径[1]。孟敬琪（2016）通过调研大量吉林省汽车零部件制造企业，构建了企业创新文化对企业创新能力的影响机制模型[2]。吕峰（2017）以重庆建设摩托为研究样本，从企业文化属性、内部环境、外部环境等方面影响因素入手，详细分析了当前制造业大型国有企业文化建设存在的问题及成因[3]。邵强、王骁洋（2017）利用模糊综合评价法对石油装备制造企业的文化建设水平进行了评估[4]。贾海龙（2018）通过对某公司的案例研究，认为加强企业文化建设是提升中小型制造企业核心竞争力的关键[5]。廉瑞清（2021）提出，企业文化是推动公司稳健、和谐、持续发展的重要先决条件，并对制造企业服务化战略、企业文化与企业绩效间的关系展开实证研究[6]。

四、未来展望

全面回顾工业文化相关理论和国内外研究进展，在我国，工业文化的整体概念近年才开始受到重视，研究起步较晚，目前还滞后于实践。近年来，在各级政府主管部门的主导和推动下，我国政府研究部门、科研机构对工业文化的内涵和时代价值、工业精神的培育弘扬、工业遗产的保护利用、工业文化赋能产业发展及相关工业文化产业等方面进行了逐步深入的研究，初步理清了工业文化研究方向，但也存在诸多不足。例如，具有广泛影响力的成果偏少，研究视角多且相对零散，许多研究碎片散落在管理学、工业工程、经济学、历史学、心理学、艺术学、社会学或人类学等学科领域；研究的系统性理论性深度不足，尚未形成体系化的工业文化发展

---

[1] 周璐：《我国制造业大型国有企业文化建设研究》，哈尔滨理工大学2014年硕士论文。
[2] 孟敬琪：《吉林省汽车零部件制造企业创新文化对提升企业创新能力的作用研究》，吉林大学2016年硕士论文。
[3] 吕峰：《重庆建设摩托股份有限公司企业文化建设问题研究》，吉林财经大学2017年硕士论文。
[4] 邵强、王骁洋：《石油装备制造企业文化建设评价》，《辽宁工程技术大学学报（社会科学版）》2017年第1期。
[5] 贾海龙：《JWD公司企业文化建设优化方案研究》，电子科技大学2018年硕士论文。
[6] 廉瑞清：《制造企业服务化战略、企业文化对企业绩效的影响研究》，西安理工大学2021年硕士论文。

分析框架，尤其是对工业文化资源等核心概念界定和类型判别未达成较为一致的意见，影响研究的深入推进；实证研究偏少，工业文化发展机制和动力研究以一般性分析为主，较少基于实证进行解析；工业文化发展模式研究则主要考虑供给视角的静态产品，较少从市场认知视角考察其不同阶段、不同类型的动态发展模式。今后，需要在工业文化的整体性研究、区域/产业实证应用研究、工业史和工业精神、文化赋能产业机制及新兴业态等方面展开进一步探讨。

（一）加强重大前沿理论课题研究

工业文化研究具备跨学科、交叉性、总体性的特征，现实中亟待解决的前瞻性、理论性重大课题（如"三新一高"下的中国特色新型工业化道路研究、新时代中国工业形象塑造与传播、文化赋能产业高质量发展路径机制、绿色工业文化建构与创新等）都需要突破学科疆域，实现跨专业甚至跨行业、跨部门的知识整合；从参与者角度看，需要政府研究部门、高校、科研机构的共同参与，尤政、黄四民（2021）提出以"大科学"的方式组织开展工业文化研究，正适用于此。

（二）推广实证研究破解现实难题

以客观、量化、可检验为特征的实证研究被公认为提高社会科学研究科学化水平的重要手段。工业文化是多层面的复杂体系，涉及领域多、研究对象杂。目前，实证分析方法仅在工业遗产价值评估时应用最多，其他领域极少涉及。而实证分析的3个基本功能：描述——告诉人们是什么，揭示事物的真实面貌；解释——告诉人们为什么，揭示事物之间的因果关系；预测——告诉人们会怎样，揭示事物变化的未来趋势。因此，建议未来的研究者加强数据采集和分析，应用实证研究来准确反映工业文化发展现状，揭示其发展规律或解释问题背后的原因，还可以通过数据建模预测未来发展的趋势。

（三）重视反思性工业文化研究

工业文化的发展应该重视反思性工业文化，客观地说，这也是目前中国工业文化研究所欠缺的。有研究者认为，在高风险的工业社会，应该时刻具有一种危机意识和忧患意识，认识到与危机、风险共生才是工业文明的常态①。例如，资源耗费带来的成本问题容易引发重大公共问题或致使社会慢性衰退。因此，通过反思性工业文化研究，构建多层面融合的工业文化图景，进而建立风险常态化的机制，有利于提升社会心理的承受度和韧性。

（四）围绕当前研究热点深入细化

围绕当前研究热点和未来可能的方向，进一步深入研究，包括但不限于工业文化内涵挖掘、载体和传播渠道建设到产业发展、制度和标准建设等；"两山""双碳"背景下的绿色文化、企业文化以及社会责任研究；基于城市整体规划布局的工业文化遗产保护利用；工业文化遗产保护相关的法规和价值评估体系；工业文化资源开发的多元化融资途径；工业文化与更多产业融合，相互促进协调发展路径；工业文化教育与制造业人才培养，提高公民工业文化素养；工业史编撰；工业文化与质量强国建设；新时代工业精神等。

---

① 尤政、黄四民：《新时代工业文化研究的机遇与挑战》，《智慧中国》2018年第1期。

产业篇

我国工业遗产发展报告

工业遗产的概念起源于欧洲,是近两个世纪人类最先进生产水平的凝结和集中体现。我国对于工业遗产的广泛关注开始于 2006 年,经过十几年的实践探索和研究,目前已初步形成具有中国特色的工业遗产保护利用体系。2020 年 12 月,习近平总书记在《求是》撰文提出,"历史文化遗产不仅生动述说着过去,也深刻影响着当下和未来;不仅属于我们,也属于子孙后代。保护好、传承好历史文化遗产是对历史负责、对人民负责。"[①]工业遗产作为中国特色工业化道路留下的物质精神文化财富,蕴含着丰富的情感寄托、文化价值,阐释好、保存好、利用好工业遗产,是时代赋予的使命,更是国家发展的必然。

一、工业遗产的内涵与中国特色

(一)内涵:国际通行的定义

2003 年,国际工业遗产保护委员会(TICCIH)在俄罗斯下塔吉尔召开会议并发布《下塔吉尔宪章》,首次在世界范围内就工业遗产的定义达成共识:"凡为工业活动所造建筑与结构、此类建筑与结构中所含工艺和工具、这类建筑与结构所处城镇与景观,以及其所有其他物质和非物质表现,均具备至关重要的意义……工业遗产包括具有历史、技术、社会、建筑或科学价值的工业文化遗迹,如建筑和机械,厂房、生产作坊、工厂矿场及加工提炼遗址,仓库货栈,能源生产、输送和使用的场所,交通运输及其基础设施,以及用于住所、宗教崇拜或教育等和工业相关的社

[①] 习近平:《建设中国特色中国风格中国气派的考古学,更好认识源远流长博大精深的中华文明》,《求是》2020 年第 23 期。

会活动场所。"①

2011年，国际古迹遗址理事会（ICOMOS）和国际工业遗产保护委员会联合发布《联合准则：工业遗产、构筑物、区域和景观的保护》，将工业遗产的概念延伸到无形遗产："工业遗产包括遗址、构筑物、复合体、区域和景观，以及相关的机械、物件或档案，作为过去曾经有过或现在正在进行的工业生产、原材料提取、商品化，以及相关的能源和运输的基础设施建设过程的证据……工业遗产分为有形遗产（包括可移动和不可移动的遗产）和无形遗产。例如，技术工艺知识、工作组织和工人组织，以及复杂的社会和文化传统，这些文化财富塑造了社群生活，给整个社会和全世界带来了结构性改变。"②

2012年，国际工业遗产保护委员会进一步总结亚洲工业遗产的特点，"亚洲工业发展与西方路径不同，其定义应扩大到包括工业革命前和工业革命后的技术、机械和生产设施、建筑结构和建筑环境。"同时提出，"亚洲的工业遗产见证了现代化进程，有助于地区和国家的身份认同，是历史不可分割的一部分。"③

（二）差异：中国特色

2006年4月，国家文物局举办首届中国工业遗产保护论坛，我国部分城市和文

---

① 原文为：The delegates assembled for the 2003 TICCIH Congress in Russia wish therefore to assert that the buildings and structures built for industrial activities, the processes and tools used within them and the towns and landscapes in which they are located, along with all their other tangible and intangible manifestations, are of fundamental importance. ...Industrial heritage consists of the remains of industrial culture which are of historical, technological, social, architectural or scientific value. These remains consist of buildings and machinery, workshops, mills and factories, mines and sites for processing and refining, warehouses and stores, places where energy is generated, transmitted and used, transport and all its infrastructure, as well as places used for social activities related to industry such as housing, religious worship or education.（参见 TICCIH 官方网站）
② 参见 TICCIH 官方网站。
③ 原文为：We recognize that many key elements of industrial heritage in Asia were imported by colonizers or countries in the Western World, that the factories and facilities are pioneering avant-garde, incorporating aesthetic and scientific values that reflect the history of architecture, construction techniques and equipment which should be preserved in ways that reflect their integrity. Workers housing, sources of materials and transportation facilities are all contributing parts of this integrity and should also be considered for preservation.（参见 TICCIH 官方网站）

物部门的代表及专家学者共同提出《无锡建议——注重经济高速发展时期的工业遗产保护》，认为工业遗产应包括以下内容："具有历史学、社会学、建筑学和科技、审美价值的工业文化遗存，包括工厂车间、磨坊、仓库、店铺等工业建筑物、矿山、相关加工冶炼场地、能源生产和传输及使用场所、交通设施、工业生产相关的社会活动场所，相关工业设备，以及工艺流程、数据记录、企业档案等物质和非物质文化遗产。"[1] 2006 年 5 月，国家文物局发布了《关于加强工业遗产保护的通知》（文物保发〔2006〕10 号），提出我国工业遗产保护的意义及其作用，同时要循序渐进地开展工业遗产保护的相关工作[2]。2010 年 11 月 5 日，中国建筑学会工业遗产学术委员会成立，召开相关的研讨交流会，提出并通过"北京倡议"，呼吁社会各界一起发掘工业遗产的重要性。2016 年 11 月，来自国内工业遗产研究方面的专家学者相聚湖北省黄石市，探讨工业遗产研究方面的各项内容，并发布了新时期与工业遗产相关的《黄石共识》。

2018 年，工业和信息化部印发《国家工业遗产管理暂行办法》（工信部产业〔2018〕232 号），将国家工业遗产界定为"在中国工业长期发展进程中形成的，具有较高的历史价值、科技价值、社会价值和艺术价值，经工业和信息化部认定的工业遗存"[3]。它包括物质遗存，如作坊、车间、厂房、管理和科研场所、矿区等生产储运设施，以及与之相关的生活设施和生产工具、机器设备、产品、档案等；还包括非物质遗存，如生产工艺知识、管理制度、企业文化等。

结合上述定义不难看出，与西方工业遗产不同的是，中国工业遗产并不以工业革命为时间起点，中国的纺织、陶瓷、制茶等传统工业早已享誉世界千百年，至今仍独具魅力。而中国近代以来的工业活动也呈现比较明显的时代印记，如洋务运动、民族资本主义工商业、156 项重点工程及"三线"建设等[4]。

---

[1]《无锡建议——注重经济高速发展时期的工业遗产保护》，《中国文物报》2006 年 5 月 26 日第 2 版。
[2] 2006 年 5 月 12 日，《国家文物局关于加强工业遗产保护的通知》。
[3] 参见工业和信息化部官方网站。
[4] 曹福然、马雨墨：《中国工业遗产话语变迁的背景历程、话语特质及文化条件分析》，《东南文化》2022 年第 2 期。

（三）热点：工业遗产的保护利用

党的十八大以来，工业遗产的保护利用工作被摆到更加突出的位置。目前，我国有数十个科研机构（含高校）在开展工业遗产保护利用方面的研究工作，以建筑规划、历史、科技史、景观设计等学科为主要依托。

其中，建筑规划学科主要研究工业遗产的建筑物（构筑物）结构、空间规律和改造利用的方法。这类科研机构包括清华大学、北京大学、北京建筑大学、天津大学、哈尔滨工业大学、同济大学、上海交通大学、东南大学、山东建筑大学、青岛理工大学、华侨大学、华南理工大学、西南交通大学等。

历史学科大多从近现代史角度研究工业遗产产生的历史环境和历史定位，并且衍生出特定的历史专题，如洋务运动、民族资本主义工商业、"一五"时期的156项重点工程，以及"三线"建设和"小三线"建设等。这类科研机构包括当代中国研究所与当代中国研究中心、上海大学、华东师范大学、宁波大学、华中师范大学等。

科技史学科则主要研究工业遗产的技术转移及技术发展脉络，特别是内外部环境和工业工程的相互影响。这类科研机构包括中国科学院自然科学史研究所、清华大学、北京科技大学、哈尔滨工业大学、东华大学等。

除此之外，一些专门研究工业遗产景观设计、工业博物馆建设、工业遗产技术保护等方向的科研机构也在工业遗产保护利用领域发挥相应的作用。

二、保护利用现状及特点

习近平总书记多次强调要"让收藏在博物馆里的文物、陈列在广阔大地上的遗产、书写在古籍里的文字都活起来，丰富全社会历史文化滋养"。工业遗产作为中国人民求富强、求独立的见证，在历史文化遗产中占据重要地位。近年来，我国加大了对工业遗产的保护和利用力度，并且创造性地将对其保护和利用放在同等重要的位置。

（一）政策推动，工业遗产保护利用已上升到国家战略高度

2014年，《国务院办公厅关于推进城区老工业区搬迁改造的指导意见》明确提出要"加强工业遗产保护再利用""高度重视城区老工业区工业遗产的历史价值，

把工业遗产保护再利用作为搬迁改造重要内容";2017年,中共中央办公厅、国务院办公厅联合印发《关于实施中华优秀传统文化传承发展工程的意见》,再次强调要做好"工业遗产保护工作"。这标志着对工业遗产的保护利用已上升到国家战略高度。

2016年,工业和信息化部、财政部联合印发《关于推进工业文化发展的指导意见》,首次提出要"开展工业文化资源调查,梳理和挖掘工业遗产等资源",并"建立科学的工业遗产等级评估标准"。为落实此项工作,工业和信息化部自2017年起连续5年发布5批国家工业遗产名单;于2018年组织开展了首次工业遗产摸底调查,同年还公布了《国家工业遗产管理暂行办法》。2019年,国家文物局发布《文物保护利用规范 工业遗产》(WW/T 0091—2018),旨在规范管理越来越多被依法核定为各级文物保护单位的工业遗产。2020年,国家发展改革委、工业和信息化部等五部门联合印发《推动老工业城市工业遗产保护利用实施方案》,列出了工业遗产保护利用的推进路径。一方面,将工业遗产保护利用纳入保护传承传统优秀文化的高度考虑;另一方面,发展以工业遗产为载体的体验式旅游、研学旅行,形成工业文化旅游新模式。2021年,工业和信息化部、国家发展改革委等八部门联合印发《推进工业文化发展实施方案(2021—2025年)》,提出"初步形成分级分类的工业遗产保护利用体系"的发展目标,并为我国工业遗产保护利用提供了具体指引。此外,国务院国有资产监督管理委员会、中国科协等也分别发布了中央企业工业文化遗产名录、中国工业遗产保护名录,体现了中央层面保护利用工业遗产的决心。2022年2月,中共中央宣传部、文化和旅游部、国家文物局联合印发《关于学习贯彻习近平总书记重要讲话精神 全面加强历史文化遗产保护的通知》,要求"统筹协调好历史文化遗产保护与城乡建设、经济发展、旅游开发之间的关系""切实做到在保护中发展、在发展中保护,积极推进创造性转化、创新性发展""让历史文化遗产在新时代焕发新生、绽放光彩"。

(二)摸清底数,奠定工业遗产保护和利用的基础

1. 900余处工业遗产,以近代为主,地区间分布不均衡

根据2018年工业和信息化部开展的工业遗产摸底调查,目前我国共有935处工业遗产。从区域分布来看,我国工业遗产广泛分布在31个省、直辖市、自治区,

其中，在环渤海及沿黄海、东海一带最为密集，其次为中部、西南、西北、东南沿海地区，青海省、西藏自治区、内蒙古自治区等地区分布较少。

从工业遗产的最初建成年代来看，目前调查到的工业遗产项目绝大多数是近代以来建设的。其中，现代（1949—1980年）624处，占67%；近代（1840—1949年）270处，占29%；古代（1840年以前）工业遗产最少，为41处，占4%，具体如图1所示。在中华人民共和国成立后形成的工业遗产中，156项重点工程和"三线"建设项目共163处，占项目总数的17%，包括48处156项重点工程和115处"三线"建设项目（有重合项目6处），另有6处"小三线"项目。

从所属行业领域来看，原材料领域319处，占比34%；装备制造领域214处，占比23%；消费品领域185处，占比20%；其他领域217处，占比23%，包括电子工业、信息软件和能源供应、文化、房地产建筑等，具体如图2所示。

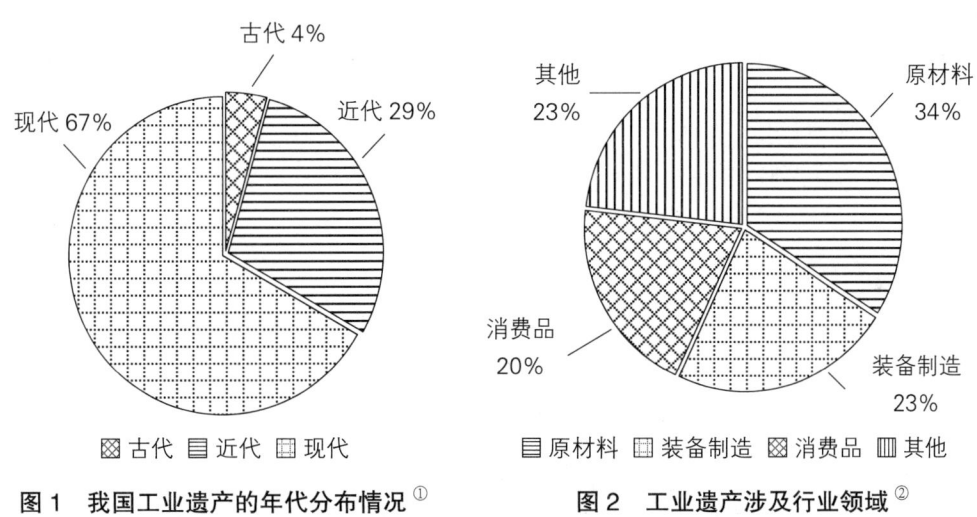

图1 我国工业遗产的年代分布情况①　　图2 工业遗产涉及行业领域②

其中，原材料领域的工业遗产在西北地区分布较为集中，其次是河南、东北和西南地区，这些区域自然资源尤其是矿藏十分丰富；装备制造领域的工业遗产分布较为分散，主要集中在中部、东部和南部地区，贵州、天津、陕西等省市聚集更为明显。消费品领域的工业遗产在东南沿海所占比例较大，其中，江苏、浙江、山东、安徽等省聚集更为明显，西南部、中部、北部地区次之。

---

① 根据工业和信息化部2018年工业遗产摸底调查结果。
② 根据工业和信息化部2018年工业遗产摸底调查结果。

2. 工业遗产内容丰富，包括物质遗存和非物质遗存

在摸底调查中发现，按照工业遗产的核心要素划分，我国工业遗产的类型十分丰富，不可移动物质遗存、可移动物质遗存和非物质遗存均在登记范围内。不可移动物质遗存包括厂房、车间、作坊、矿区等生产储运设施，以及与工业相关的管理和科研场所、其他生活服务设施及构筑物等；可移动物质遗存大多为机器设备、档案、工具、雕塑、产品等；非物质遗存以生产工艺为主，也有管理制度、企业文化等。

但从管理部门或产权单位对遗产价值的描述中可以看出，普遍对工业遗产历史价值和艺术价值的相关描述相对丰富，而科技价值和社会价值描述相对薄弱。总体看，价值认识还不够全面。

3. 工业遗产大多归企业所有，但还有少数所有权不清

据调查，在已登记的935处工业遗产中，653处工业遗产所有权归企业，占比为69.8%；89处工业遗产的所有权归地方政府，占比为9.5%；63处工业遗产的所有权归事业单位、科研院所、学校、军队或企业与政府共享，占比为6.7%；61处工业遗产的所有权归个人，占比为6.5%；此外，还有69处工业遗产未填报所有权情况，占比为7.4%，具体如图3所示。

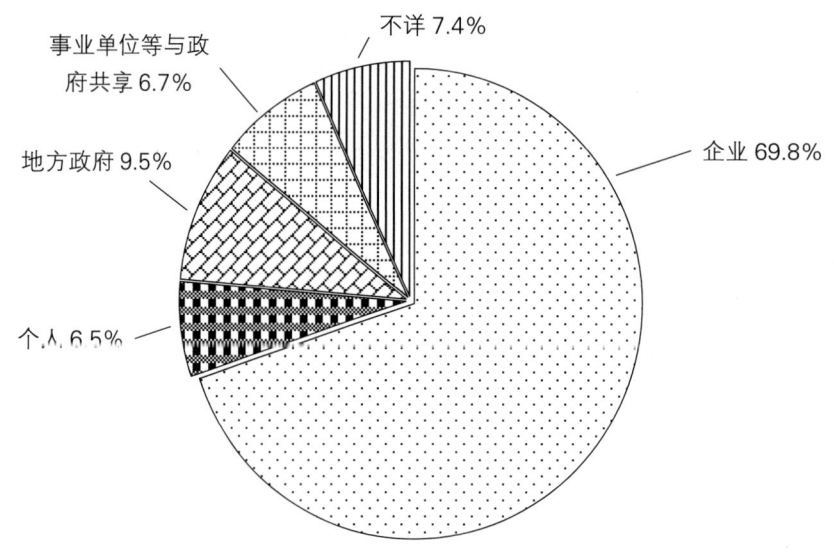

图3 工业遗产的产权情况[①]

---

① 根据工业和信息化部2018年工业遗产摸底调查结果。

（三）先行先试，各地积极推进工业遗产保护和活化利用

从 2017 年起，山东、深圳、四川等地率先提出在本省（市）范围内"开展摸底调查""强化工业遗产分级保护""推动工业遗产开发利用创新"。从 2021 年起，江苏、辽宁、安徽、江西、浙江等省相继印发省级行动计划，进一步深化"挖掘培育工业遗产重点项目""推动老工业城市工业遗产改造""促进工业遗产与工业旅游、文化创意等融合发展"，迈出了省域内工业遗产保护和活化利用的坚实步伐。在此背景下，全国多地相继推出多项举措，摸清工业遗产家底，发掘、保护和利用工业遗产，主要有如下做法。

1. 组织区域资源摸底

大部分地区对省（市）域内的工业遗产、工业博物馆及藏品资源已经进行或即将进行摸底调查，了解省（市）域内工业遗产类型、时代分布的基本情况和地域特色，推荐有价值、有特色的工业遗产去认定国家工业遗产。在相关工作如火如荼开展的过程中，各地陆续发布成果，如江苏省工业和信息化厅发布了《江苏省工业遗产地图（2020 版）》、河北省工业文化协会等编撰的《河北省工业文化资源汇编》于 2020 年正式出版等。

2. 建立分级保护体系

河南、广东、重庆、四川等省市均已印发或准备印发省级工业遗产保护的行政管理制度；四川、广东、重庆等省市主管部门进行了省级工业遗产认定，与国家工业遗产相呼应，正逐渐形成"国家—省"两级工业遗产认定保护体系；部分条件较好的省市开始制定与工业遗产相关的规划，如山东、四川等省已经编制了省域内工业旅游规划，大连、武汉等市也编制了工业遗产保护专项规划。

3. 促进产业融合发展

以工业遗产为基础，各地纷纷结合当地资源禀赋和产业条件，探索与科普教育、文化旅游等产业融合发展的新路径。一是工业遗产活化利用中最受关注的工业旅游方面，福建、江西、广东等省与文旅主管部门联合制定相关政策，河北、江苏等省也建立了省级资源库，结合工业遗产培育工业旅游基地（点），优化工业旅游精品线路。二是对旧厂房、旧设备等工业遗产的就地修缮和再利用方面，各地纷纷尝试建立以工业遗产为文化标识的文创园，打造创新创业平台，以此增强园区的文化氛围和文化底蕴，目前创意园依托的工业遗产主要涉及纺织、电子、印刷、造币、电器

等轻工行业。三是工业博物馆的建设方面，各地鼓励有条件的工业企业和工业遗产所有权人建设工业博物馆，使不具备原址保存条件的工业遗产得到妥善保护，也使许多可移动或不可移动的工业遗产得到更系统的保存与展示，一些工业旅游先进地区还将工业博物馆纳入工业旅游产品体系，上海、深圳等一些经济较发达地区，已经开始筹划综合性的工业博物馆。

4. 传统产业焕发新生机

在许多拥有较好传统产业基础的地区，正在进行将工业遗产品牌化、促进传统产业转型升级的新尝试。浙江省建设了一批以工业遗产为特色的小镇，如在绍兴黄酒工业遗产基础上建设绍兴柯桥黄酒小镇、在湖笔工业遗产基础上建设湖州南浔善琏湖笔小镇、在丝绸工业遗产基础上建设吴兴丝绸小镇等，同时总结出一套传统产业转型升级和推广工业遗产互促互融的"浙江经验"。安徽省以祁门红茶、泾县宣纸等传统产业为基础，探索转型升级路径，建设了中国祁红博物馆、中国宣纸文化产业园（小镇）等。

（四）多措并举，打造工业遗产保护利用的特色案例

打造工业遗产保护利用的特色案例包括工业遗产价值挖掘阐释、工业遗产的本体保护及更新改造融入城市发展等。

1. 工业遗产价值挖掘阐释：长乐塬抗战工业遗址公园

工业遗产作为工业发展历程的"亲历者"，见证了内部和外部环境的历史变迁、技术的研发论证和转移发展、生活社区和城市的相互塑造，以及一定历史时期的审美情趣等，这些都决定了工业遗产具有较高的文化价值。工业遗产保护的首要工作是将这些价值发掘和阐释出来，展现给大众。

例如，20世纪40年代，受日本侵华战争影响，一大批工厂西迁，以申新纱厂为代表的抗战企业落户宝鸡市，因时因地制宜，顶着日军的轰炸使用窑洞空间坚持生产，支持前方抗战，展现了民族工业坚强不屈的精神，被林语堂称为"中国抗战工业奇迹"。申新纱厂创建时期即积极参与工业合作，与其他工厂共同组织失业工人，寓救济于生产，支援军需与民用。申新纱厂利用404号火车头、3000千瓦发电机发电，开办电厂、面粉厂、油脂饲料厂，并建成学校、医院，有效带动地方各项事业发展。申新纱厂办公楼、车间、别墅等中西合璧的建筑展现了特定区域特定

时期的审美特色。

在申新纱厂旧址上建立起来的长乐塬抗战工业遗址公园，是国内现存保留最完整的抗战工业遗址。遗址核心区主要由窑洞工厂、薄壳车间、申新办公室和乐农别墅构成，特别是窑洞工厂内陈列着当时所使用的细纱机、纱锭等实体遗存，这些遗存作为博物馆藏品展陈，以实物陈列、文献展示、多媒体利用等方式，既再现了当年申新纱厂为抗战源源不断地供应军需民用品的场景，又阐释了在抗日战争背景下的内迁史、申新纱厂史、工合运动史及宝鸡工业发展史。

2. 工业遗产的本体保护：湖北黄石华新水泥厂旧址

工业遗产保护是新兴领域，工业遗存的外观、材质、结构较一般文物更为复杂，保护要求也与一般文物有所不同，因此，其保护理论、方法和技术也仍在探索阶段。

例如，创办于抗日战争后期的湖北黄石华新水泥厂，曾为中国近代三大水泥企业之一，2007年因产业结构调整迁出城市中心区，是我国现存生产时间最长、规模最大、保存最完整的水泥工业遗存。

2016—2019年，中国水泥协会、中国文化遗产研究院、中国建筑设计研究院建筑历史研究所、湖北省文物管理委员会等单位的学者组成专家组，对华新水泥厂旧址保护与展示利用项目中水泥工艺设备定级进行论证审查，探讨湿法水泥工艺设备的保护思路、方式、方法，开展学术交流，经过集体讨论，专家一致通过设计方案，建议设施设备分级保护并遵循完整性和最小干预原则，使华新水泥厂历史文物价值完整诠释、技术提升完整展示、湿法水泥工艺完整再现、特有设施设备完整保留。对于不确定能否拆除的设备，以现状保护为主。最终，设计单位和施工单位按照专家意见，正确处理了重点保护和一般保护、原状保护和多种方式保护、工艺设备保护和生产文化保护的关系。保护修缮后的华新水泥厂旧址于2017年对外开放，生动讲述了中国水泥行业的历史，成为工业遗产保护和让工业遗产"活起来"的优秀案例。

3. 更新改造融入城市发展：工业文化创意产业园、工业遗址公园等

考虑到工业遗产的体量、数量和价值内涵，传统的静态遗产保护方式往往不是工业遗产保护的最佳方式。一方面，工业遗产保护资金需求大、技术投入高，需要有一定的盈利模式创造收入，使保护和利用相辅相成。另一方面，大多数工业遗产是活态遗产，通过再创意激发其活力，是更符合工业遗产保护规律的选择。在利用

发展方面，工业遗产更新改造融入城市发展的模式主要有工业文化创意产业园、工业遗址公园（包括工业博物馆）、工业性历史文化街区等。

工业文化创意产业园是指利用原有的工业布局、厂房建设等，与地理位置等要素相互融合，通过文化创意，建立的多功能文化创业产业园与创意产业基地。工业遗产的这种变化往往发生在传统工业逐渐迁出城区后，遗留的厂房和园区因同时具备租金低、地理位置好和建成环境独特等吸引文化创意企业的要素，逐渐成为文化创意产业的重要孵化器。在我国，工业文化创意产业园经历过自发艺术工作者聚集地（以北京798艺术园区为代表）、组织型文化创意产业园（以广州红砖厂创意艺术区、武汉汉阳造文化创意产业园为代表）、复合型城市文化休闲中心（以常州恒源畅厂、成都红光电子管厂为代表）等模式。需要特别说明的是复合型城市文化休闲中心模式，2010年后，因各地对文化创意等产业的重视，政府更加注重创意产业园与城市商业、游憩和旅游功能的融合，有意识地组织创意产业园向城市文化休闲中心转换。这种创意街区塑造已经不再局限于吸引艺术家、设计师等文化产业工作者，而是希望通过文化创意产业打造地区文化符号，形成集艺术体验、商品消费、文娱活动于一体的城市文化休闲中心[①]。

工业遗址公园是以工业旧址为基础，把工业遗存打造成城市或区域的开放空间，这是生态文明与工业文明交互的结果，也是工业遗产保护的重要路径。按发展的先后顺序，工业遗址公园经历过参观型博物馆（以沈阳工业博物馆、柳州工业博物馆为代表）、观赏型公园（以中山岐江公园为代表）和综合文化园区（以首钢遗址公园为代表）等模式。特别是首钢遗址公园，基本保留了首钢建构筑物的空间肌理，根据冬奥会赛事和训练需要改造为相应的场馆，并结合周边的廊道，形成运动区、游览区，周边布置了一些文化创意企业、商业配套等，成为综合型的城市功能区，与城市功能相互依存、相互促进。

工业性历史文化街区是指随着工业遗产保护的深入，我国工业遗产保护实践也由单体建筑向工业地段、工业遗址公园等集合型保护模式拓展。北京首钢旧址的改造参考了历史遗产保护的三级制度，提出了区域层面"工业遗产保护区"的概念，把工业遗存较为丰富集中、承担工业生产核心环节的区域（炼铁厂、焦化厂等）划

---

① 贾艳飞：《基于生产单元的工业遗产保护方法研究》，武汉：华中科技大学出版社，2019年。

定为工业遗产保护区，总面积约 200 万平方米。基于街区尺度的工业遗产保护和利用的研究也日益受到重视。

三、问题与对策

综合来看，目前我国对工业遗产的保护和综合利用还处在积累经验的探索阶段，在这个过程中，存在工业遗产价值内涵体系尚未形成、保护主体责任落实不到位、政策体系不够完善等问题，需要在实践中加以研究和解决。

（一）存在的主要问题

1. 工业遗产价值内涵体系尚未形成

从工业遗产自身来看，当前对其内涵挖掘和阐述方式的研究还有待深入。现实中，大多数工业遗产的解读材料较为枯燥，无法与城市、行业及当今生活相联系。一方面，许多工业遗产只重视建筑实体的改造利用，并以工业遗产为景观背景，呈现的是新注入的经济文化元素，而没有着意于工业遗产内涵的发掘阐释。另一方面，一些工业遗产采用博物馆展陈的方式对遗产的历史沿革、名人事件等进行介绍，但往往缺乏对工业历史背景、行业情况、生产组织等的解读。无论何种呈现方式，对工业遗产内涵解读的力度都尚不足以引起社会公众充足的兴趣。

与此同时，全社会对工业遗产的认识还有待提高。工业生产及工业遗产在我国国民经济增长、技术发展等方面都发挥了重要的影响力，但是大多人民群众还无法认知工业遗产的核心价值，全社会保护工业遗产的意识和氛围还没有形成，也无法真正参与其中，导致工业遗产保护和社会公众之间还没有形成相互促进的正向循环。

2. 保护主体责任落实有待加强

工业遗产是历史的产物，从建设到当下经历了漫长的发展变迁，不少遗产的责任主体还不明确。一方面，存在一套遗产（包括土地、建筑、设施设备等）有多个所有权人的情况，导致互相推诿责任、争夺利益。另一方面，相当一部分工业企业在长期运营中，不可避免地存在股权、债券等纠纷，使工业遗产保护的主体责任更加错综复杂。

3. 政策体系不够完善

虽然工业和信息化部印发了《国家工业遗产管理暂行办法》（以下简称《暂行办法》），并公布了国家工业遗产名单，但相关政策体系仍然无法满足工业遗产保护的实际需求。一是经费问题，许多工业遗产保护项目的落实需要通过财政经费来解决，但目前的政策尚未能允许财政预算列支"工业遗产保护"科目，保护经费短缺。二是保护要求问题，《暂行办法》规定了国家工业遗产的年报制度，但实际中并没有有效落实。三是用地性质问题，工业遗产所使用的土地大多是工业用地，再利用阶段往往需要转化为商业或文化用地，转化成本较高。

（二）关于加强我国工业遗产保护利用的建议

1. 挖掘展示核心价值，讲好中国工业故事

工业遗产是中国工业文明的重要见证，是中华优秀传统文化、革命文化和社会主义先进文化的重要组成部分，蕴藏了丰富的中国精神、中国价值、中国力量。立足于"两个一百年"的历史节点，应当深入研究工业遗产价值内涵及其解读阐释路径，并与"四史"教育紧密结合，使工业工程（企业）的历史地位、特征特色、技术突破和社会贡献等内容通过工业遗产得以深刻呈现，让广大人民群众了解工业遗产的价值内涵，吸引人民群众参与工业遗产的阐释和保护，丰富工业遗产的展陈和表现方式，真正让工业遗产"活起来"。

同时，加大工业遗产的宣传和推广力度。利用短视频等新媒体方式进行广泛传播，扩大工业遗产在社会公众中的影响力；结合国家"大思政课"建设，设置以工业遗产为主体的研学体系，切实将遗产、课程、活动融为一体；此外，还要加快推进工业博物馆的建设落地、工业旅游产业发展及相关衍生品的研发。

2. 明确责任主体，完善保护体系

工业遗产得到有效保护并充分发挥作用，既是所有权人、政府、社会和市场共同的期待，又需要四方共同的努力，因此，有必要建立互惠共赢的保护体系。

从保护主体来看，应当激发工业遗产所有权人的热情，使其充分认知工业遗产的文化价值和经济价值，明确"谁保护，谁受益，谁使用，谁负责"的权责对等理念，调动其保护利用工业遗产的积极性。同时对于产权分割、产权交叠、涉及抵押等情况的工业遗产，应划分好债权（股权）人、产权人、运营人等各方权力边界和收益

方式，探索各方互利共赢的保护利用模式。

从政策层面来看，工业遗产保护利用的政策仍然处在试行阶段，实施效果和路径有待评价和进一步优化。应当结合国内外最新保护理念及各地工业遗产相关工作的现实情况，对现有工业遗产相关政策进行评估，提出工业遗产保护的新要求，切实推进相关事业产业的发展。例如，制定与《暂行办法》相配套的实施细则，有效发挥年报制度对国家工业遗产保护的积极作用并形成社会示范效应等。同时，应当注重从土地、财政、金融等方面完善工业遗产保护利用行政管理的政策体系。

从社会公众来看，工业遗产是全社会的共同财富。一方面，需要让广大人民群众了解工业遗产的价值内涵，认识到中国特色工业化道路上中国人民的艰苦创业历程。另一方面，也需要吸引大众参与工业遗产的阐释和保护，使工业遗产和社会公众产生互动。为此，有必要鼓励具备条件的工业遗产项目向社会公众开放，在保护利用和展陈的各种项目设计、实施过程中，充分引入社会公众意见，工业企业在职人员和当地社区的意见尤为重要。

从文化市场来看，工业遗产是社会主义先进文化的重要载体。应当注重引导工业遗产保护利用相关基金、保险、债券、投资等金融产品的研发，真正实现工业遗产保护利用相关产业与社会主义市场经济的充分融合，使利益各方享受工业遗产保护利用和发展的红利。

3. 加强合理利用发展，带动相关产业提升

在倡导"创新、协调、绿色、开放、共享"新发展理念的大背景下，作为存量的空间资源，工业遗产不仅肩负着文化教育的社会职责，而且承担着促进城市发展的使命。

有必要利用好这些工业遗产资源发展相关事业产业，建设工业博物馆，发展工业旅游，建设工业文化产业园区、特色小镇（街区）、创新创业基地，培育工业设计、工艺美术、工业创意产业等，把加强工业遗产合理利用作为促进传统产业转型升级、加快推进新旧动能转换的重要举措，为经济社会发展服务。

同时，应注重工业遗产与现代商务的融合，发展以工业遗产为特色的会展经济和文化活动，促进工艺美术品、艺术衍生品的设计、生产和交易。

我国工业设计产业发展报告

工业设计是以工业产品为主要对象，综合运用科技成果和工学、美学、心理学、经济学等知识，对产品的功能、结构、形态及包装等进行整合优化的创新活动。2012年12月9日，习近平总书记视察广东工业设计城，勉励广东省提高工业设计水平，提升产品附加值，增强中国制造业竞争力。2017年1月1日，国际工业设计协会联合会更名为世界设计组织（Word Design Organization），并发布工业设计的最新定义："驱动创新、成就商业成功的战略性解决问题的过程，通过创新性的产品、系统、服务和体验创造更美好的生活品质。工业设计，能够为产品植入更高品质、更加绿色、更可持续的设计理念；能够综合应用新材料、新技术、新工艺、新模式，促进科技成果转化应用；能够推动集成创新和原始创新，助力解决制造业短板领域设计问题。"[1]

由于工业设计具有文化特征，它的变化反映着时代的物质生产和科学技术水平，也体现了一定的社会意识形态，并与社会的政治、经济、文化、艺术等方面有密切联系。工业设计成为世界工业国家及制造业体系自18世纪工业革命以来所收获的最重要的创新技术成果，也是促进全球经济现代化及品质优化的最重要手段之一。英、法、德、意、美、日、韩等工业发达国家的历史经验均证明，一个国家的工业设计越活跃，其工业创新能力与市场竞争能力越强；同时，工业化程度越高，制造业基础实力越强，工业设计所能激发的价值提升与市场驾驭水平也越高，对于工业设计的倚重与提升也越明显。

一、我国工业设计产业发展概况

改革开放以来，中国经济稳健前行，建立了结构宏大、系统完整的工业生产体系，为世界所瞩目。工业设计也实现了从无到有、从小到大的快速发展。据不完全

---

[1] 何人可：《工业设计史》（第五版），北京：高等教育出版社，2019年。

统计，自20世纪70年代以来，全球已有20多个国家将工业设计发展纳入国家战略，并将其视为国家软实力的重要组成部分，以及迈向制造业中高端的重要手段[①]。我国现代工业设计虽然起步晚、基础弱，但是通过应用产业化特征的理念与方法，加上政府主导、多层次社会推动形成的巨大合力，在较短时间内实现了产业化高速增长。

（一）总体规模与发展速度

1. 中央多措并举，推动工业设计快速发展

党中央、国务院一直重视工业设计的发展。2006年，国家"十一五"规划纲要首次明确提出要"鼓励发展专业化的工业设计"；2007年，时任国务院总理温家宝做出重要批示"要高度重视工业设计"；2011年，国家"十二五"规划纲要提出"促进工业设计从外观设计向高端综合设计服务转变"的发展要求；2016年，国家"十三五"规划纲要进一步提出"实施制造业创新中心建设工程，支持工业设计中心建设""设立国家工业设计研究院"；2021年，《中华人民共和国国民经济和社会发展第十四个五年规划和2035年远景目标纲要》进一步提出，聚焦提高产业创新力，加快发展研发设计、工业设计、商务咨询、检验检测认证等服务。这些充分展示了我国通过创新驱动加快实现现代化转型的战略决心。

"十三五"期间，工业和信息化部将发展工业设计作为实施创新驱动发展战略、推动制造强国建设的重要举措，为持续推动工业设计发展，在完善政策体系、搭建交流展示平台、加强公共服务等方面开展了一系列工作。

2010年，工业和信息化部、教育部、科技部等11部门联合印发《关于促进工业设计发展的若干指导意见》（工信部联产业〔2010〕390号），这是第一次在部委层面制定专门部署工业设计相关工作的政策文件；2019年10月，工业和信息化部、国家发展改革委等13部门联合印发《制造业设计能力提升专项行动计划（2019—2022年）》（工信部联产业〔2019〕218号），从制造业设计能力提升的总体要求、发展目标、重点领域多个方面，提出了行动计划和措施，这也是继《关于促进工业设计发展的若干指导意见》之后，政府多个部门再次针对工业设计工作的重要部署。

此外，工业和信息化部还采取了多项有力的推进措施。例如，市场主体培育方

---

① 国务院发展研究中心：《从战略高度重视工业设计产业发展》，《调查研究报告》2018年第19号（总5294号）。

面,通过国家级工业设计中心的认定,起到树典型、立标杆、强化工业设计专业独立性及引导性的作用;产品创新方面,组织"中国优秀工业设计奖"评选,通过表彰优秀产品设计成果,强化创新引导力度,促进产品端的深度设计发展;成果宣传方面,指导举办中国工业设计展览会(博览会),宣传展示优秀设计成果。

2. 产业发展迅猛,工业设计中心遍地开花

工业企业和工业设计企业是我国工业设计产业的主体。随着我国工业化进入中期(局部进入中后期)发展阶段,工业设计产业与工业设计能力有了长足的进步与发展,总体表现:普及化、系统化、综合性、多元化的产业发展趋势进一步明显;工业设计能力进一步增强,工业设计助力制造业转型升级的作用进一步提升;工业设计跨学科、跨领域、跨业际的合作影响进一步扩大,市场经济水平日趋提高,服务业比重大幅增加;设计教育奠定了人才规模基础;多个领域的企业积极推动设计创新;国际交流与合作促进设计创新能力快速提升。

在此背景下,中国工业设计产业佳绩频传。综合各地各行业机构的不完全统计,截至2021年年底,我国已有298家国家级工业设计中心(见图1),分布在25个省、市、自治区。

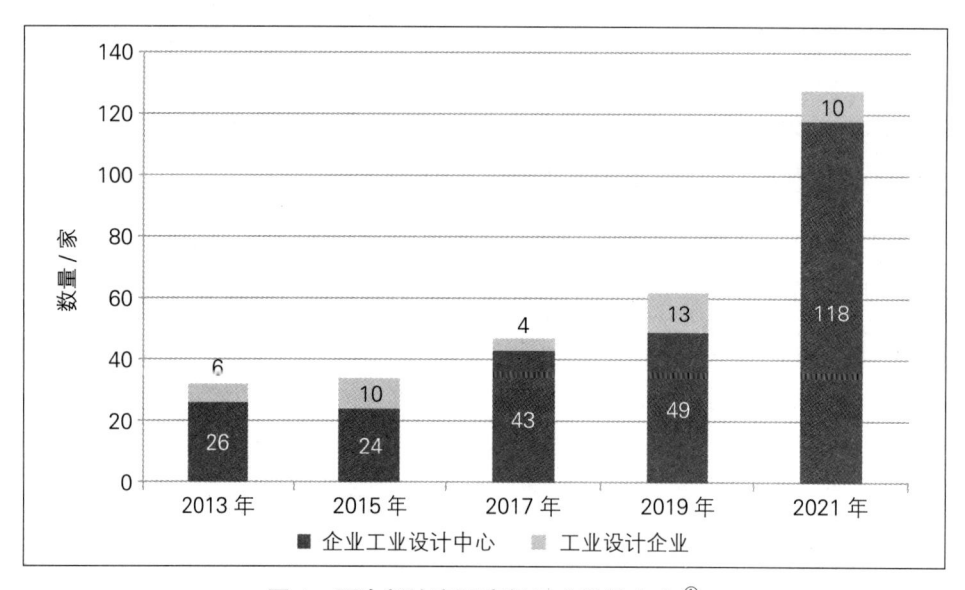

图1 历次新认定国家级工业设计中心[①]

① 根据工业和信息化部网站公布数据整理绘图。图中为国家级工业设计中心历次新认定数,但由于存在复核未通过的情况,因此,历次新认定数之和大于298家。

（二）产业布局与重点领域

1. 补齐装备制造设计短板

在高档数控机床和机器人领域，工业设计重点突破系统开发平台和伺服机构设计，多功能工业机器人、服务机器人、特种机器人设计等。在轨道交通领域，重点突破列车转向架、高速列车车轴设计，列车车体材料、结构和内部布局及辅助设备设施优化设计，先进城市有轨电车、中低速磁悬浮、跨座式单轨、市郊通勤动车组等新型轨道交通工具设计。在航空航天领域，重点突破飞机气动及结构、航空发动机、机载设备及系统、无人系统、火箭发动机等系统关键设计。在船舶海工领域，重点突破智能船、邮轮等高技术船舶，深远海油气资源开发装备等海洋工程装备，以及核心配套系统及设备的关键设计。在电力装备领域，重点突破燃气轮机整体设计，核心热端部件设计和现役装备热端部件的修复及优化升级设计，特高压交直流关键装备设计等。在节能与新能源汽车领域，重点提升关键装备、核心装置、新工艺技术、系统集成平台（软件）等设计能力，形成指导汽车工装设计的标准化规范或导则。

2. 提升传统优势行业设计水平

在消费品领域，支持智能生态服装、家用纺织品、产业用纺织品、鞋类产品、玩具家电、家具等设计创新。鼓励建设国民体型数据库和标准色彩库，发展人体工学设计。加强流行趋势研究，提升产业竞争力。在汽车领域，推动关键零部件、新能源汽车动力电池和充电系统设计，动力电池回收利用系统设计，乘用车及冷链物流车、消防车等专用汽车设计。在石化装备领域，重点突破高精度旋转导向钻井系统设计，7000马力及以上大型压裂撬装成套装备设计，12万~15万 Nm^3/h（标立方米每小时）等级超大型空分成套装备设计等。在传统机械领域，发展汽油发动机、大马力柴油机、工业燃气轮机等动力机械设计。在重型机械领域，重点突破智能码头成套装备设计，智能搬运与输送系统成套设备设计，宽幅高品质铝、镁合金板带智能生产成套装备设计，大型铸锻件制造成套装备设计等。在电子信息领域，大力发展集成电路设计，大型计算设备设计，个人计算机及智能终端设计，人工智能时尚创意设计，虚拟现实/增强现实（VR/AR）设备、仿真模拟系统设计等。

3. 大力推进系统设计和生态设计

积极推进系统设计与系统仿真技术研发，有效带动原始创新。支持清洁高效节约能源产品设备的设计，提升发电装备、余热回收装备、终端用能设备、太阳能利用装置的设计水平。发展循环经济，鼓励开展废弃物回收利用，通过设计创新提升废弃物加工转化设备的效能。推进绿色包装材料、包装回收利用体系设计。

（三）区域发展与横向比较

省市层面的组织安排与落实举措，对于我国工业设计产业的发展具有关键性作用。不同时期不同区域的发展差异，并不完全取决于资源富寡。我国各省、市、自治区的产业基础不同，对工业设计的重视程度也不同，除体现在各地重点扶持的行业领域有所差异外，地方政府对工业设计产业推动的政策驱动（包括省级工业设计中心的建设、工业设计研究院的建立等）、柔性引导（包括开展工业设计活动、举办相关奖项和设立工业设计组织等）也有差异，并产生了不同成效。

1. 区域工业设计产业集群兴起

围绕制造业和战略性新兴产业、生产性服务业布局，经过多年的集聚发展，目前，我国已形成京津冀、长三角、粤港澳大湾区、东南沿海、成渝、关中、沈大等工业设计产业集群。例如，粤港澳大湾区以仅占我国国土面积不足1%的土地，对国民经济做出12%的贡献，其设计企业数量达5127家，主要分布于深圳市、广州市、佛山市、东莞市、香港特别行政区，其余湾区城市设计企业总数仅占3.74%。粤港澳大湾区的设计产业链已经向上游的产品开发和下游的制造业领域（ODM）扩展，并尝试创建自有品牌，有创新实力的企业纷纷加强工业设计中心的建设。

2. 工业设计产业高地争相涌现

联合国"创意城市网络"世界设计之都建设，为北京、上海、深圳、武汉等城市打造国际开放设计创新高地带来强劲动力。例如，上海建设世界一流"设计之都"，工业设计、建筑设计、时尚设计与国际同频共振，数字设计、服务设计在国内保持领先，创意和设计产业总产出保持年均两位数增长，预计到2025年将超20000亿元。同时，广州、重庆、天津、哈尔滨、长沙、郑州等城市也在积极"申都"，有效带动了工业设计产业由点带面的发展。例如，重庆提出发展目标：力争到2025年，建成5家以上市级工业设计研究院、15家以上国家级工业设计中心、250家以上市级工业设计中心，聚集工业设计相关机构和企业500家以上，设计服务收入突破100亿元。

具有地方特色的"河北设计"、海南国际设计岛建设、"设计河南"建设等，加快构建设计产业发展新高地。例如，河北省在"十三五"期间，坚持政策引导和市场运作双轮驱动，省市两级形成了"2+9+13"的政策推进体系，落实财政资金近4.8亿元，引导激活了设计市场需求。此外，我国26个省（市、自治区）开展了省级工业设计中心认定，其中大部分省（市、自治区）开展了工业设计赛事、评奖及展览等活动。这些活动在全国范围内掀起了工业设计快速发展之势，活动成果在一定程度上反映了我国工业设计产业发展的基本状况与水平。

3. 3条设计经济走廊初步成型

随着各地不断加大推动工业设计发展力度，并为工业设计快速发展提供了日益向好的政策环境。截至目前，3条纵向贯通我国的设计经济走廊，已经初步成型。

东线：满洲里—齐齐哈尔—哈尔滨—长春—沈阳—大连—烟台—青岛—济南—徐州—合肥—南京—上海—杭州—福州—泉州—厦门。

中线：鄂尔多斯—呼和浩特—张家口—北京—天津—石家庄—郑州—武汉—南昌—长沙—株洲—广州—佛山—东莞—深圳—香港—澳门—珠海—海口。

西线：敦煌—兰州—延安—西安—成都—重庆—贵阳—昆明。

（四）人才积淀

工业设计教育和人才培养是工业设计产业发展的动力，与工业设计企业一起共同构成了"中国工业设计的产业能量"。根据教育部数据[①]，2019年，在全国近2956所教育部及各级政府主管的高等学校（包括本科、高职高专）中，共设有工业设计专业点1014个，在校生人数为167981人。作为将科学技术、艺术、经济等相结合的交叉性应用学科，工业设计教育本身要求培养综合型及实践型的专业人才。

在服务于工业生产体系的广阔性、多样性与基础性设计要求的层面上，我国工业设计教育的基础能力已经具备，适应各种专业生产要求的基础性知识与能力训练能较为完整地展开。此外，我国工业设计人才培养体系还在向两端延展，向前重视中小学生设计思维和创新意识的启动教育，向后重视就业后设计人才的能力提升与培育，设计教育布局呈现明显的地域经济匹配性，并进入数字化设计时代。

---

① 信息来源：教育部政务公开办公室政府信息公开申请告知书（教公开告〔2019〕第262号）。

1. 高等教育

按照现行普通高等学校本科专业设置，工业设计按照文理分招，分别设置授予工学学士学位的工业设计专业和授予艺术学学士学位的产品设计专业，同时在管理、艺术学科中也有设计相关专业。工业设计贯穿本科和研究生教育，可授予学士学位、硕士学位和博士学位。2019 年，全国高等院校共开设工业/产品设计专业的本科专业点共 753 个，在校本科生共 142007 人。据不完全统计[①]，2019 年工业设计领域 186 所高校共招收统招硕士研究生 2916 人。工业设计教育正在从单一型向复合型教育模式蜕变，培养大批面向未来的、开放包容的、跨学科的高层次设计创新人才，在智能科技设计、信息交互设计、文化创意设计、服务与体验设计等方向不断探索总结范式。

2. 职业教育

2022 年 5 月 1 日，新修订的《中华人民共和国职业教育法》正式施行，明确职业教育是与普通教育具有同等重要地位的教育类型。根据 2021 年教育部印发的《职业教育专业目录》，工业设计专业已经成为职教本科专业，实现中职、高职、应用型本科、本科深层次职教试点的纵向贯通与横向融通。2019 年，全国高职高专院校共开设工业/产品设计专业点 261 个，在校生人数为 25974 人[②]。此外还有"学历证书+职业技能等级证书"的 1+X 证书制度，经国家职业教育部际联席会议审定，教育部发布的"产品创意设计职业技能等级证书"，作为工业设计及泛设计专业的 1+X 证书之一，已在全国院校推广施行。

3. 职业资格与职称

工业设计的职业资格认定问题在我国工业设计相关制度建设中，尚未在全国范围内得到圆满解决，部分省市已开始先行先试。例如，广东省在 2010 年率先开展工业设计职业资格试点工作；浙江省于 2012 年亦启动相关工作；2019 年，安徽省开展工业设计工程专业技术资格（工程师）认定工作；2020 年，重庆市开展工程技术工业设计专业高中级职称认定工作；广东省工业设计将职业资格认定工作转为工程系列工业设计专业人员职称认定工作。在有关部门和业界的大力支持和广泛参与

---

① 信息来源：教育部政务公开办公室政府信息公开申请告知书（教公开告〔2019〕第 262 号）。
② 信息来源：教育部政务公开办公室政府信息公开申请告知书（教公开告〔2019〕第 262 号）。

下，2015年，工业设计作为专业技术人员职业小类（2-2-34），正式写入《中华人民共和国职业分类大典》，为开展职业资格认定工作提供了上位法的保障。

4. 人才培养培训

优秀的工业设计师不仅要有市场营销学、管理学、广告学等方面的专业知识和技能，还要掌握信息收集、信息选择和信息处理等技术，了解消费心理学、决策学知识，以及商业经营和销售、制作、检测等一系列的法律与规范，懂得市场变化的基本规律。设计专门人才的培养，是工业设计产业发展的基础。目前工业和信息化部以及各地政府都在通过一系列措施，建立工业设计人才资源储备。例如，开展中国优秀工业设计奖评选、中国工业设计展览会、工业设计领军人才高级研修班，举办赛事活动，与高等院校和研究机构开展相关合作等。

二、产业特点及新趋势

作为创新驱动发展的生力军，工业设计能有效推动制造业企业优化产品结构、创新生产方式、提升产品竞争力，形成优质的供给能力，满足消费者日益增长的对产品品质、个性、功能性、文化性等的要求，提高供给体系质量和效率。当下，体现中国实力和文化魅力的工业设计产品和设计服务，已逐渐成为探索从生产型制造向服务型制造转型升级的新思路、新动能。"设计＋科技＋文化＋绿色"将极大地丰富中国制造的文化内涵，强化制造产品的人文关怀，重塑国家工业形象，不断提高我国工业的综合竞争力。

（一）我国工业设计产业发展的主要特点

1. 政策先导、社会合作，融合发展呈主流

近10年来，我国工业设计产业快速发展，初步形成体系化推进局面，这是工业化、市场化、产业升级、政府推动等多种因素相互作用的结果。在国家层面的政策推动、省市层面的策略推动、市场层面的产业推动及教育层面的人才推动等多层结构共同作用下，构成国家主导、社会响应、企业发力、教育共举的社会合力型工业设计发展格局。这种发展模式打破了西方完全依赖市场激发行为的发展模式，在中

国特色的国情条件下，找到一种上下通力、多重主体的"政府先导、多方合作"式的发展路径。

2. 多元发展，对提升产品附加值贡献大

随着与现代工业体系的不断融合发展，工业设计已逐渐成为兼容科技和技术、连接供给和需求的创造性活动。至今，企业工业设计与工业设计企业发展继续呈现专业化、独立化、多元化、产业化态势，设计创新助力中国制造向中国设计创造转变的作用和能力持续提升。

企业工业设计是指生成于企业内部、服从于企业的市场经营整体策略目标的，根据企业需要，既可作为职能部门、也可独立经营的工业设计力量。作为中国设计产业的主体力量之一，企业工业设计发展，正在普遍经历从自然生发向自觉运用转变的历史过程。经济转型、产业升级以及市场对于高质量的要求等因素倒逼企业必须重视设计创新，工业设计已成为企业的核心竞争力。

工业设计企业的设计服务广度、深度持续拓展。设计创新创业打造的设计品牌、设计创新产品不断涌现，设计思维、体验设计、服务设计等新理念、新方法广为运用，"设计外包"助力企业增强设计创新竞争力，国际交流与合作有利提升专业设计水平。随着工业设计的范畴、内涵与外延的不断拓展，在越来越多的行业及领域中，工业设计的努力贯穿于产品全流程及企业全产业链。

3. 区域间发展不平衡较为显著

我国工业设计产业已初步形成趋于体系化的发展态势，但在全国范围内发展并不平衡。工业化和市场化程度越高的地区、行业或领域，工业设计发展就越充分。据不完全统计，江苏、广东及浙江的工业设计企业总数排名全国前三；工业设计发展较快较稳的地区主要集中在华东、华南地区，其次为华北、华中、华西地区，尤其集中在经济较发达、制造业发展旺盛的地区。

4. 设计园区建设成为关注热点

设计园区与设计创新、创业生态一样，已成为当前我国各地区关注发展、组织论坛、开展人才资源引流的关键词。设计园区或类似园地、基地和街区等，更是各级政府落实双创、振兴产业和转变城市功能的主要抓手。

随着工业设计在政策层面启动巨大动能，全国开展的创业创新事业、设计人才培养等重要举措和近十年高速发展起来的各类设计园区、园地和设计创业基地相

联合，将以设计创新为核心能力的产业园区，发展拓展为势头方兴未艾的社会新经济形态。设计园区已经迅速成为赋能制造业、创造新产品和企业新生态的重要组织要素，融城市建设、社会创新建设、人文环境建设和社会资源集成于一体的"主要跑道"。

盘活城市老区溢出的工业遗存，赋能知识经济的综合性要求，各地区和城市管理者们正在不断地积极思考和探索。如何创造"城市新空间"；如何将各地的设计创业资源汇聚到园区和基地之中；如何将设计与传统产业相链接，又为高新技术产业实现赋能等问题，是当今最为活跃的热点议题和践行领域。在此过程中，脱颖而出的"独角兽"企业、优秀"设计园区"及文创"新镇街"等，成为发展迅猛、生态多样的中国新经济样本。其中，"设计园区"是独具特色、大量融合设计人才、汇聚设计创新事业、融入企业创新发展和促进产学研专题落地的产业集群，是将地方创新政策转化为建设动力的新区域。

（二）当前发展新趋势

1. 地方政府日益重视，纷纷出台扶持政策

近年来，相关省市高度重视工业设计发展，制定专项政策支持产业发展。发布政策数量达到或超过 20 份的有浙江省、河北省、福建省。例如，2017 年 9 月，浙江省印发《浙江省人民政府办公厅关于进一步提升工业设计发展水平的意见》；2017 年 10 月，河北省印发《关于支持工业设计发展的若干政策措施》；2019 年 10 月，江苏省印发《江苏省工业设计高质量发展三年行动计划（2019—2021 年）》；2020 年 4 月，四川省印发《关于开展"设计赋能"行动（2020—2022）提升制造业设计能力的实施意见》；同年 6 月，福建省印发《福建省制造业设计能力提升专项行动计划实施意见》；2021 年 8 月，山东省印发《山东省加快工业设计产业高质量发展指导意见》；同年 11 月，江西省印发《制造业设计能力提升专项行动实施方案》，山东省发布《山东省工业设计产业"十四五"发展规划》；2022 年 1 月，重庆市印发《重庆市创建"设计之都"行动方案》，上海市印发《上海建设世界一流"设计之都"的若干意见》；2022 年 3 月，黑龙江省出台《黑龙江省创意设计产业发展专项规划（2022—2030 年）》，同时配套印发《黑龙江省支持创意设计产业发展若干政策措施》。

2. 数字技术飞速进步，推动工业设计多元化发展

当今社会，传统手工设计已经难以满足产品设计的更新速度，数字技术催生的产品全数字化设计正逐渐取代传统手工设计。以往由人工操作的设计、建模、评价、决策等工作，已可由计算机替代完成。以数字化为基础，以单元化、模块化、算法演算为特征的参数化设计方法，融合创意理念，可使工业设计产品随心丰富而变幻无穷，为满足多样化、个性化消费需求提供无限可能。所见即所得的虚拟现实技术与设计方法，使产品体验研究与设计达到高效率，同时大大节省了设计研发成本。

随着产业转型、消费升级、商业模式的更新和数字技术的驱动，工业设计已不再单一服务于制造业，其新的价值逐渐被挖掘出来——不断地面向自身的产业化发展，以设计为特色、以设计为竞争力、以设计为创新力、以设计为驱动力的企业不断涌现。工业设计产业升级的深层次本质是创新要素的重新配置。数字技术的开发和普及，生产资料通过互联网的公共分配，使设计师和设计服务机构能够不依赖制造业而获得资金、生产、销售、技术等资源，创意和集成能力得以直接转化为面向市场的创业项目，形成全新的D2U（Designer to User）的商业模式，改变了以制造业企业为主导的传统产业链模式，设计服务机构和设计师成为创新创业的重要力量。

3. 文化自信与国际合作带动工业设计水平提升

为产品注入文化元素，使之具有一定的文化审美与文化体验价值，是工业设计最基本的功能和作用。从本质意义而言，产品自带人文属性，产品消费也是或隐或现的文化消费，工业设计把这种属性加以创意创新性运用和发挥。当设计用造型语言使产品形态反映某种文化样态时，就会触发消费者的文化认同情感，产品被赋予的文化审美与文化体验就产生了价值。在选择性消费的当下，为了获得群体文化归属及所产生的情感认同，工业设计愈加注重文化表现，如中国潮、欧美风、复古风、现代派、未来式等，都是文化审美与文化体验在产品中的设计创造。

新一轮科技革命与产业变革，带动国际前沿设计不断拓展新的理念与方法。有些企业走出去，到设计发达国家开设分支机构，聘请当地设计大师做产品设计；有些企业请进来，或与国际知名设计公司合资，或请国际设计大师做设计。还有的是在外贸代加工过程中，从OEM到ODM再到OBM的经历中渐学渐进，具备了可与国际比肩的设计水平。这些具有国际化合作经验的企业间接带动和影响了更多企业的工业设计水平提升。

三、问题与对策

尽管我国工业设计产业化格局初步形成，需求持续增长，也带动了工业设计自身从理念到方法以及实现方式等方面的持续进步，有力促进了制造业转型升级，但仍然存在工业设计体系不完善、专业技术能力不强、企业应用意识不足、市场机制不健全、设计人才培养存在缺口、公共服务能力不强等突出问题，应加快研究制定工业设计产业发展战略，完善现代工业设计统计体系，形成工业设计产业发展的良好环境，多方面降低工业设计产业发展的成本。具体建议如下。

（一）建立国家级智库和部际协调机制

很多发达国家将设计发展作为国家战略，如英国设计委员会、韩国设计产业振兴院、日本产业设计振兴会等，都是由国家层面组建并资助的，主要起组织、协调、研究、执行政策等作用。目前，我国各部门高度重视设计发展，如国家发展改革委强调研发设计，工业和信息化部主管工业设计，文化和旅游部推动创意设计，设计行业虽存在建筑设计、服装设计、工业设计等传统细分领域，但整体已呈现融合发展趋势。建议从国家层面建立部际协调机制，汇聚国内著名的创新战略和设计发展专家，为国家、产业、社会、生态战略发展建议献策。

（二）健全设计行业统计口径和体系

目前，各地对工业设计范围和界定不统一，国家层面没有清晰的统计数据，造成行业发展数据不完整，各地统计数据难以形成横向有价值的比较。鉴于设计行业发展呈融合趋势，建议以大设计为统计口径，囊括建筑设计、服装设计、体验设计等，开展定期调查，为国家和地方政策制定提供数据参考。

（三）着力培养高端设计创新创业人才

人才是设计行业发展的关键。设计具有跨学科的属性，具有艺术等专业的特点，当前市场对设计创新创业人才的需求愈发强烈，而懂产业、懂管理、懂专业的国际化高端复合型设计人才仍凤毛麟角，同时实践经验丰富的设计管理人才又较难反哺教育体制，现行教育培养模式、考评制度、教学内容也严重阻碍设计创新创业人才的培养。为解决这一难题，建议将设计作为交叉学科门类的一级学科，在现有学科体系内增设一门设计管理或设计创新专业来培养设计创新创业人才，并鼓励针对儿童、青少年进行早期设计素养教育。

（四）开展城市设计创新力指数评定

设计已逐渐从赋能企业、产业延伸到赋能社会、生态，改变着人们的生活方式、工作方式甚至未来的生存方式，城市设计创新更是一个综合性的城市创新生态体系，某种程度上代表国家设计实力。建议在全国范围内开展城市设计创新力指数评定工作，树立区域设计创新典范，鼓励城市综合设计实力提升。

（五）鼓励工业设计发展文化产业

中国五千年文化的深厚积淀为中国设计在国际上的话语权提供了坚实支撑。越来越多的设计从业者在寻中国文化之根，续中国文脉创新。我国工业设计产业在繁荣发展的同时也在构建文化自信。建议筹建中国工业设计博物馆，鼓励各地建立区域特色设计博物馆，开展工业设计文化示范基地认定，弘扬中国设计文化。

（六）促进设计与其他工业文化深度融合

伴随工业文化近年来的推广普及，越来越多地区和企业对设计创意产业与工业遗产、工业博物馆、工业旅游深度融合的需求高涨。建议鼓励各地结合特色产业，通过设计创新打造产业文化体验区等新兴业态，普及产业文化，拉动消费升级。

我国工艺美术产业发展报告

工艺美术是指运用一定的材料、工具和技艺进行审美表现的生产活动。工艺美术品通常具有物质和精神双重属性：作为物质产品，它反映着一定时代、一定社会的物质生产和文化水平；作为精神产品，其视觉形象（造型、色彩、装饰）体现了一定时代的审美观。长期以来，工艺美术在发展经济、繁荣文化、扩大出口、安置就业、美化生活等方面作出了独特贡献，成为国民经济的有机组成部分和文化产业的生力军。

一、我国工艺美术产业发展概况

（一）我国对工艺美术产业的界定

工艺美术有多种划分标准，根据用途不同，一般分为生活日用工艺和装饰欣赏工艺。在工业生产领域，工艺美术又可分为传统工艺美术和新兴工艺美术。目前，关于传统工艺美术的界定，我国行业管理一致参照的标准是《传统工艺美术保护条例》（1997年国务院令第217号，2013年修订）第二条规定："本条例所称传统工艺美术，是指百年以上，历史悠久，技艺精湛，世代相传，有完整的工艺流程，采用天然原材料制作，具有鲜明的民族风格和地方特色，在国内外享有盛誉的手工艺品种和技艺。"在此基础上，将分列于不同产业类别中的相关项目都纳入传统工艺美术范围之内。新兴工艺美术则是指为适应现代生活及审美需求，在传统工艺美术品种、技艺基础上，引入现代设计理念，运用现代生产方式，批量化、规模化生产的工艺美术产品。

在工业行业统计中，按照国家统计局《国民经济行业分类》（GB/T 4754—2017），工艺美术产业分为雕塑工艺品、金属工艺品、漆器工艺品、花画工艺品、天然植物纤维编织工艺品、抽纱刺绣工艺品、地毯挂毯、珠宝首饰及相关物品、其他工艺美术及礼仪用品，共九大门类。本报告参照的即是此分类。

（二）1949年后的工艺美术产业

我国工艺美术发展历史悠久，文化灿烂，品种繁多，技艺精湛，在世界手工艺和文化艺术史上独树一帜。1949年后，党和国家一直高度重视工艺美术的发展。20世纪50年代，国家提出了对工艺美术"保护、发展、提高"的方针，使工艺美术生产迅速恢复和发展，成为当时我国出口创汇的优势行业。20世纪60年代，工艺美术行业在"调整、巩固、充实、提高"方针的指引下进一步发展壮大，涌现出许多新门类、新工艺、新品牌。20世纪70年代，中央印发了加快发展工艺美术品生产和扩大工艺美术品出口的文件，使工艺美术品生产得到恢复性发展。随后，20世纪70年代末至80年代初，国家在政策、资金、外汇等方面采取了一系列优惠措施，推动工艺美术产业出现一个新的发展高潮。1988年，经国家经济委员会批准，中国工艺美术协会正式成立（1993年由民政部核准登记）。1997年5月，国务院颁布《传统工艺美术保护条例》，标志着我国工艺美术发展和传统工艺美术保护步入法制轨道。为更好地贯彻和落实条例内容，各地先后颁布了一系列保护与发展地方传统工艺美术的指导性文件（见表1）。

表1 各省（市、自治区）传统工艺美术保护立法情况

序 号	颁布机构	法规名称	实施时间	备注（文号）
1	江苏省人大常委会	《江苏省传统工艺美术保护条例》	1997年7月31日	江苏第八届人大常委会第29次会议审议通过
2	河北省政府	《河北省传统工艺美术保护办法》	1999年5月27日	河北省政府令〔1999〕第7号
3	浙江省政府	《浙江省传统工艺美术保护办法》	2000年8月1日	浙江省人民政府令第120号
4	上海市政府	《上海市传统工艺美术保护规定》	2001年4月1日	沪府发〔2001〕5号
5	北京市政府	《北京市传统工艺美术保护办法》	2002年9月10日	北京市人民政府令第103号

续表

序号	颁布机构	法规名称	实施时间	备注（文号）
6	四川省政府	《四川省传统工艺美术保护办法》	2004年12月1日	四川省人民政府令第184号
7	广东省政府	《广东省传统工艺美术保护规定》	2005年2月1日	广东省人民政府令第94号
8	重庆市政府	《重庆市传统工艺美术保护办法》	2006年1月1日	渝府发〔2005〕124号
9	河南省政府	《河南省传统工艺美术保护办法》	2008年12月1日	河南省人民政府令第118号
10	山东省政府	《山东省传统工艺美术保护办法》	2010年6月1日	山东省人民政府令第231号
11	湖北省政府	《湖北省传统工艺美术保护规定》	2012年1月1日	湖北省人民政府令第347号
12	安徽省政府	《安徽省传统工艺美术保护和发展办法》	2011年6月1日	安徽省人民政府令第233号
13	福建省政府	《福建省传统工艺美术保护办法》	2013年6月8日	福建省人民政府令第122号
14	广西壮族自治区政府	《广西壮族自治区传统工艺美术保护办法》	2014年3月1日	广西壮族自治区人民政府令第100号

进入21世纪，国家将保护传统文化提升到与发展经济同等重要的战略高度。2004年5月，国家统计局发布《文化及相关产业分类》，将工艺美术作为国民经济发展的组成部分正式纳入文化产业分类。2006年，工艺美术首次被作为促进国民经济发展的"文化创意产业"写进《国家"十一五"时期文化发展规划纲要》。2014年5月，工业和信息化部印发《关于工艺美术行业发展的指导意见》，以促进工艺美术行业全面健康发展。2015年，党的十八届五中全会提出"构建中华优秀文化传承体系，加强文化遗产保护，振兴传统工艺"的总体要求；文化部、工业和信息化部、财政部三部门联合印发《中国传统工艺振兴计划》；2018年5月，文化和旅游

部、工业和信息化部联合发布第一批国家传统工艺振兴目录①，包括 14 个门类、383 个传统工艺项目（见图 1）。

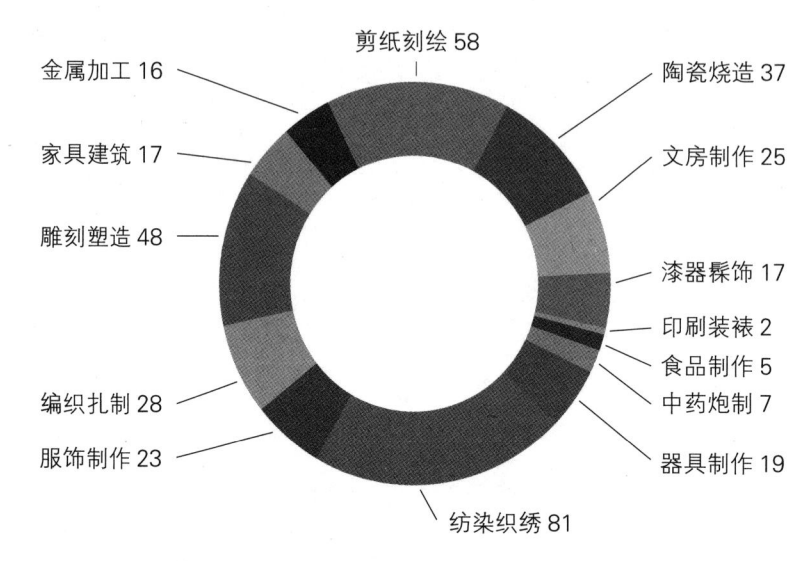

图 1 第一批国家传统工艺振兴目录门类及包含的项目数

剪纸刻绘 58
陶瓷烧造 37
文房制作 25
漆器髹饰 17
印刷装裱 2
食品制作 5
中药炮制 7
器具制作 19
纺染织绣 81
服饰制作 23
编织扎制 28
雕刻塑造 48
家具建筑 17
金属加工 16

截至目前，我国工艺美术产业已经建立了比较完善的产业发展体系，规模化、集群化程度日益提高，品种和技艺不断推陈出新，但也面临创新意识不足、产业化程度不均衡、区域性品牌建设滞后、专业人才短缺等突出问题。

二、发展现状及产业新趋势

（一）2020—2021 年产业整体运行情况

1. 2020 年：工艺美术产业遭受较大冲击

2020 年年初，新冠肺炎疫情突如其来。受新冠肺炎疫情影响，产业链供应链循环受阻，消费市场持续低迷，以旅游消费、文化消费为主要驱动力的工艺美术产业遭受重创。国家统计局数据显示，2020 年工艺美术行业规模以上企业全年营业收入和利润总额较上年同期均有较大幅度下滑（见图 2），亏损企业数量明显增加，就业

---

① 文化和旅游部、工业和信息化部联合发布第一批国家传统工艺振兴目录。资料来源：中国政府网。

形势较为严峻,行业发展下行压力加大。工艺美术产业基地、线下门店、个人工作室持续遭受客流量减少和客单价降低的巨大冲击。

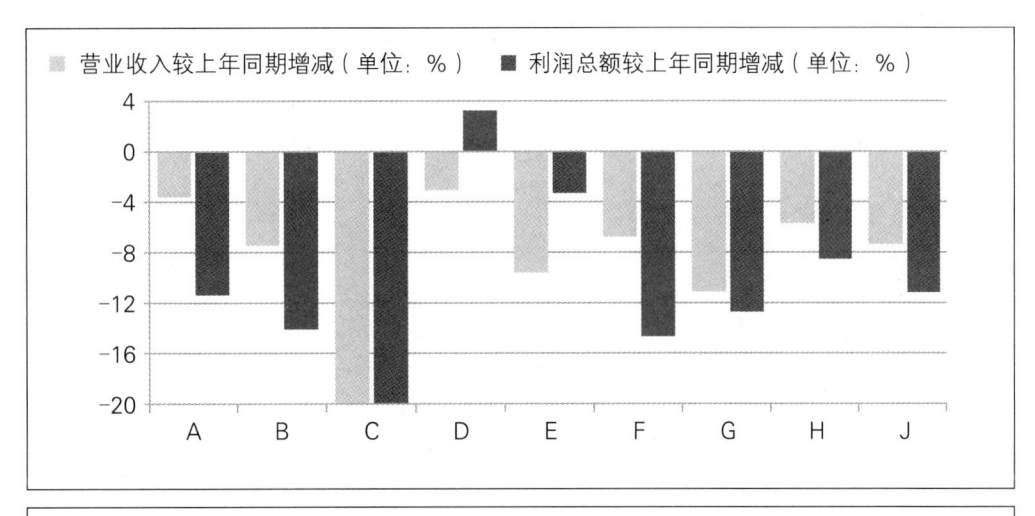

图2 2020年工艺美术产业各门类全年营业收入、利润总额较上年同期增减情况[①]

A. 雕塑工艺品制造　　D. 花画工艺品制造　　　　　　　　G. 地毯、挂毯制造
B. 金属工艺品制造　　E. 天然植物纤维编织工艺品制造　　H. 珠宝首饰及有关物品制造
C. 漆器工艺品制造　　F. 抽纱刺绣工艺品制造　　　　　　J. 其他工艺美术及礼仪用品制造

2. 2021年:行业整体保持平稳向好态势

面对新冠肺炎疫情带来的一系列问题,党中央提出"六稳""六保"工作要求,各地区、各部门在做好疫情防控的同时,全面摸清行业情况,加强分类指导,精准制定助企纾困措施,积极推动工艺美术企业有序复工复产。据国家统计局数据,截至2021年12月,全国工艺美术及礼仪用品制造业规模以上企业共计4839个,全年营业收入8906.9亿元,较上年同期相比增长14.3%。

从行业分布情况来看,规模以上企业主要集中在其他工艺美术及礼仪用品制造领域,共1468个,约占规模以上企业总数的30.3%。其次是雕塑工艺品制造类企业,共836个,约占规模以上企业总数的17.3%。其他门类规模以上企业数量由高至低依次是抽纱刺绣工艺品制造(521个)、金属工艺品制造(513个)、天然植物纤维编织工艺品制造(460个)、珠宝首饰及有关物品制造(451个)、地毯、挂毯制造

---

① 数据来源:根据国家统计局数据整理。

（367个）、花画工艺品制造（124个）、漆器工艺品制造（99个）。2021年工艺美术产业规模以上企业各门类分布如图3所示。

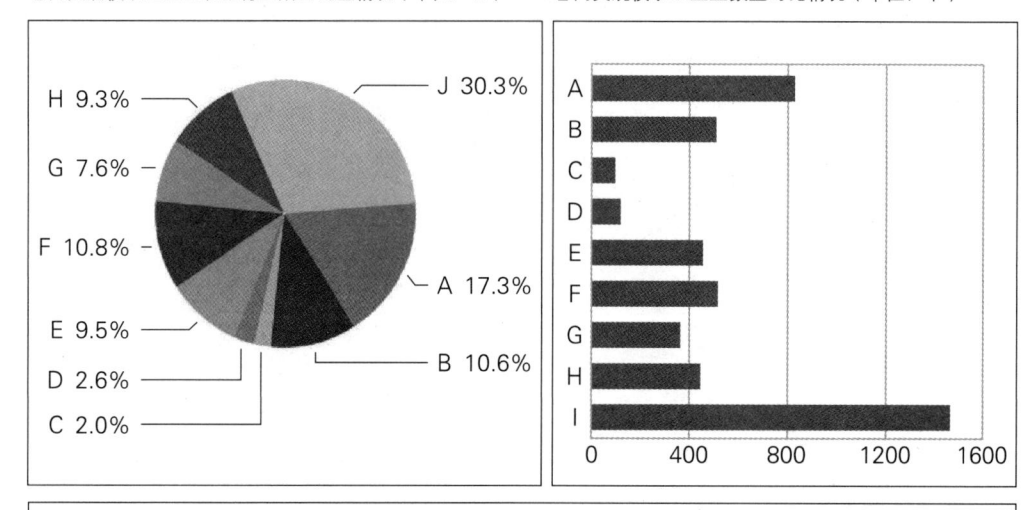

各门类规模以上企业在全行业所占比重情况（单位：%）

- J 30.3%
- A 17.3%
- B 10.6%
- C 2.0%
- D 2.6%
- E 9.5%
- F 10.8%
- G 7.6%
- H 9.3%

各门类规模以上企业数量对比情况（单位：个）

A. 雕塑工艺品制造　　D. 花画工艺品制造　　　　　　G. 地毯、挂毯制造
B. 金属工艺品制造　　E. 天然植物纤维编织工艺品制造　H. 珠宝首饰及有关物品制造
C. 漆器工艺品制造　　F. 抽纱刺绣工艺品制造　　　　　J. 其他工艺美术及礼仪用品制造

图3　2021年工艺美术产业规模以上企业各门类分布①

从营业收入来看，珠宝首饰及有关物品制造2021年营业收入为3633.4亿元，在全行业总营业收入（8906.9亿元）中占比最大（约40.8%）；其他工艺美术及礼仪用品制造（约18.3%）和雕塑工艺品制造（约14.2%）分别位列第二、第三；漆器工艺品制造所占比重最低（约1.4%），如图4所示。再看规模以上企业平均营业收入，经核算，2021年最高的是珠宝首饰及有关物品制造（8.06亿元），其次是金属工艺品制造（1.56亿元）；天然植物纤维编织工艺品制造企业平均营业收入最低（0.88亿元）。

---

① 数据来源：国家统计局。

图 4 2021 年工艺美术产业各门类全年营业收入情况[①]

类别
A. 雕塑工艺品制造
B. 金属工艺品制造
C. 漆器工艺品制造
D. 花画工艺品制造
E. 天然植物纤维编织工艺品制造
F. 抽纱刺绣工艺品制造
G. 地毯、挂毯制造
H. 珠宝首饰及有关物品制造
J. 其他工艺美术及礼仪用品制造

从利润来看，2021年全行业规模以上企业利润总额共计465.6亿元，较上年同期增长18.7%。其中，珠宝首饰及有关物品制造全年利润总额为128.9亿元，位居首位。较上年同期相比，利润总额增幅最大的是金属工艺品制造行业（30.4%），其次是珠宝首饰及有关物品制造行业（24.3%）。再核算企业平均利润，位列前二的是珠宝首饰及有关物品制造行业（约0.29亿元）和雕塑工艺品制造行业（约0.12亿元），如图5所示。

再看亏损企业，2021年全行业亏损企业总数为626个，较2020年减少4.6%；亏损企业亏损总额为22.5亿元，较上年同期减少28.3%。在所有门类中，其他工艺美术及礼仪用品制造亏损情况较为严重，亏损企业达196个；其次是珠宝首饰及有关物品制造，亏损企业为96个。与2020年相似，珠宝首饰及有关物品制造依旧是亏损企业亏损总额最高的门类，共计亏损6.7亿元，约占全行业亏损的29.8%。

3. 产业集群效应逐渐凸显，区域品牌特色鲜明

我国工艺美术产业不仅分布广泛，而且各具特色，大多已经成为各地传统工业的支柱或城市名片，如景德镇陶瓷、宜兴紫砂、苏州刺绣、南京云锦、东阳木雕、福州漆器、北京景泰蓝等。从产业地区分布情况来看，山东、江苏、浙江、福建、广东等沿海省份凭借优越的地理位置、雄厚的传统文化积淀和产业基础，形成了颇

---

① 数据来源：国家统计局。

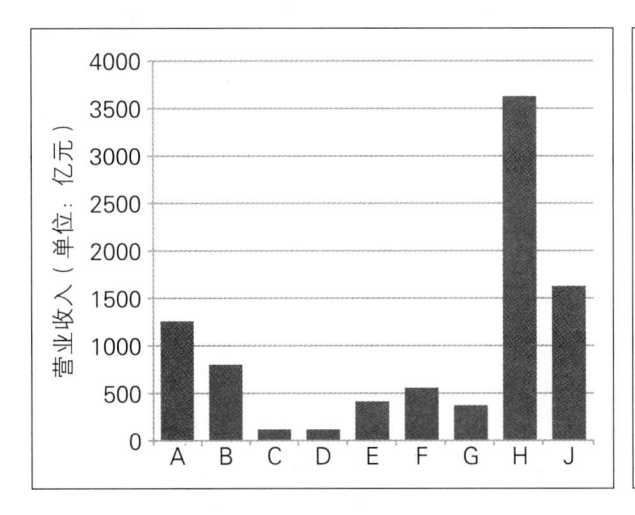

具地域特色的传统工艺美术产业集聚区。此外，北京、上海、四川、湖南等省市的工艺美术产业发展也较为兴盛。上述地区以具有地域特色的工艺美术产业为依托，将其由最早的小范围集聚区发展为规模化生产、市场占有率高的区域品牌，形成磁场效应，并且带动了当地其他产业的发展。

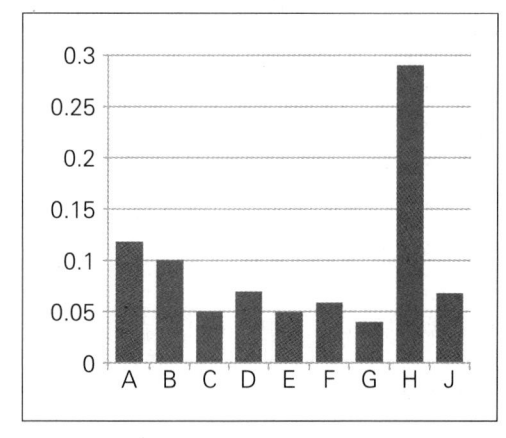

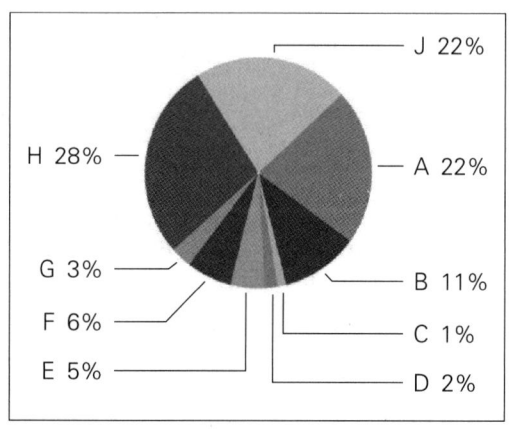

各门类规模以上企业平均利润对比情况（单位：亿元）　　各门类企业利润总额在全行业占比情况（单位：%）

A. 雕塑工艺品制造	D. 花画工艺品制造
B. 金属工艺品制造	E. 天然植物纤维编织工艺品制造
C. 漆器工艺品制造	F. 抽纱刺绣工艺品制造
G. 地毯、挂毯制造	
H. 珠宝首饰及有关物品制造	
J. 其他工艺美术及礼仪用品制造	

图5　2021年工艺美术产业规模以上企业平均利润及各门类企业利润总额占比[①]

以福建省为例，近年来工艺美术产业聚集发展、品牌建设成效显著，已形成一批相对集中的工艺美术产业区，如德化"世界陶瓷之都"、惠安"世界石雕之都"、仙游"世界中式古典家具之都"3个世界级名片，以及福州"中国寿山石雕之都""中国漆艺之都"、闽侯"中国根艺之乡"、鲤城"中国民间工艺品之都"、安溪"中国藤铁工艺之乡"、丰泽"中国树脂工艺品之乡"、莆田"中国木雕之城"、上塘"中国银饰之乡"、建瓯"中国根雕之都"等特色区域品牌。

4. 行业就业形势严峻，专业人才建设任重道远

2020—2021年间，工艺美术行业就业形势严峻。根据国家统计局数据，2021年1—12月工艺美术业规模以上企业平均用工人数为68.7万人，较上年同期减少3.2%。在九大门类中，全年平均用工人数较多的是其他工艺美术及礼仪用品制造（19.9万

---

① 数据来源：国家统计局2021年轻工行业效益统计数据。

人)、珠宝首饰及有关物品制造(11.0万人)和雕塑工艺品制造(9.9万人),如图6所示。从用工人数增减幅度来看,地毯、挂毯制造规模以上企业增幅最大,2021年平均用工人数为5.2万人,较上年增加0.1万人;下降幅度最大的是漆器工艺品制造类企业(−13.3%)。

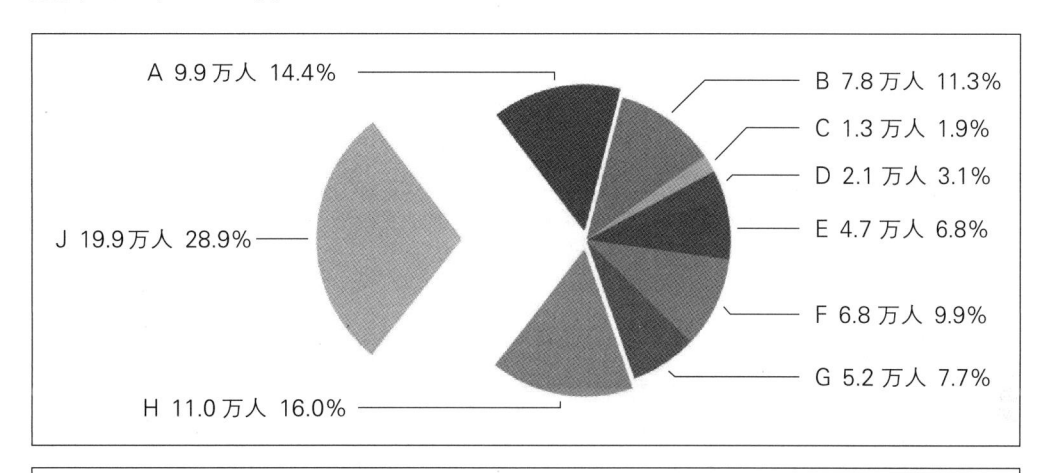

A 9.9万人 14.4%
B 7.8万人 11.3%
C 1.3万人 1.9%
D 2.1万人 3.1%
E 4.7万人 6.8%
F 6.8万人 9.9%
G 5.2万人 7.7%
H 11.0万人 16.0%
J 19.9万人 28.9%

A. 雕塑工艺品制造　　D. 花画工艺品制造　　G. 地毯、挂毯制造
B. 金属工艺品制造　　E. 天然植物纤维编织工艺品制造　　H. 珠宝首饰及有关物品制造
C. 漆器工艺品制造　　F. 抽纱刺绣工艺品制造　　J. 其他工艺美术及礼仪用品制造

图6　2021年工艺美术产业规模以上企业全年平均用工情况[①]

工艺美术人员是我国专业技术人才队伍的重要组成部分,是传承和发展工艺美术、弘扬中华民族优秀文化、建设社会主义文化强国的重要力量。长期以来,国家高度重视传统工艺美术发展与人才培养工作。1979年,轻工业部授予34位成就卓越的工艺美术艺人和设计人员"工艺美术家"荣誉称号;同年,轻工业部印发《全国工艺美术技艺人员职称试行条例》,积极做好工艺美术技艺人员职称考核评定工作;1983年,国务院批转劳动人事部制定的《工艺美术干部业务职称暂行规定》(国发〔1983〕14号),对调动广大工艺美术人才的积极性、加强工艺美术人才队伍建设、促进工艺美术产业繁荣发展发挥了重要作用;1988年,轻工业部、国家科学技术委员会联合印发《工艺美术行业荣誉称号试行办法》,并将"工艺美术家"更名为"工艺美术大师"。截至目前,中国工艺美术大师评审工作已举办7届,共有532名行业从业者获此殊荣,在各省(市、自治区)的分布情况如图7所示。2021年,人力

---

① 数据来源:国家统计局2021年轻工行业效益统计数据。

资源和社会保障部、工业和信息化部印发《关于深化工艺美术专业人员职称制度改革的指导意见》，聚焦工艺美术人才职称评价中存在的突出问题，围绕健全制度体系、完善评价标准、创新评价机制、优化公共服务等方面，提出了针对性的改革措施。

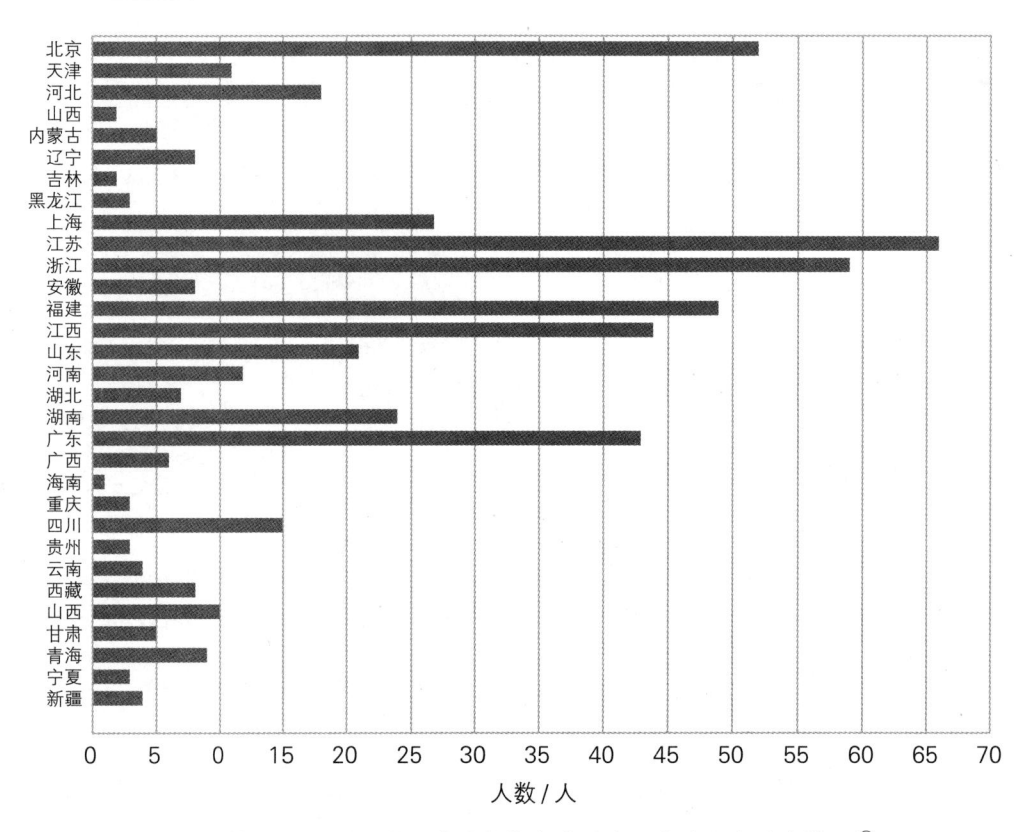

图7　第1~7届"工艺美术大师"各省（市、自治区）分布情况①

（二）工艺美术产业发展新趋势

1. 产业跨界融合发展持续推进

在经济发展新常态下，推动文化创意和设计服务与工艺美术产业融合发展是优化产业结构、提升国家文化软实力的重要举措。互联网技术、数字媒体技术的飞速发展及我国大众旅游市场日趋成熟，驱动着文化产业新兴业态和商业模式不断兴起，"科技+""文化+""生活+"成为工艺美术产业融合发展的主要趋势。文化IP强势崛起，为工艺美术产业转型升级提供新思路与新契机，同时，工艺美术产业正积

---

① 数据来源：根据中国轻工业联合会提供数据整理。

极探索"创意+"合作新方式，转变传统的销售模式和服务方式，创新合作，提升产品附加值和品牌竞争力。如与高等院校、设计师合作，共同开发传统工艺文创衍生品，挖掘传统工艺文化价值，提升品牌竞争力；构建"手工文化+创意旅游"新模式，依托工艺美术产业群优势，开发地方传统工艺形成文旅IP，打造手工体验旅游；各地因地制宜，探索创新，采取多种措施促进文化消费，加大推动供给侧结构性改革，增强供给侧结构对文化需求的适应性和灵活性，推动传统文化产业向价值链高端提升。

2. 数字经济多方助力产业升级

随着互联网化生产与电商IP经营模式的大规模普及，从根本上拓展了工艺美术产业的生产、营销模式，加速了传统工艺美术制造企业的数字化转型。近年来，中国数字文化产业快速发展，结合云计算、大数据、人工智能与"互联网+"等技术的广泛应用和推动，涌现诸多适合新一代群体需求的视频、直播、虚拟现实、增强现实与混合现实等新兴业态，工艺美术产业从产业链到价值链不断优化升级。基于数字化互联网的个性化定制、精准化营销、协作化创新、网络化共享等新型生产经营方式、产业业态以及多元化商业模式不断涌现，成为工艺美术产业发展的新动能，推动其提质增效加速驶入快车道。未来，工艺美术各个工艺流程的信息溯源、物流供应链、成品质量监测、消费诉求信息反馈等都可以通过数字技术得到精确追踪，甚至实现全面数据化。信息通信、数字传媒、人工智能、虚拟现实、区块链等技术的持续发展，还将打通工艺美术产业不同层级间的信息孤岛和数据壁垒，提高产业链整体运行效率，降低企业运营成本。

3. 体验式营销取代传统实体店

体验式经济时代的到来，对传统工艺美术企业影响深远，其中最主要的方面之一在于企业的营销观念。体验式营销不仅仅考虑产品的功能和特点，更主要的是考虑顾客的需求，以此为出发点引导消费者购买产品。如何将企业、品牌与顾客的生活方式联系起来，赋予顾客个体行动和购买时机更广泛的心理感受和社会意义，是当下工艺美术企业亟待解决的一个关键问题。特别是直接面向消费者的传统工艺品实体店，急需加快结构调整和转型升级，提高自身竞争力，以体验为导向设计、制作和销售产品，通过各种手段和途径来创造一种综合的效应以增加消费体验。在消费升级的大背景下，传统工艺品实体店由销售型向服务型转变，差异化定位品牌，调整产品内容，提高服务性消费、体验式消费的比重至关重要。

4. 线上展会合理补充线下展会

受新冠肺炎疫情影响，全国性、区域性线下工艺美术展会均受到了不同程度的影响，部分展会被迫取消或延迟。与此同时，线上展会得到了较快发展，展会组织方、参展方对于线上展会的重视度不断提升，积极探索推进虚拟技术与现实需求的充分融合。各地通过政策支持、技术赋能，鼓励创新展会服务模式，积极打造线上展会新平台，推出"线上展会""云展会""云签约"等全新形式。同时，利用网络连接效应，为用户打造周期性、不间断的在线直播、在线交易、在线沟通等闭环推进式展场服务。线上展会是线下展会在网络上的延伸和发展，"线上＋线上"深度协同，克服了新冠肺炎疫情期间线下办展的困难，促进了工艺美术产业的健康发展。当前，新一轮科技革命和产业转型速度加快，虚拟现实技术和互联网、大数据、云计算、5G等数字技术深度融合发展，为开展线上展会提供了平台支撑，线上、线下展会相互促进、协同发展面临较好的发展机遇。

三、问题与对策

（一）当前的问题与难点

1. 区域性规划不到位，集群化优势不明显

一是区域规划缺乏科学性、前瞻性。科学合理的区域定位关系到当地工艺美术产业的发展方向及资源优势的发挥程度。从当前各地区工艺美术产业的规模和发展程度来看，存在产业布局分散、规模较小、集约化程度不高等问题，与当地的资源条件缺乏有机协调。必须进一步加强规划管理，统筹考虑当地的经济、文化优势，完善规划体系，提升产业联动发展的能力。二是管理体制不够完善。健全的体制体系是规范、保障与促进文化产业稳健有序发展的必要条件。部分地区还没有建立完善的工艺美术管理体制，部门分割的现象依然存在，在这种情况下要推动工艺美术产业的发展，需要加快推动制度改革，积极培育市场配置资源机制。三是区域规划实施不到位的问题日渐显现。从政策配套的情况来看，已印发的相关政策对工艺美术企业财政税收等内容做了原则性规定，但因缺少实施细则，部分政策措施没有得

到很好的落实，造成规划实施进展缓慢。

2. 品牌推广力度不足，自主创新能力欠缺

一是知名品牌、驰名商标数量较少，品牌推广投入较低。我国工艺美术企业多为中小微企业，以代加工或贴牌生产为主，产品档次、技术含量、附加值都相对较低，缺乏精品意识和品牌意识。二是品牌推广渠道单一化。目前，工艺美术企业品牌推广渠道主要包括以下几种：一是国内设计周、艺术节、非遗博览会和文博会等知名展会，二是政府部门举办的文化交流活动，三是作品被国内公立博物馆、美术馆收藏。少有企业通过建立推广销售平台或与地方文化品牌共同发展的方式进行自主品牌建构。与此同时，大部分工艺美术企业自主创新能力不足，新技术、新工艺、新材料、新设备推广应用力度不大，局限于传统造型和传统工艺的延续式生产，开发工艺美术品牌及对工艺美术技艺传承的保护性开发和创造性转化的能力不强，产品附加值及市场迎合度不高，产品销量难以持续增长，导致工艺美术企业利润总体偏低。

3. 人才梯队出现断层，跨界专业人才匮乏

一是缺乏合理、有序的行业人才梯队。新时代工艺美术产业的发展需要强大的人力资源和物质基础，但是从目前的发展状况来看，从业人员综合素质能力较低，企业产品创新能力不足，难以满足市场需求。多数企二代、技二代在行业管理、市场金融等方面存在短板，难以应对瞬息万变的工艺品消费市场。二是部分地区工艺美术行业人才匮乏。近年来，国家及各地区开展了一系列技能培训、入校深造、职称评定等工作，具备专业技术职称的人员数量逐渐增加，但部分地区仍对工艺美术从业人员的重视程度不足，导致专业人才大量外流。三是新兴工艺美术产业缺乏行业领军人才。传统型技艺人才难以适应当前新兴工艺美术企业的现代化管理模式和机械化生产方式。互联网技术、数字化产业的高速发展对工艺美术从业者综合能力的要求更高。院校教育所培养的工艺美术专业人才与产业发展实际需求之间存在一定的差距。

4. 数字化转型程度低，服务平台建设滞后

互联网技术在我国工艺品销售、消费群体信息收集等方面的应用度较低。调研数据[①]显示，工艺品仍以线下销售为主，占比为73.23%。24.52%的被调研企业同时

---

① 数据来源：教育部人文社会科学研究规划基金项目《振兴中国传统工艺的目标、标准与策略研究》。

采用线上和线下销售两种模式，但是线上销售额仅占 2.26%，这一现实不符合现代网络消费迅猛发展的趋势。从销售渠道来看，老客户、粉丝是企业的主要消费群体（占比为 82.26%），产品主要通过专卖店、朋友圈、政府采购等渠道在旧有的消费领域进行销售，网络自媒体和电商销售占比较少。在建构新型销售渠道的道路上，企业对现代科技的应用程度严重不足，无法满足行业发展的需要。在工艺美术产业公共服务平台方面，国家级平台目前还仅有信息发布、行业研究、人才评价等服务，项目宣传推介、技术支撑、投融资服务、资源共享等功能不足。仙游、泉州等地上线了地方性工艺美术品展示交易与公共服务平台，但在促进工艺美术企业创新、引导企业扩大工艺美术创意产品和服务有效供给上，发挥作用有限。

（二）推动产业创新发展的建议及措施

1. 打造工艺美术产业知名品牌

一是建设特色产业区域品牌。根据各地工艺美术发展基础与资源优势，突出重点、协调推进，形成专业特色突出、地域特色鲜明的产业集聚区。推动区域工艺美术产业从产品经济向品牌经济转型，注重对地方工艺美术品类的挖掘、保护，打造地方工艺美术知名品牌、地理标志产品、集群区域品牌，增强区域品牌影响力及辐射力。二是积极推行高端品质认证。全面实施内外销产品"同线同标同质"工程，开展"三品"企业示范评选工作，激励企业开展品牌创建，引导企业重质量、讲诚信、树品牌。三是推动企业品牌建设。鼓励企业实施品牌价值评价，探索开展品牌质押贷款、知识产权入股等业务，培育一批具有影响力的名牌产品和知名企业，同时拓展工艺美术企业品牌的传播途径，使龙头企业达到引领行业的作用。

2. 深化数字赋能产业转型

一是深化工业互联网融合创新应用。充分发挥工业互联网全要素、全产业链、全价值链的连接优势，实现信息、技术、产能、订单共享，实现跨地域、跨行业资源的精准配置与高效对接。二是探索信息技术结合的运营新模式。充分利用互联网跨时空、双向传播等特点，以及新科技催生的新业态、新模式，探索网红经济、直播经济等数字经济新模式，培育产业发展新动能。三是搭建数字化公共服务平台。以云计算、大数据、人工智能等新兴信息技术为基础，加强工艺美术产业数字资源和管理服务大数据资源建设，搭建信息共享、体验展示、宣传推广、营销商务等数字化公共服务平台，促进工艺美术产业与数字经济深度融合发展。

3. 加快新型行业人才培养

一是健全行业职称评审认定标准。结合地方实际情况，健全工艺美术系列专业技术资格（职称）评审，促进职称制度与人才培养使用制度相衔接，深化人才发展体制机制改革，培育造就更多专业人才和创新团队。二是探索"互联网+"人才培养模式。搭建信息化公共服务平台，建立健全工艺美术中高级专业技术人才数据库，提升工艺美术人才培养信息化水平，实现智能化信息发布、信息管理、信息查询、后台管理等功能。三是推行新型工艺美术职业教育。立足区域工艺美术产业发展实际，加快工艺美术专业实践教育改革步伐，融合各地职业院校、科研机构以及行业协会等资源，建立"政产学研用"相结合的人才培养模式，提升工艺美术专业学生的实践应用能力、创业创新能力。

4. 增强行业自主创新能力

一是坚持市场配置与政策支持相结合。充分发挥市场在资源配置中的决定性作用，依靠市场机制激发工艺美术企业成为创新主体；通过政策支持、市场规范和公共服务体系，营造良好的发展环境。二是坚持传承创新与开发保护相结合。加强对传统工艺美术品种、技艺的保护与传承，积极引导工艺美术企业运用新技术、新工艺、新材料、新设计，推出一批工艺美术珍品。三是坚持跨界融合与区域协同相结合。推动工艺美术产业与文化、创意、商贸、旅游、会展、金融等产业融合发展。充分调动工艺美术产业链上下游优势资源，增强技术、工艺、材料和产品品类等的创新能力，营造集产学研用为一体的协同创新产业生态，积极探索个性化定制、网络化宣传销售、电子商务等新方式。

5. 推进行业标准体系建设

一是推进标准技术体系建设。强化质量意识、精品意识、品牌意识和市场意识，有序开展工艺美术行业技术标准或产品质量标准制定；鼓励企业参与产品与技术标准的制定，支持有条件的企业设立工艺品质量检测鉴定中心。二是制定行业规范标准。加快构建以信用为基础的市场新型监管机制，加大相关知识产权保护力度；推进行业自律体系和诚信体系建设，建立"互联网+监管"新模式，对企业和大师进行信誉评分，依法依规开展失信曝光、惩戒，抵制不正当竞争行为，进一步规范工艺美术市场。

我国工业旅游产业发展报告

工业旅游起源于20世纪50年代的法国,最初是雪铁龙公司出于品牌宣传的目的组织游客参观生产线,收到良好效果。这一行为引起众多厂商效仿,而后传导到其他工业领域,逐步演变成以工业遗址和工业观光为主的新型旅游业态。经过70余年的发展,工业旅游已发展成为包括中国在内的世界各国旅游产业的重要组成部分。

一、工业旅游面临形势

我国的工业旅游开始于20世纪90年代,当时长春一汽集团组建了实业旅行社,对外开放了卡车、轿车生产线及汽车研究所样车陈列室,一些知名企业也开始仿效。2001年,国家旅游局正式启动工农业旅游项目;2004年7月,公布首批103处工业旅游示范点[①]。尽管起步较晚,但依托政府、行业与企业的共同努力,工业旅游的发展环境得到空前优化,使其在助推城市有机更新、产业转型升级、企业融合发展的过程中成为一支不可忽视的重要力量,同时也面临着前所未有的机遇与挑战。

(一)政府的高度重视带来了历史机遇

"十三五"旅游产业发展规划专门提出要推进"旅游+新型工业化",重点加快发展工业旅游。此后,中央各部委密集制定一系列政策措施,深入推进工业旅游发展。2016年11月,《全国工业旅游发展纲要(2016—2025年)(征求意见稿)》提出,要在全国创建1000个以企业为依托的国家工业旅游示范点、100个以专业工

[①] 陈霞:《江苏发展工业文化业态的若干政策建议》,《江苏教育学院学报(社会科学)》2013年7月第29卷第4期。

业城镇和产业园区为依托的工业旅游基地、10个以传统老工业基地为依托的工业旅游城市，初步构建协调发展的产品格局，成为我国城乡旅游业升级转型的重要战略支点。同年，工业和信息化部、财政部联合印发《关于推进工业文化发展的指导意见》，强调要"大力发展工业旅游。鼓励企业通过开放生产车间、设立用户体验中心等形式进行产品展示和品牌宣传，建设一批具有社会公益功能的工业旅游示范点"。2021年11月，国家发展改革委、工业和信息化部等五部门联合印发《"十四五"支持老工业城市和资源型城市产业转型升级示范区高质量发展实施方案》，将发展工业旅游作为产业升级的重要路径。政策支持力度之大，数量之多，前所未有，为我国工业旅游发展提供了千载难逢的机遇。

（二）各方的广泛参与营造了良好氛围

任何事物的发展都离不开良好的发展氛围。目前，社会层面的广泛参与已为工业旅游的发展塑造了浓厚的发展氛围。在受众方面，主要体现在不同年龄段的普通民众对工业旅游的热情和参与程度越来越高。与此同时，工业旅游可满足不同群体的不同需求，如中老年人通过工业旅游回顾工业历史，重温当年的奋斗历程；青年人通过工业旅游满足对于自己喜爱的工业门类的猎奇，陶冶了情操；家长通过工业旅游对孩子进行了工业文化的教育普及，达到"寓教于乐"的目的。一些专业旅游机构对工业旅游的重视程度不断加强，开发了相关的专题旅游，甚至培养了专业人才，获得较好的经济效益。此外，一些主流媒体把工业旅游当成重要的宣传点，不断加大宣传力度，主动对接旅游目的地，挖掘背后的工业文化，使节目内容不但有广度，而且有深度和温度。社会各方面的力量形成一种发展合力，无形中为工业旅游的发展塑造了良好的社会气氛。

（三）国际的快速发展提供了经验借鉴

从全球范围来看，英国、德国等充分保护、开发和利用本国的工业遗产遗迹，形成了深受行业和大众欢迎的博物馆模式、主题公园模式、工业化模式、公共休憩空间模式、综合开发模式、区域一体化模式等，并且各模式之间互相借鉴互相融合。总体看来，目前国际上主流的工业旅游包括3种形式。一是工业生产基地、工厂、大型工业建筑与设施参观旅游，如生产线、露天煤矿、水利设施、桥梁等。其中，工厂参观可以在一定程度上提高工业企业的品牌效益，让消费者近距离地了解产品的生产过程和企业的技术水平。二是工业遗址、工业博物馆参观旅游，这种形式适应时代发展的需求，不仅展示独特的艺术价值、文化价值和科学价值，而且丰富和提高了旅游的精神内涵。三是工业创意园区、工业主题公园休闲体验旅游，这种方式将工业文化融入现代旅游场景，塑造了现代工业的浓厚气息。以上3种形式的工业旅游可以在不同方面满足人们的好奇心和求知欲，同时带来普及科学知识、提高国民素质、增加就业机会等诸多益处，也为我国工业旅游的发展提供了经验参考和借鉴。

二、发展现状及特点

近两年来，在新冠肺炎疫情影响下，我国工业旅游虽然受到一定冲击，但在国内政策的环境促动、工业企业的内在驱动以及国际环境的外在带动"三轮驱动"之下，整体呈现生机勃勃、欣欣向荣的发展态势和喜人景象，主要表现在以下5个方面。

（一）形成较为成熟的发展模式

我国工业旅游产业经过多年的探索和尝试，在借鉴西方国家开展工业旅游经验的同时，结合自身国情，发展出一条符合中国特色的发展路径，主要分为5种模式。一是地方工业旅游模式，包括东北老工业基地、长江三角洲、珠江三角洲、渤海湾等地区的工业基地景点。二是都市工业旅游模式，主要涉及工业历史悠久、工业文化浓厚的工业城市（如上海市、青岛市、唐山市等），对城市中的工业遗产遗迹及著名工业企业进行参观。三是文化工业旅游模式，是指对某个行业、城市或企业的某种传统工艺的宣传和展示，如新昌南岩丝绸文化工业园区、山西杏花村汾酒巡游区等。四是休闲工业旅游模式，主要将工业园区旅游与周围景点、酒店、饭店等结合，形成度假区，如苏州工业园休闲度假区、蒙牛乳业休闲工业园区等。五是峡谷水电旅游模式，包括一些大型工程，如陕西安康水电站、广州抽水蓄能电站、云南鲁布革水电站、遵义乌江渡水电站、清江隔河岩水电站、刘家峡水电站等。

从单个项目来看，工业旅游发展模式还可以进行更细分类，其主要模式及其特点如表1所示。

表 1　工业旅游项目的主要模式及特点

名　称	主要特点	典型案例
文化传承模式	行业的历史渊源、文化底蕴和民族情结（一般是传统配方和驰名商标的拥有者）	贵州茅台酒、汾酒集团工业旅游项目
工程和自然景观融合模式	宏伟的工程及与工程相融合的自然风光等其他旅游资源	长江三峡风景区、都江堰风景区
现代企业模式	现代企业的先进生产线、科学管理模式和企业文化	青岛海尔集团
艺术品展示模式	极具艺术性与观赏性的产品和制造业工艺，主要集中在雕艺（如瓷雕）、玻璃及陶瓷制品行业	景德镇陶瓷、北京珐琅厂
工业园区模式	连动开发的工业旅游项目，一般由园区管理委员会统一管理、规划和进行线路设计	苏州工业园区
工业遗产模式	具有历史文化价值或纪念意义的生产工艺、生产模式、生产设备、历史遗迹等	北京 798 艺术区
主题公园模式	富含娱乐性、知识性、展示性等丰富多彩的旅游项目	首钢园、长影世纪城

（二）受到众多企业的高度重视

开展工业旅游对于企业来说是塑造自身品牌的一种方式，变看点为卖点，变游客为顾客，也是宣传企业形象、提升品牌、促进销售、提高效益的新手段和新平台。如果有直销产品，还能获得较高的利润。总之，工业旅游不仅宣传了企业、提升了形象、增加了销量，而且可以了解游客需求，掌握最新的市场动态和信息，发展一大批稳定忠诚的消费群体。因此，不少工业企业提高了对工业旅游的重视程度，积极性不断提升。尤其引人注意的是，一些新兴企业也在推广工业旅游，甚至在成立之初就将发展工业旅游纳入业务布局和规划。其中，长虹集团、青岛啤酒、五粮液、贵州茅台等企业作为工业旅游的先行者，很早就利用工业旅游让游客亲身感受这些品牌背后的历史积淀与文化传承。国内主要工业行业的龙头企业先后推出了工业旅游项目，并举办特色活动推广工业旅游。例如，海尔、大众等先进制造企业吸引游客进入他们的展示厅与车间,向游客展示其优异的技术积累、成熟的制造工艺、先进的管理水平及宏伟的战略途径;蒙牛提出"参观也是生产力"的理念,将工业旅游作为开放窗口,融入企业文化,为企业与政府、消费者沟通搭建重要平台,全方位展现企业形象;山东东阿阿胶邀请国际专业团队策划建设了具有科普性、互动性、趣味性等强体验感的养生体验旅游景区。上述举措有效提升了消费者对这些企业品牌的美誉度、信任度与认可度。

(三)呈现多样化的特色项目

我国工业门类齐全,行业众多,为工业旅游多样化、特色化的发展提供了良好基础。有的企业在新项目的研发阶段,就结合自身文化特色,打造工业旅游项目,成为行业的风向标和标杆。例如我国首个滨海发射基地——海南文昌航天发射场,在规划之初就提出"开放式设计,将旅游、观光和市场开发等同时融入航天城及当地人的生活"。自2016年3月,文昌航天发射基地对游客开放,游客可以观看发射塔、发射点、飞行器组装等[①]。文昌市还配合打造了游客到访中心和永久性观景平台,提供航空航天模型、航天科普展、3D电影观影等体验,规划建设中还有航天旅游主题公园、航天主题博物馆等。在完成天问一号火星探测器、嫦娥五号月球探测器、中国空间站天和核心舱等明星航天器发射任务后,文昌航天发射基地吸引了大量游客前去观摩和学习,尤其是受到中小学家长的喜爱和高度评价,成为传播航天品牌、普及航天知识、树立社会形象的重要途径。海南航天旅游效应也持续释放,2021年文昌市全年接待旅游总人数813万人次,增长121.48%,实现旅游总收入60亿元,同比增长109.44%。

(四)涌现定制化的特色产品

纵观国内工业旅游业务开展较为成功的企业,大多都设计了体现自身文化特色的产品。为了适应不断发展的工业旅游业务需要,越来越多的工业企业在设计工业旅游产品时,与专业的旅游产品研发设计机构合作,基于旅游消费学、心理学、教育学原理,依托工业遗产、现代化生产线、工业产品等资源,开发体现自身特色的

---

① 新旅界:《火箭发射"点燃"文昌旅游 国内航天游也要"起飞"了吗?》2022年3月4日。

工业遗产景观、观光生产线、企业博物馆等旅游产品，体现"可学、可娱、可购、可闲"的特点，延伸开发体验效果好、消费吸引力大的工业旅游商品，提高了工业旅游的附加值，也提升了相关业务收入。以青岛啤酒博物馆为例，自2013年以来，文创产品已成为青岛啤酒的一张个性化名片，每年推陈出新的速度越来越快，年均带动创收增长15%以上。据统计，仅2019年文创产品收入就达6000万元，超过了博物馆门票收入。中国醋文化博物馆积极应对新冠肺炎疫情冲击，自2021年启动了"云游醋博"智慧平台，加大运营官方抖音号及视频号，连续举行多场网上直播活动，吸引了众多游客线上关注，不仅蓄能大批量潜在游客，而且带动了产品销售，近几年中国醋文化博物馆每年接待游客达数十万人次，营业收入达数千万元。

（五）演变为传播工业精神的重要载体

当前，一些大型工业企业开展工业旅游已演变成展示我国优秀工业文化、传播工业精神的重要平台和载体。对企业自身来讲，开展工业旅游已转化为履行社会责任的内在要求。其目的并不在于获得巨大的经济收益，而是对开展工业旅游背后更深层次价值的深刻认识和认同。即通过工业旅游让公众近距离感受这些企业的技术原理和生产工艺，甚至一览近现代民族工业的历史变迁，增强公众的科普意识、民族自豪感和民族自信心。例如，中国石化通过设立公众开放日，让大众近距离体验现代化的工业生产线，消除对我国石化工业"脏乱差"的刻板印象，感受我国工业现代化的魅力，这一举措使得社会上关于石化行业的负面新闻有所下降。

三、问题与对策

（一）行业仍遇多重掣肘，破解难题成关键点

虽然我国工业旅游已取得长足的发展，但不可否认，仍存在着管理机制有待创新、企业认识不够到位、公众理解不够深刻、资源整合困难等多重掣肘。只有正视问题、解决问题，才能获得更大的发展。

1. 现行管理体制机制有待创新

政府的规划与统筹是推动工业旅游发展的重要前提。工业旅游需要文旅、经信、

自然资源与规划、科技、交通、教育等部门各司其职、协同发力。目前，工业旅游的归口管理部门为文化和旅游部，但实施主体大多是工业企业，且与传统产业转型升级紧密融合，导致工业旅游的推动工作衔接不够顺畅。例如，部分地方政府在落实推动工业旅游发展时，仅参照发展一般旅游业的方式制定了工业旅游的基本标准并定期公布示范点名录，却未能有针对性地协调有关部门出台配套政策，指导企业推进工业旅游项目时缺乏可持续性，使推动力度大打折扣。

2. 企业发展工业旅游的自身条件有待完善

企业作为工业旅游的主要实施主体，只有自身完善了工业旅游的相关条件，才能更好开展旅游业务。一是做到理念先行，既自觉自发地认可工业旅游的内在价值，又将工业旅游的标准和要求贯彻于项目的整个周期，强化流程再造、管理创新与服务提升。但调研发现，有不少企业（甚至大型企业）对发展工业旅游的意义、作用、目的等认识不到位，把工业旅游等同于一般的政务、商务接待，只面向政府、目标客户、投资者等特定群体，未向社会公众开放，难以实现社会效益。二是提升配套条件，有的企业缺少专业、科学的工业旅游线路设计，旅游产品单一，只能提供简单的参观和产品售卖服务，缺少配套的旅游产品体验和游客休闲设施，更少有精美的衍生周边产品供游客选购。三是人才队伍有待加强，有的企业缺乏专业的人才队伍支撑，依靠原有职工兼职从事工业旅游相关工作，服务的专业度、管理的精细度都无法满足游客日益增长的需求。

3. 社会公众对发展工业旅游的理解有待深化

当前很多社会公众还不能够正确认识和了解工业旅游，也缺少普通民众参与工业旅游的便利渠道。加上大多数工业旅游景点缺乏专业而富有吸引力的设计，少有娱乐互动项目，对民众重复参与的吸引力低于传统旅游项目，使很多客户群体来过一次就不想再来了，更不会介绍给身边的人，难以形成口碑效应。除商务游、政务游外，大多数旅游需求来自家长向子女普及相关知识、老人怀旧等，工业旅游的游客群体还有待进一步开发。还有一个不利因素是，旅行社在设计旅游线路时，也常常选择性忽略游客关注度低、利润空间少的工业旅游景点，或者将工业旅游景点作为赠送项目，有的旅行社甚至要企业提供回扣才愿意向游客推介，类似行为让工业旅游的生存环境更加恶化。

4. 相关要素资源协调整合较为困难

当前，工业旅游的发展除了受到新冠肺炎疫情冲击，还和其他产业一样，受到金融、资本、社会力量等要素资源难以整合的影响。例如，工业旅游投资回报周期长且具有不可预见性，加上大多数工业旅游属于轻资产企业，所以企业、资本等不愿将资金、资源投向工业旅游。媒体对工业旅游不了解，常常对工业旅游的报道一带而过，缺乏更深层次文化的挖掘。很多企业怕影响正常生产或泄露商业机密，也不愿意开放参观。更为严峻的现实是，现代化的大型工业企业多分布在偏远郊区，交通不便，远离其他旅游景点，周围也缺乏吸引人的配套设施，不利于与其他旅游线路整合；单独游览内容吸引力不足，路上花费时间长，实际游览时间短，使游客望而却步。

（二）多方统筹多点突破，合力补短板强弱项

推动工业旅游的快速发展是一个系统工程，牵涉方方面面。纵观国内外的成功实践，"政府主导、企业主体、市场运作"成为各地推动工业旅游发展的普遍共识，也是工业旅游健康、可持续发展的必然趋势。因此，我国工业旅游的发展需要政府、行业、企业甚至服务机构共同努力，形成合力。

1. 政策层面：建立工业旅游发展协同推进机制

建议将发展工业旅游作为培育和弘扬中国特色工业文化的重要手段，加强文化和旅游、工业和信息化、教育、科技、环保、质量、安全等部门的合作交流，多部门工作形成良性互动，统一认识，凝聚共识。充分发挥各部门的作用，形成工业旅游协同推进机制。将工业旅游纳入国家旅游及相关产业统计范畴，建立常态化的调查统计机制和行业运行监测机制。多措并举，推动社会主要金融机构加大对工业旅游的投入力度，协调各大主流媒体、旅行社加大对工业旅游的宣传推广力度，在全社会形成合力，共同发展工业旅游。

2. 行业层面：推动建设工业旅游公共服务平台

联合社会力量，多点发力，充分利用行业专家智库力量，加强对工业企业发展工业旅游的指导；支持培育工业旅游专业中介服务机构，组织工业旅游产品设计、运营管理等方面专家及专业机构，为企业发展工业旅游提供咨询服务和实践指导；政府搭台，行业协会、企业、媒体共同参与，建设以宣传、推广工业旅游为核心的

工业旅游公共服务平台，整合国内工业旅游网，以及途牛、携程等专业旅游网站资源和旅行社资源，推出一批工业旅游品牌和产品，吸纳游客形成互动，共同宣传、普及和推广工业旅游。

3. 企业层面：积极加强工业旅游产品创新力度

建立配套措施和政策，鼓励企业建立专业化团队，加强对工业旅游相关资源的开发和运营旅游的开发，有条件的企业成立专门的旅游公司，依托企业的工业遗产、现代生产线、重大工程、特色工艺美术产品等开发工业旅游精品，创新工业旅游新产品、新业态、新品牌；也可建立展览馆、博物馆或陈列馆，要对内展览，更要对外展览。鼓励工业园区整体联动开发工业旅游项目，创新工业旅游运作模式。同时加强与重要网络平台、主要门户网站合作，全面展示工业旅游资源，推动宣传推广工业旅游。

4. 服务机构：完善工业旅游服务模式

目前国外已形成较为完善的工业旅游服务模式，由专业服务机构为各大企业提供旅游产品的设计、开发、服务等，专业化的服务有助于企业开发更为成熟的旅游产品，打造工业旅游精品。我国运行较为成功的企业也采用了这种模式，可以降低人员和运营成本，更重要的是专业服务机构拥有一套成熟、专业的人才队伍和经营模式，使企业少走弯路。因此，专业服务机构要及时完善和更新服务模式，积极利用高新技术进行展示和体验设计，加强参与体验性项目的设计和组织，向游客提供了解和体验企业生产流程、生产工艺、企业文化的机会，给游客带来更多的感官体验，丰富游客的感知，提高其满意度，加速打造工业旅游形象与工业旅游品牌。

我国工业博物馆发展报告

工业博物馆是指以收藏与展示工业文明遗存为主旨的主题性博物馆，属于博物馆中的一种特别类型。第一次世界工业革命首先发生于英国，并以英国为中心向欧洲扩散，因此，欧洲最早出现工业博物馆。随着第二次工业革命中心转移到美国，发达的工业制造留下丰富的工业遗产，也为美国建立世界上数量最多的工业博物馆提供了基础[①]。近年来，我国工业博物馆建设在各级政府部门和社会各界的大力支持下，从无到有、从小到大，呈现蓬勃发展的态势。据2018年工业和信息化部开展的首次工业博物馆摸底调查，全国共计488家工业博物馆。建设工业博物馆，全面、系统地展示我国工业发展历程，对于讲好新时代工业故事、提升文化软实力，具有十分重要的意义。

一、工业博物馆的内涵及中国特色

（一）工业博物馆的内涵与分类

根据国际博物馆协会定义，"博物馆是一个为社会及其发展服务的、向公众开放的非营利性常设机构，为教育、研究、欣赏的目的征集、保护、研究、传播并展出人类及人类环境的物质及非物质遗产"。我国《博物馆条例》（2015年国务院令第659号）第二条规定："博物馆，是指以教育、研究和欣赏为目的，收藏、保护并向公众展示人类活动和自然环境的见证物，经登记管理机关依法登记的非营利组织。"[②] 工业博物馆不仅具备博物馆的基本属性，还与工业遗产、工业科技与产业发展密切相关，工业和信息化部工业文化发展中心将工业博物馆界定为"以收藏、保

---

① 吕建昌：《从绿野村庄到洛厄尔——美国的工业博物馆与工业遗产保护》，《东南文化》2014年第2期。
② 中国政府网：《博物馆条例》。

护、研究、展示和宣传承载工业发展进程、成果和文化的物质及非物质遗产为目的的非营利性常设机构"[1]。

按照展陈内容的不同，我国现有的488家工业博物馆大致可分为以下三类。

（1）企业博物馆，即展示某个工业企业自身发展历程的展馆，多以当代内容为主，如云南白药博物馆、青岛啤酒博物馆、张裕酒文化博物馆等，是目前较为普遍的一类工业博物馆，共342家，占比达70.1%。

（2）专题博物馆，即以某个或多个代表企业为核心，展示所在地区某个行业或某段重要历史时期工业发展历程的纪念馆，如上海玻璃博物馆、江南造船博物馆等，共123家，占比约25.2%。

（3）综合类博物馆，即以一定地域范围内的工业发展历程为主线，全面展示该地区工业文化面貌和成果的博物馆，如中国沈阳工业博物馆（又称中国工业博物馆）、成都工业文明博物馆、柳州工业博物馆等，这类博物馆数量最少，仅23家，占比约4.7%[2]。

按照建设形式的不同，工业博物馆还可分为工业遗址博物馆和传统工业博物馆两种类型。

（1）工业遗址博物馆，又称重现类工业博物馆，一般利用工业遗址或既有的工业空间改建为博物馆，如矿硐、车间厂房、站房等，内容与所属遗址、空间相关，或有所扩展。例如，中国铁道博物馆基于正阳门火车站站房，中国沈阳工业博物馆铸造馆在沈阳铸造厂厂房基础上扩充延展内容，开滦博物馆由唐山矿的矿井改建而成。

（2）传统工业博物馆，又称新建类工业博物馆，往往不受遗址、主题和尺度限制，自由发挥的空间比较大，一般都会结合当地支柱或特色产业，唐山（中国）工业博物馆、深圳市工业展览馆均属于此类[3]。

（二）工业博物馆发展的背景与机遇

党的十八大以来，以习近平同志为核心的党中央高度重视博物馆工作，多次强调，中国各类博物馆不仅是中国历史的保存者和记录者，也是当代中国人民为实现

---

[1] 郝帅、程楠、孙星：《新型工业博物馆初探》，《文物春秋》2019年第2期。
[2] 根据2018年工业和信息化部开展的全国工业博物馆摸底调查统计数据。
[3] 文旅中国：《中国工业博物馆现状与发展方向》2020年6月15日。

中华民族伟大复兴的中国梦而奋斗的见证者和参与者。随着我国博物馆建设进入发展"快车道",各类博物馆在场馆设施建设、藏品保护研究、陈列展示和免费开放、满足民众需求、推动中外文化交流等方面不断取得进展[①]。新形势下,政策支持、社会需要、公众关切为工业博物馆发展创造了前所未有的机遇。

1. 政策支持体系日趋完善

2016年,国务院印发《关于进一步加强文物工作的指导意见》(国发〔2016〕17号),结合"十三五"规划,就文物如何更好地为国家经济和社会发展服务,做了系统全面的部署。2018年,中共中央办公厅、国务院办公厅印发《关于加强文物保护利用改革的若干意见》(中办发〔2018〕54号),将"激发博物馆创新活力"作为主要任务之一,要求赋予博物馆更大办馆自主权、发展智慧博物馆、鼓励开发文化创意产品。2021年,中宣部、国家发展改革委等八部门联合印发《关于推进博物馆改革发展的指导意见》,明确提出"到2035年,中国特色博物馆制度更加成熟定型,博物馆社会功能更加完善,基本建成世界博物馆强国,为全球博物馆发展贡献中国智慧、中国方案"的发展目标,鼓励依托社会主义建设重大工程、重大项目建设一批反映我国建设成就的当代主题博物馆,依托历史建筑、工业遗产等设立博物馆,支持重大科技工程等专题博物馆(纪念馆)建设。作为国家推动文博事业发展的主管牵头部门,国家文物局也相继制定了一系列支持政策,如《国家文物事业发展"十三五"规划》(文物政发〔2017〕4号)、《关于进一步推动非国有博物馆发展的意见》(文物博发〔2017〕16号)等。

随着工业遗产保护工作的不断扩展和深入,工业博物馆日益受到政府、企业和社会关注。为规范建设和管理,推动工业博物馆发展,工业和信息化部、国家发展改革委等部门进行了多方有益探索。例如,2016年,工业和信息化部、财政部联合印发《关于推进工业文化发展的指导意见》(工信部联产业〔2016〕446号),鼓励有条件的地区利用老旧厂房、设备等建设工业博物馆,发展工业旅游;2018年,工业和信息化部印发《国家工业遗产管理暂行办法》(工信部产业〔2018〕232号),支持利用国家工业遗产相关资源建设工业博物馆,将工业博物馆归为工业遗产活化利用的主要路径之一;同年,工业和信息化部在全国范围内组织了首次工业遗产、

---

① 湛天阳:《画里有话 | 用好博物馆这所大学校》。

工业博物馆摸底调查；2020年，国家发展改革委印发《推动老工业城市工业遗产保护利用实施方案》（发改振兴〔2020〕839号），提出完善工业博物馆体系，具体举措包括推动建设分行业、分区域、工业博物馆体系；2021年，工业和信息化部等八部门联合印发《推进工业文化发展实施方案（2021—2025年）》（工信部联政法〔2021〕54号），将建立工业博物馆作为推进工业文化发展的主要任务之一，进一步明确工业博物馆发展方向，为我国工业博物馆的快速有序发展提供了具体指引；同年，工业和信息化部工业文化发展中心发起成立了全国工业博物馆联盟，旨在推进全国范围内的工业博物馆事业发展和相关组织交流合作，实现资源统筹开发和高效利用，整体提升工业博物馆的社会影响力。

2. 社会需求多元迸发

从宏观层面看，凝聚民族认同、增强文化自信、推动国际交往迫切需要发挥工业博物馆的作用。纵观世界近现代工业发展史，工业强国之间的竞争，其核心是文化的较量。对外，工业博物馆是传播工业文化、展示国家软实力、塑造工业新形象的窗口，使我们能够用世界眼光看待中华工业文明在人类发展历史长河中的地位，深刻认识和发挥我国在全球格局中应有的作用。对内，工业博物馆是展现企业价值、留存工业记忆、涵养城市文脉的价值宝库。近年来，随着工业化和城镇化进程的推进，一些城市特别是老工业城市，对工业遗址进行原址原状保护并以此为基础建设工业博物馆，进行陈列展示。这既是对城市宝贵工业记忆的承载延续，也是对城市历史和文化遗产价值的重新认识和回归。发挥工业博物馆回顾历史、展示当下、展望未来的作用，发展具有行业和区域特色的工业文化，对于增强文化自信有着不可替代的作用。

从中观层面看，工业博物馆对于推动经济发展、维护社会和谐稳定方面的作用也日益受到关注和重视。一方面，工业博物馆是培育经济增长点、打造新动能的重要途径。有些地区以工业博物馆为依托开展工业旅游、工业文化研学，探索打造工业文化产业园区、特色街区、创新创业基地，培育壮大新业态，产生了较好的经济效益，甚至有些工业企业建设的博物馆已成为其产业发展的重要板块。另一方面，工业博物馆是维护社会和谐稳定的重要助力。通过工业博物馆开展科普教育，展现工业之美、工业之韵、工业之魂，传承弘扬新时代工业精神，强化创业兴业的价值导向，体现工业的人文关怀，补足工业中的文化短板，引导全社会树立正确的工业价值观，能够产生较好的社会效益。

从微观层面看，工业博物馆是满足人民群众美好生活需要的重要阵地。近年来的"博物馆热"，集中反映了社会公众对知识、认同、体验、情感需求的提升。在新时代讲好博物馆里的工业故事，是当下工业博物馆面对的"必答题"。作为终身教育的课堂，工业博物馆能够提升人的文化素养，实现人的自我增值和发展进步，尤其在青少年教育方面发挥的作用正日益显现。通过展览传达、文创产品开发、文化演出等多种表达方式，工业博物馆将工业文化、工匠精神融入当代生活，成为人民群众新的精神家园。

3. 工业与文创深度融合发展

工业与文创产业的融合由来已久。过去，废弃厂房大多直接被用于艺术类主题文创，如利用旧厂房改造而成的798艺术区、751时尚设计广场已成为中国文化创意产业园区的代名词，但对工业、技术历史等内容的重视程度相对有限，没有充分利用其作为记录工业历史沉淀的载体。随着中国特色社会主义进入新时代，我国工业经济持续健康发展，社会主义文化更加繁荣兴盛，既对工业文化建设提出更高要求，又给工业博物馆的快速发展带来了机遇。中国制造从高速增长阶段转向高质量发展阶段，需要工业文化提供柔性支撑和精神动力。工业博物馆既是工业文化的记录者，又为未来的工业创新提供了展示空间。在此背景下，工业博物馆应以更加开放、包容的心态，进一步找准定位，实现博物馆与其他公共文化服务机构和文化产业的优势互补、合作共赢，助推产业转型升级，实现内涵式发展，真正成为创新、创造的灵感源泉。

二、发展现状及新趋势

经过近20年的持续扩张，我国工业博物馆在运营管理形式、功能定位、展陈方式等方面逐步成熟和多样化，已成为收藏、阐释、保护和研究工业遗产的重要场所。根据2018年工业和信息化部首次工业博物馆摸底调查，我国工业博物馆发展的特点主要表现在以下方面。

（一）企业自建博物馆多，在文博系统备案少

根据488家工业博物馆（约占当年全国博物馆总数的10%）提交的基础资料，

我国工业博物馆的建馆历史可追溯到20世纪80年代，但绝大部分为2000年以后新建。2002—2016年，我国工业博物馆的新开馆数量基本呈逐年递增趋势，2017年开始增速变缓。这一变化与同时期传统工业行业增速放缓密切相关[①]。20世纪80年代至今我国工业博物馆每年新开馆数量见图1。

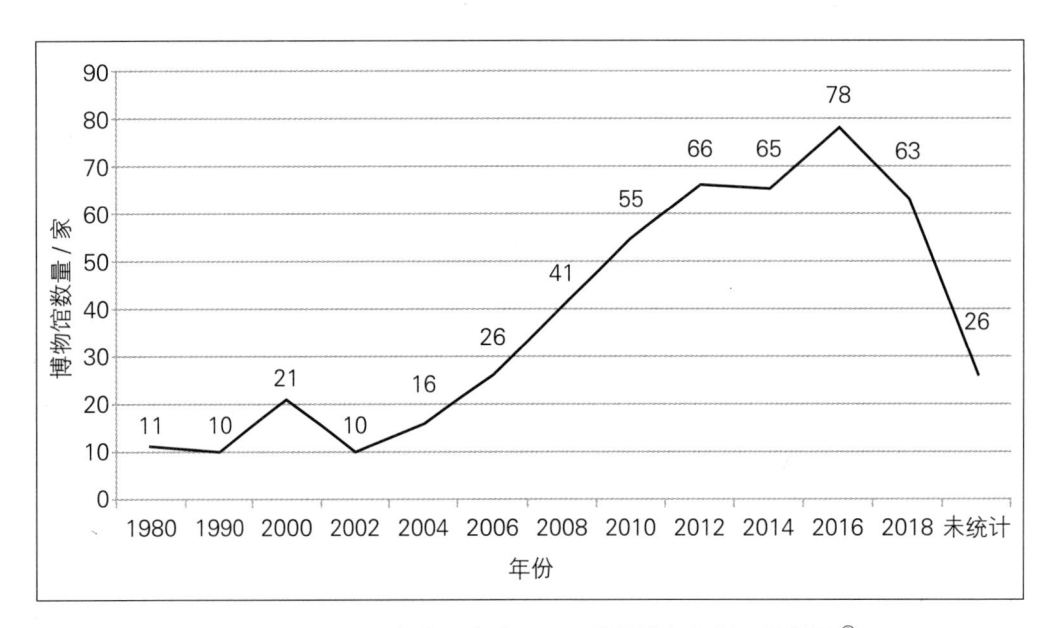

图1　20世纪80年代至今我国工业博物馆每年新开馆数量[②]

工业博物馆的举办者类型见图2。企业自主筹办的工业博物馆366家，占比为75%。从功能定位来说，这些博物馆的建馆及展览目的大多是展现企业自身的发展历史，宣传企业文化，例如，山东烟台啤酒博物馆所展示的近300件文物均为反映原烟台啤酒厂生产发展历史的资料；江西西华山历史博物馆所展示的均是与西华山钨矿相关的图片、钨矿开采工具、矿物及晶体标本等[③]。此外，还有政府举办的国有工业博物馆（10%）、个人举办的工业博物馆（9%），以及少量由研究机构或其他主体举办的工业博物馆。

具有独立法人资格情况见图3，在488家工业博物馆中，只有52%具有独立法人资格，47%不具备独立法人资格，另有1%情况不明。

---

① 产业信息网：《2018年中国经济发展回顾及未来发展趋势：经济稳中求进，迈向高质量发展》。
② 数据来源：2018年工业博物馆摸底调查。
③ 郝帅、程楠、孙星：《新型工业博物馆初探》，《文物春秋》2019年第2期。

上级管理单位情况见图4。目前，164家工业博物馆由企业管理，占比为33.8%；146家由政府部门或事业单位管理，占比为29.9%；38家由各类管理中心、行业组织等其他单位管理；4家由研究机构管理。值得注意的是，仍有136家工业博物馆未明确上级管理单位。

文博系统备案情况见图5。488家工业博物馆中只有193家博物馆已在文博系统备案，仅占39.5%；有292家博物馆尚未在文博系统备案，占比为59.8%；还有3家未填报备案情况。

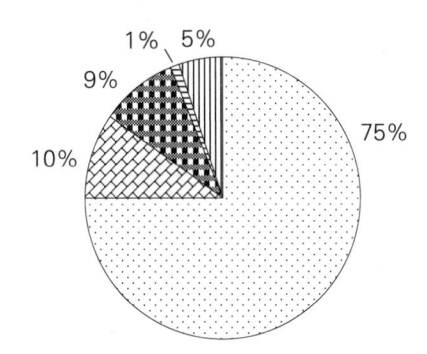

图2 工业博物馆的举办者类型①

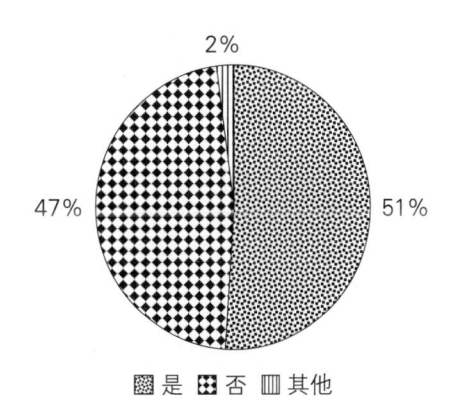

图3 具有独立法人资格情况②

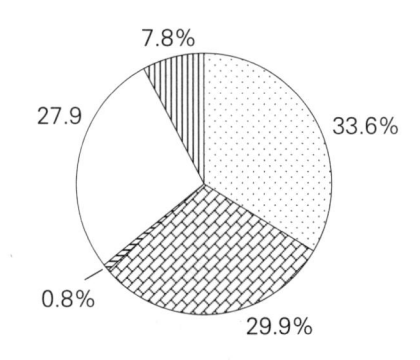

图4 上级管理单位情况③

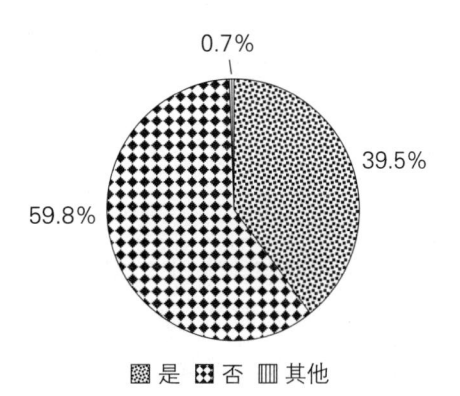

图5 文博系统备案情况④

---

① 数据来源：2018年工业博物馆摸底调查。
② 数据来源：2018年工业博物馆摸底调查。
③ 数据来源：2018年工业博物馆摸底调查。
④ 数据来源：2018年工业博物馆摸底调查。

（二）普遍规模较小，运营管理水平参差不齐

馆舍面积（见图6）是博物馆开展定级评估的重要指标，代表服务公众的容纳能力。从摸底调查结果看，我国工业博物馆普遍面积较小，74.4%的馆舍面积在5000平方米（含）以下，10000平方米以上的大型博物馆寥寥无几（见图6）。大型博物馆中，位于上海市宝山区的上海玻璃博物馆馆舍面积为1.3万平方米；位于北京市丰台区的北京汽车博物馆的馆舍面积达4.9万平方米；位于广西壮族自治区的柳州工业博物馆馆舍面积达到6万平方米。

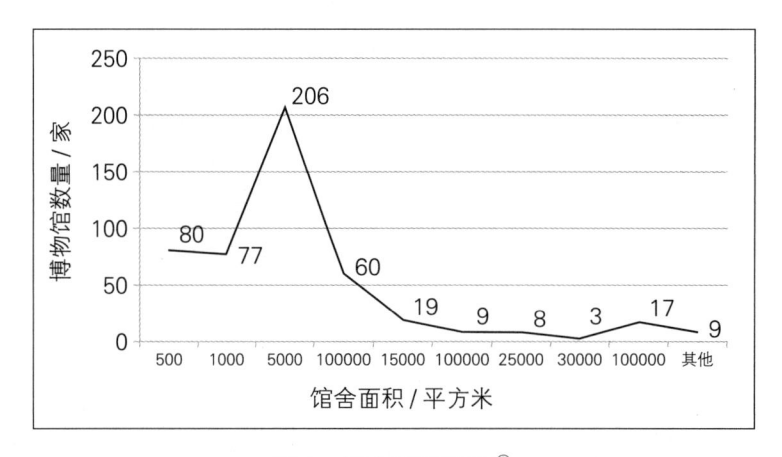

图6 馆舍面积情况①

藏品是博物馆根据自身定位、特点，按一定标准入藏的具有历史价值、艺术价值和科学价值的有关文物、标本或实物资料，是工业博物馆开展业务活动的物质基础。近年来，我国博物馆藏品数量高速增长，但工业博物馆的藏品数量（见图7）仍然普遍较少，69.1%的工业博物馆藏品数量在1000件（含）以下；只有少部分工业博物馆达到5000件以上，如重庆工业博物馆拥有藏品3.5万余件（套），中国沈阳工业博物馆拥有藏品1.5万余件（套），包括定级文物300余件（套）。

免费开放情况及年度参观人数统计分别见图8、图9。据调查，375家工业博物馆免费对外开放，占比76.8%；13家工业博物馆部分免费开放，占比2.7%；93家工业博物馆是收费的，占比19.1%，7家博物馆暂未开放或属于其他情况。从年度参观人数来看，74%工业博物馆在10万人以内；但仍有4家工业博物馆年度参观

---

① 数据来源：2018年工业博物馆摸底调查。

人数可达 100 万人以上。

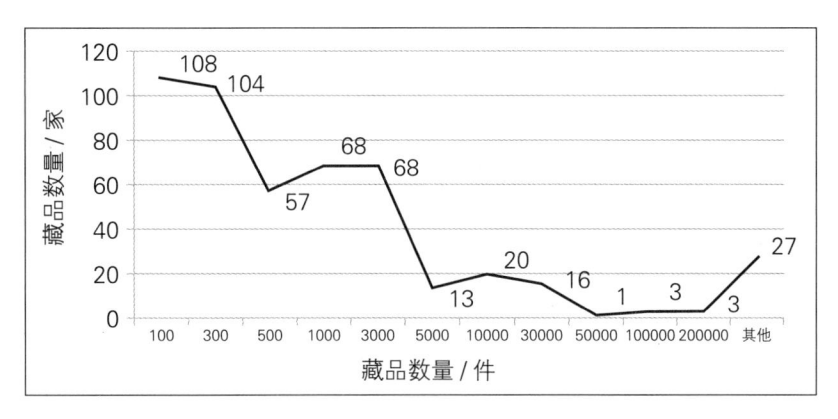

图 7　藏品数量情况①

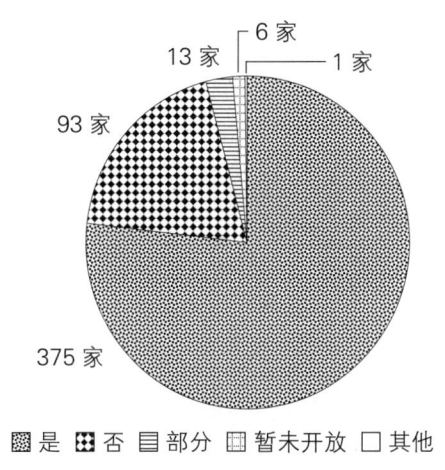

图 8　免费开放情况②

---

① 数据来源：2018 年工业博物馆摸底调查。
② 数据来源：2018 年工业博物馆摸底调查。

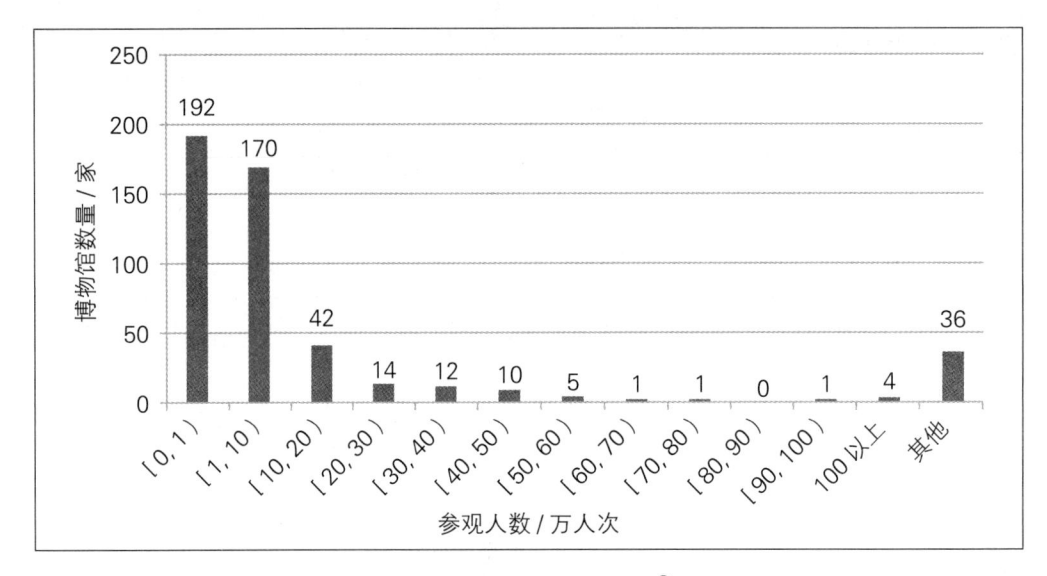

图9 年度参观人数统计[1]

举办展览、活动是工业博物馆提供公共文化服务的重要内容，但不同博物馆之间的差异十分巨大。在举办展览、活动的333家工业博物馆中，68.5%的工业博物馆年举办展览在5次（含）以下，也就是平均每季度举办1次展览或活动。只有23家工业博物馆年举办展览达100次（含）以上，举办数量最多的工业博物馆可达2000次以上（见图10）。

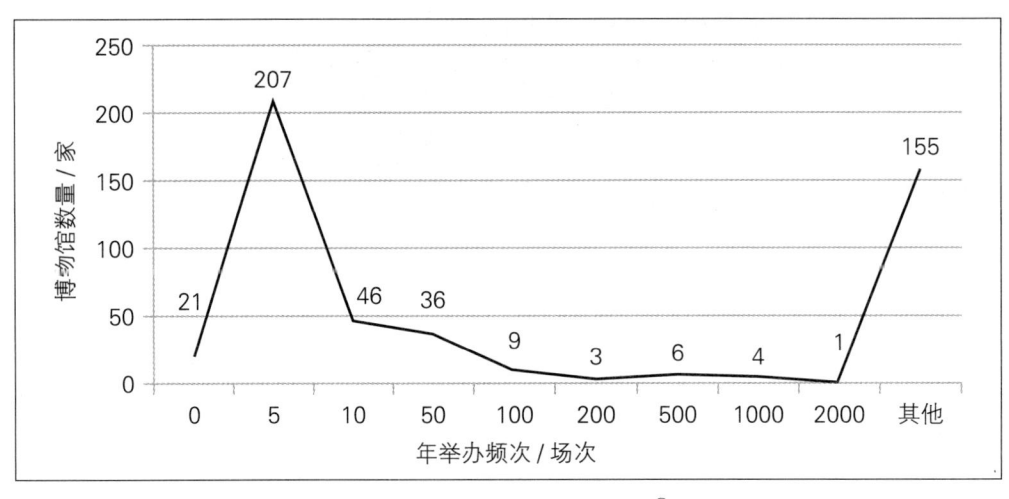

图10 展览及活动举办情况[2]

---

[1] 数据来源：2018年工业博物馆摸底调查。
[2] 数据来源：2018年工业博物馆摸底调查。

宣传教育活动举办情况见表1。在提供活动数量的381家工业博物馆中，47.8%的工业博物馆年举办活动在50次（含）以下，也就是平均每周举办不到1次活动，只有33家工业博物馆年举办活动达到500次（不含）以上，其中有4家博物馆年举办活动数量超过5000次（不含）。

表1　宣传教育活动举办情况[①]

年举办活动频次/场次	工业博物馆数量/家	占比/%
0~5	8	2.1
6~10	113	29.7
11~50	61	16.0
51~100	114	29.9
101~100	26	6.8
201~500	26	6.8
501~1000	20	5.2
1001~2000	8	2.1
2001~5000	1	0.3
5000（不含）以上	4	1.0

（三）消费品、原材料、装备类博物馆最多

从展陈内容所属行业来看，我国工业博物馆覆盖国民经济行业中的14个门类，涉及消费品、原材料、装备制造、信息软件、信息通信、电子信息六大领域，覆盖面较广。在统计的488家工业博物馆中，其主要集中在消费品、原材料、装备制造领域，占比为94.8%；信息软件、信息通信、电子信息领域的工业博物馆数量仅9家，1.8%；综合性工业博物馆数量为16家，占比为3.3%不同行业的工业博物馆数量见图11。

---

① 数据来源：2018年工业博物馆摸底调查。

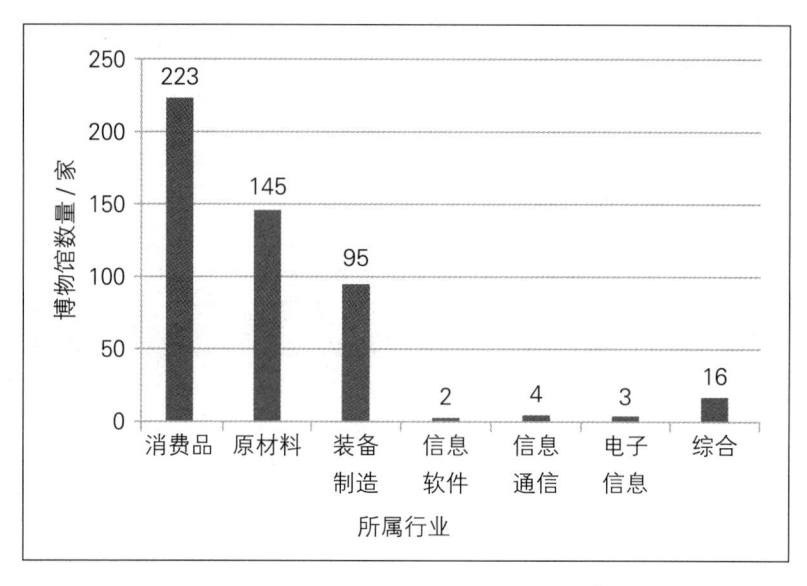

```
    250 ┐
        │ 223
    200 ┤ ■
        │ ■
    150 ┤ ■   145
        │ ■    ■
    100 ┤ ■    ■   95
        │ ■    ■    ■
     50 ┤ ■    ■    ■
        │ ■    ■    ■                    16
      0 ┤ ■    ■    ■   2    4    3    ■
         消费品 原材料 装备 信息 信息 电子 综合
                     制造 软件 通信 信息
```

图 11　不同行业的工业博物馆数量[①]

在这些工业博物馆中，地方行业特色明显。例如，景德镇陶瓷工业遗产博物馆是目前国内首家以陶瓷工业为主要内容的行业博物馆，展示了1903—2015年景德镇近现代陶瓷工业的发展历史及景德镇的陶瓷工业遗产风貌；唐山启新水泥工业博物馆由中国第一座水泥厂——启新水泥厂核心区更新改造而成，展示了启新水泥厂130余年的历史，阐述了我国水泥工业的发展史。

（四）地区间发展不平衡，经济发达地区密集

由于我国不同地区工业发展程度不均，工业遗产分布及保护利用水平不同，因此，工业博物馆在区域分布上呈现不同的特点。从分布区域来看（见图12），我国工业博物馆的地区发展不均衡现象较为明显。其中，华东地区工业博物馆数量最多，为168家，占比为34.4%；其次是华北地区，共110家，占比为22.5%；中南地区、西南地区数量基本持平，分别为62家、61家，占比分别为12.7%、12.5%；西北地区、东北地区数量最少，分别为45家、42家，占比分别为9.2%、8.6%。

总体来看，工业博物馆数量同当地经济发展程度正相关，经济发展水平越高的地区，越重视对工业博物馆资源的挖掘、保护与利用，如华东地区工业博物馆数量

[①] 数据来源：2018年工业博物馆摸底调查。

是东北地区工业博物馆数量的 4 倍（见表 2），东北老工业基地未能充分利用工业遗产资源优势建设工业博物馆。

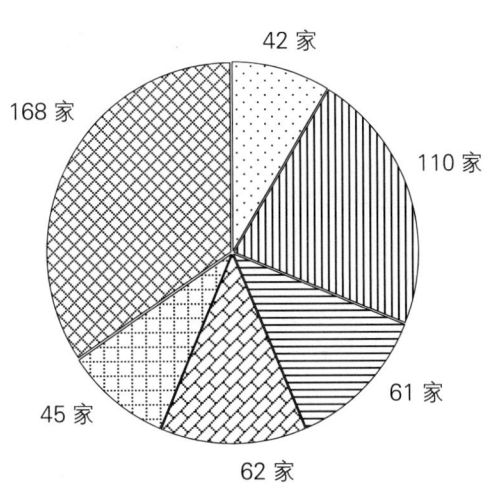

图 12 主要区域工业博物馆数量

表 2 各省（市、自治区）工业博物馆分布数量①

区 域	省 份	数量/家	区 域	省 份	数量/家	区 域	省 份	数量/家
华北 （110家）	北京	20	中南 （62家）	河南	0	华东 （168家）	上海	26
	天津	12		湖北	18		江苏	1
	河北	49		湖南	4		浙江	34
	山西	16		广西	3		江西	15
	内蒙古	13		广东	35		安徽	26
	—	—		海南	2		福建	3
	—	—		—	—		山东	63
西南 （61家）	重庆	3	西北 （45家）	陕西	7	东北 （42家）	辽宁	20
	四川	29		甘肃	7		吉林	8
	贵州	9		青海	7		黑龙江	14
	云南	20		宁夏	1		—	—
	西藏	0		新疆	23		—	—

① 数据来源：2018 年工业博物馆摸底调查。

以原材料领域博物馆和装备制造领域博物馆为例，原材料领域博物馆主要集中在华北、西北、西南等矿产资源或工业遗产较丰富的地区；装备制造领域工业博物馆则在东北、华北、华南及西南等工业起步较早、重工业基础较好的地区占比较高，如表3、表4所示。

表3 各地域原材料领域工业博物馆占比[①]

占 比	省、市、自治区、特别行政区						
0 或无数据	上海	福建	河南	湖南	海南	西藏	宁夏
	香港	澳门	台湾				
(0%, 20%]	天津	浙江	安徽	广东	四川		
(20%, 40%]	北京	山西	内蒙古	山东	湖北	广西	贵州
	云南						
(40%, 60%]	河北	辽宁	吉林	黑龙江	江西	青海	新疆
(60%, 80%]	重庆	陕西	甘肃				
(80%, 100%]	江苏						

表4 各地域装备领域工业博物馆占比[②]

占 比	省、市、自治区、特别行政区					
0 或无数据	江苏	河南	广西	西藏	宁夏	香港
	澳门	台湾				
(0%, 10%]	辽宁	江西				
(10%, 20%]	河北	吉林	浙江	安徽	山东	湖北
	四川	云南	陕西	甘肃	青海	新疆
(20%, 30%]	内蒙古	湖南	广东	贵州		
(30%, 40%]	北京	上海	福建	重庆		
(40%, 50%]	天津	山西	黑龙江	海南		

（五）新业态不断涌现，促进工业博物馆发展

1. 建立工业遗址博物馆

部分省市在工业遗产区域建设工业遗址博物馆，打破传统工业博物馆以时间发

[①] 数据来源：2018年工业博物馆摸底调查。
[②] 数据来源：2018年工业博物馆摸底调查。

展脉络为轴线的展览设计模式，尝试围绕生产环节、生产布局规划等工业领域的突出特征规划并立体式展陈，凸显工业遗产的历史、科技、艺术及社会价值，打造文化传承载体，塑造区域形象，形成城市名片。例如，重庆工业博物馆是典型的遗址类博物馆，其中的钢魂馆在全国第七批重点文物保护单位"重庆抗战兵器工业旧址群——钢迁会生产车间"旧址上进行活化利用、专题陈列、科普体验，呈现了"钢迁会"成立、西迁并支持抗战的历史；开滦博物馆以煤炭的形成、开采及应用的全过程为展览主线，同时保留了木质矿井的原始场景，让观众能够更直观地理解煤炭行业，取得了较好的展示效果。

2. 与工业旅游相结合

工业博物馆和工业旅游相结合，打造示范基地，形成工业旅游精品线路，设计生产文化创意产品，提升工业企业的品牌形象是工业博物馆发展的重要方向。此种模式融观光、游览、学习、体验、娱乐、购物等为一体，在全民素养提升、带动产业和城市转型升级、促进工业高质量发展等方面发挥作用。例如，青岛啤酒博物馆传承时代特有的工业记忆和工艺技术，以传播文化为核心，带来新的经济增长点、产业的转型与衍生等经济效益，同时也带来一定的社会效益，提升公众素养，丰盈企业文化，美化城市形象，被誉为"中国工业旅游的旗帜"。

3. 融入科普教育

博物馆作为公共文化服务的场所与载体，在向公众展陈文物之余，也发挥着社会教育职能，在当今文化传承中有着重要的价值与意义。充分发挥工业博物馆的教育、研究和展示等功能，开展工业科普和爱国主义教育，有利于宣传人类工业文明成果，传播现代工业价值理念，弘扬中国工业精神。例如，北京自来水博物馆利用场馆一层长达24米的弧形屏幕和卡通小水人"源源"向公众介绍自来水生产工艺，普及用水节水知识，是社会各界了解北京自来水发展历史的重要窗口，被授予"北京市科普教育基地""北京市青少年科普教育基地""北京市青少年节水教育宣传基地"等称号。

4. 建设特色园区

利用工业博物馆资源，充分发挥载体作用，建设工业文化产业园区、特色小镇（街区）、创新创业基地等，培育工业设计、工艺美术、工业创意等业态。例如，景德镇市深挖陶瓷行业历史积淀和近代工业遗产资源，将老瓷厂转型升级为"国际范、强体验、混合业态、跨界经营"的文化创意街区，促进城市更新和新旧动能转换，实现了传统与现代、文化与科技、生产与生活的深度融合，成为资源枯竭型城市产业转型升级的典范，曾作为国务院第五次大督查发现的 130 项典型经验做法之一受到通报表扬。

三、问题与对策

近年来，我国的工业博物馆得到了很大发展，数量快速增长，质量不断提升，但整体状况与人们日益增长的文化需求仍有差距。工业博物馆在丰富博物馆结构体系的同时，作为展现工业文明、传播工业文化的主要阵地，有助于工业遗产的保护和利用。除了传统的收藏、保护、研究、教育功能，工业博物馆还要与时俱进，根据自身特色调整定位、拓展功能，不断发现问题、总结经验、解决问题，最终实现高质量发展。

（一）当前工业博物馆发展中存在的问题

相较于文博主管部门公布的博物馆整体状况，工业博物馆存在规模有限、发展不均衡、管理松散、运营困难和政府引导支持较弱等问题。

1. 企业举办工业博物馆的管理困境

工业和信息化部统计到的工业博物馆与文博系统的登记名录存在较大差异。通过摸底调查发现，目前，60% 的工业博物馆未在文博系统备案，28% 未明确上级管理单位。工业企业是最有条件设立工业博物馆的主体之一，出于企业文化建设和形象宣传的需要，许多工业企业或其管理者对于设立工业博物馆也有积极性。但是按照现行《博物馆条例》规定，博物馆在初始登记备案时，需具备一定数量级藏品且公证保全；博物馆正式成立以后，这部分藏品属于社会公共财产而非个人或任何企业，终止博物馆时资产处理仍存在诸多不确定性，这使许多企业望而却步，退而设立展览馆、陈列室（有些冠以博物馆之名），不纳入博物馆体系。这样就无法接受文博体系的专业指导，也无法分享文化产业的红利。

2. 工业博物馆的藏品缺乏保护手段和依据

机械、设备、工具、产品等可移动的工业品在工业时代产生了重要的作用，如首台（套）大型装备、早期的卫星和飞船等，虽然有些已经被认定为文物，但数量上远远未达到实际需求。国家工业遗产也未对可移动的工业遗产做出认定。因此，虽然许多博物馆已经参与到工业品征集收藏中，但实际操作中所藏工业品却没有文物地位，不受《中华人民共和国文物保护法》保护。

3. 普遍缺乏自主办馆能力，经营手段落后

在所有调查的工业博物馆中，除44家博物馆为个人筹办外，其余大多为企业或政府筹办，无论是经费的拨付、业务的安排，还是人事的任免，均采用行政手段进行统一管理，缺少办馆自主权。此外，作为非营利性机构，工业博物馆的资金来源主要是企业自身投资、政府专项补助、社会筹集资金等。例如，沈阳铸造博物馆属于事业单位，资金全部源自当地政府支持，没有任何其他经营收入。在这样的管理和运营模式下，工业博物馆自主办馆能力弱，很难实现可持续发展。

4. 工业博物馆的社会化程度尚待提升

有示范性和影响力的工业博物馆较少，尤其缺少国家级综合性工业博物馆，难以发挥标杆示范作用。一方面，研究、专业人才有限、缺乏足够的外部科研合作，许多工业博物馆还沿用传统的展览设计思路，以文字、照片介绍为主，在本应最有看点、最富教育意义的产品环节缺乏阐释。另一方面，开放程度不够，相当数量的工业博物馆，特别是企业博物馆功能定位局限性强，受众范围小，开放时间短，参观流量有限，在行业内及社会上的影响力也普遍较小，社会认可度不高。

（二）推动工业博物馆高质量发展的若干建议

1. 加强部门联动

推动工业和信息化部与文化和旅游部、国家文物局等跨部门合作，整合行业企业优质资源，聚集业内专家学者智慧，统筹整合现有各级各类工业博物馆、工业遗产等资源，推动工业博物馆资源清查常态化、规范化、制度化，全面掌握发展新情况，开展工业博物馆名录编制工作，并着手构建工业博物馆星级评价标准，提升工业博物馆科学运营水平。组织开展相关政策研究，推动形成支持工业博物馆发展的产业、财税、人才等政策体系，为工业博物馆发展创造良好的政策环境。

2. 引导新型工业博物馆建设

探索建设国家级工业博物馆、国家级（网上）数字工业博物馆，承担整合行业内其他企业的信息资源、搭建行业信息展示平台、推动行业业务延伸和未来发展的重任。重点突出工业博物馆在互动体验丰富、藏品接续更新、品牌推广效应等方面的特色与优势，让工业遗产、工业博物馆"活"起来。在此基础上大力发展工业旅游，促进工业文化产业良性健康发展。研究利用虚拟现实、增强现实等新技术手段，从加强博物馆管理、提升策展水平、改进观展体验出发，研究可行的智慧博物馆建设标准。

3. 强化资金支持

发挥文化产业发展、老工业区搬迁改造、国家文物保护、产教融合等专项资金和专门基金的作用，将工业博物馆重点项目纳入财政支持范围。支持中央和地方各级政府综合运用相关渠道，落实财税金融支持。健全多元投入体系，调动社会资本积极性，参与壮大工业博物馆产业。

4. 提升服务水平

支持以工业博物馆联盟为载体，整合各方资源，搭建合作交流平台，提升专业化服务水平。促进馆际藏品、人才有序流动，更好地服务社会公众。加强工业博物馆对外合作项目的支持力度，推动我国工业博物馆"走出去"，塑造和传播中国工业发展的新形象。

区域篇

工业遗产活化利用与首都城市复兴

"建设和管理好首都,是国家治理体系和治理能力现代化的重要内容。"党的十八大以来,以习近平同志为核心的党中央高度重视首都发展,提出了首都城市战略定位——全国政治中心、文化中心、国际交往中心、科技创新中心,要求坚持和强化首都核心功能,深入实施人文北京、科技北京、绿色北京战略,努力把北京建设成为国际一流的和谐宜居之都。作为全国文化中心,近年来,北京市充分利用其丰富的文化资源,切实发挥作为全国文化中心的示范作用,弘扬中华优秀传统文化,荟萃民族文化精华,引领文化创新,特别注重挖掘工业遗产文化资源中蕴藏着的工业历史文化价值,传承和弘扬不朽的中国工业精神,从而形成了北京工业文化发展的一大亮点和特色。

一、首都城市复兴背景下的工业遗产保护利用

(一)首都城市复兴与工业遗产

随着我国经济的快速发展,城市化进程加速,产业结构升级,城市中大量的旧厂房、工业设施被废弃闲置。由于历史发展原因,大多数废弃的工业遗址都地处城市的良好区位中心地带,但是在经济利益的驱使下采取了不合理的更新,造成工业遗产的破坏,使城市整体文化景观风貌受到断层影响。为了避免出现类似情况,充分发挥工业遗产的重要价值,北京市于2017年印发《北京城市总体规划(2016年—2035年)》,指出要针对四合院、工业遗产、近现代建筑等特色存量资源,制定完善相应政策法规,鼓励发展符合核心区功能定位、适应老城整体保护要求、高品质的特色文化产业。《中共中央 国务院关于对〈北京城市总体规划(2016年—2035年)〉的批复》也明确要求,做好历史文化名城保护和城市特色

风貌塑造，加强对工业遗产的保护，凸显北京市历史文化整体价值，塑造首都风范、古都风韵、时代风貌的城市特色。

事实上，早在20世纪90年代，北京市就以亚运会为契机，开始了一系列城市改造更新，进入21世纪后，相继出台一系列政策措施，加快这一工作的进程。例如，2007年发布《北京市保护利用工业资源，发展文化创意产业指导意见》，提出建立工业遗产的评价、认定机制，设立专项扶持资金，支持示范项目建设；2008年发布《北京市关于推进工业旅游发展的指导意见》，提出支持工业资源向旅游资源延伸，促进产业资源优化配置；2009年发布《北京工业遗产资源保护与再利用工作导则》，明确北京市工业建筑遗产评价与认定的程序以及再利用的原则；2017年发布《关于保护利用老旧厂房拓展文化空间的指导意见》，提出要充分挖掘老旧厂房文化内涵和再生价值，推动城市风貌提升和产业升级；2021年，北京市第十五届人民代表大会第四次会议审议通过《北京历史文化名城保护条例》。

（二）北京工业遗产保护利用情况

北京市是1949年后的重要工业城市，也是改革开放后工业转型发展的代表性城市，拥有中国现代工业遗产保护与再利用的典型实例，在全国工业遗产保护利用实践方面具有示范引领作用。例如，798艺术区、751时尚设计广场已成为中国文化创意产业园区的代名词；在圆满举办的2022年冬（残）奥会中，首钢园华丽转身为冬奥组委驻地和重要比赛场地。

1. 北京工业遗产基本情况

工业遗产与我们熟知的文物不同，它的构成包括生产、生活和配套设施，是一个综合体概念。无论是具有年代感的厂房建筑，还是水塔、冷却塔、高炉、焦炉、铁路等大型设施，抑或是带有浓厚行业特色的工业景观，都具有独特的吸引力。北京工业遗产具有体量大、分布不均的特点。据北京市经济和信息化局统计，1985—2005年，北京中心城区工业企业搬迁286家，置换出工业用地12.1平方千米。截至2019年9月，各区共梳理出老旧厂房资源774处，总占地面积3227万平方米。从数量上来看，朝阳区、大兴区、顺义区等7个区的工业遗产资源占北京市工业遗产资源总数的77.0%；从面积来看，石景山区、朝阳区和密云区3个区的工业遗产面积占北京市工业资源总面积的比例高达74.8%。

2. 保护利用模式及主要成效

2001年，以798艺术区的兴起为标志，北京市工业遗产保护利用工作开始受到全国关注。其后，从首钢、北京焦化厂、北京第二热电厂、北京第二通用机器厂、751厂的工业遗产保护实践中，积累了一定的经验，并不断探索新的模式。

（1）科普教育模式。一是建设博物馆，发挥工业遗产的教化作用，对历史文化价值较高的工业遗产进行原真性保护，结合原有特点改造为博物馆，为社会提供公共文化服务。例如，东直门水厂改建为北京自来水博物馆，正阳门东火车站改造为北京铁路博物馆等。二是改建为遗址公园，以工业文明为主题，保留工业设备及相关设施，通过加强生态恢复和景观环境的塑造，建成面向公众的城市主题公园，如首钢工业遗址公园和北京焦化厂工业遗址公园。

通过"工业遗产+科普教育"，宣传和普及工业文化知识，让市民尤其是年轻人近距离、更直观地了解工业企业文化，传播精益求精、爱岗敬业的工匠精神。

（2）旅游休闲模式。鼓励企业利用工业遗产发展工业旅游，推动工业资源向旅游资源延伸，促进制造业打造品牌形象、创新营销模式、发展增值服务、延伸产业价值链。此类工业遗产有宣传酒文化的燕京啤酒厂、龙徽葡萄酒山庄；展现工艺美术技艺的百工坊、北京珐琅厂等，其中，龙徽葡萄酒山庄除具有地下酒窖、酒池和储酒长廊外，还专设培训厅、休闲区和接待室，为游客提供了解葡萄酒文化、参观生产线、体验生产技艺、品尝葡萄美酒等服务。

通过"工业遗产+旅游休闲"，传承工业记忆。2020年，北京市开设12条工业旅游线路，不仅串联了首钢工业遗址公园、798艺术区、北京汽车博物馆等特色旅游点，而且将工业元素与周边的文化、娱乐、购物资源结合，为市民和游客提供了"工业遗产+旅游休闲"的硬核体验。

（3）产业重塑模式。一是发展文化创意产业，利用老工业区优越的地理位置、工业厂房高大的内部空间和独具特色的建筑个性，改造成文化创意产业集聚区。例如，798艺术区利用1951年建立的电子厂遗址，改造成工作间或画廊，致力于发展创意设计、产品交易、演艺展示等产业内容。二是发展高新技术产业，结合原有工业基础，通过关联产业的升级和创新，成为高新技术及创新产业区，重点发展研究开发、工业设计、技术培训等产业环节。例如，牡丹电视机厂通过产业创新与升级成科技创业平台、产业孵化器和一站式服务的综合型产业园区，实现由加工业到服务业的成功转型。

通过"工业遗产+产业重塑",传承工业文化。这种模式既保留工业遗存,又保护有价值的工业遗产,对于保留工业记忆、延续工业生命、塑造城市底蕴、满足城市情感等方面具有非常重要的现实意义。

(三)京西工业遗产保护利用经验

石景山区和门头沟区是北京西部老工业城区,曾书写了波澜壮阔的现代工业史,以京煤集团为代表的"京西矿区"曾是全国五大无烟煤生产基地之一,以首钢集团为代表的"京西八大厂"成为中国民族工业发展的缩影。近年来,随着首钢搬迁调整、煤矿关停退出,京西地区运用城市织补理念,将工业遗产保护利用与文化复兴、产业复兴、生态复兴、活力复兴相结合,开展了独具特色的工业遗产活化利用实践探索。

1. 谋定而动,坚持一张蓝图绘到底

坚持高点站位,强化顶层设计。先后制定《北京城市总体规划(2016年—2035年)》《北京市西山永定河文化带保护发展规划(2018—2035年)》,明确加强工业遗产保护,推进首钢、京西煤矿等工业遗址的创造性转化利用,形成工业遗产活化利用的京西模式。《北京市国民经济和社会发展第十四个五年计划和二〇三五远景目标纲要》进一步明确深入挖掘工业遗址资源,推动首钢等京西工业遗址转化利用;支持门头沟区建设京西"一线四矿"文旅康养休闲区,打造绿色生态转型发展示范区。

坚持高标谋划,注重示范引领。根据新首钢地区"传统工业绿色转型升级示范区、京西高端产业创新高地、后工业文化体育创意基地"战略定位,按照"能保则保、能用则用"的原则,对不同类型的工业建筑采取不同的保护方案。先后建立建筑风貌评价体系,开展《首钢工业区现状资源调查及其保护利用的深化研究》等5项专题研究,编制《新首钢高端产业综合服务区城市设计导则》等10余项专项规划。

坚持高位推动,突出政策保障。针对首钢、京煤矿区、郎园Park(原水泥构件厂)等厂区,细化分区保护利用措施,健全适应老工业区更新的建设管理机制,并由市长挂帅新首钢建设领导小组组长,系统谋划推进首钢厂区、特殊钢有限公司、第二通用机械厂等重点区域发展。印发《关于推进首钢老工业区改造调整和建设发展的意见》等政策措施,成立工业遗产保护利用研究中心。

2. 文化复兴，延续老工业城市历史发展脉络

分区分类，推动原创性保护。坚持分区分类开展首钢园区工业遗产保护利用，核心区以"保"为主，进行"保护式修补"。首钢厂东门作为长安街西延长线上十里钢城的标志，在改造建设中将琉璃瓦、木梁等仿古建筑构件拆下编号保存，在首钢园区内按1:1比例原汁原味复建。风貌传承区以用为主，进行"生长式修补"，规划保护整体特色风貌。对首钢氧气厂、转运站等加强建筑和体量高度管控，打造景观视廊，亮出了西山优美天际线。

因地制宜，开展多元化利用。将"织补城市""海绵城市"等理念运用到工业遗产利用中，因地制宜开展空间和功能修补。充分利用石景山区永定河原生态山体风貌和古建筑群文化内涵，构建与工业特色风貌适应的建筑形态，形成观山、望水、远眺工业遗迹的市民开放公共空间。充分尊重工业遗存风貌，保留部分厂房标志性构件，灵活织补配套设施。通过中央预算内资金支持西十筒仓园区等改造利用，为北京冬奥组委入驻提供办公、生活配套等服务，为冰雪运动等发展提供空间载体。

文旅融合，实现品牌化推广。首钢工业文化旅游区（即首钢园区）是我国第一家以工业文化遗产为特色的主题文化园区。首钢园区以生产工艺流程为主线，充分挖掘高炉、架空管廊等工业遗产，打造"钢铁是怎样炼成的"主题游，每年接待游客400余万人次。门头沟区依托闲置矿区，打造京西自然民俗及古道文化主题列车等项目，通过设置煤业文化车厢，讲述矿区故事；设置魔力车厢，开展沉浸式观光文化演出；串联沿途生态山水、古道古村和京西煤业等资源，努力打造践行"两山"理论的生态线。

3. 产业复兴，释放老工业区转型发展动力

优化审批，破除遗产利用障碍。工业遗产建筑物大都没有审批手续，构筑物在规划、建设、消防等方面缺少再利用标准。石景山区以首钢老工业区为试点，探索形成工业建筑物不改变外轮廓线和改变外轮廓线两种审批模式，以及工业构筑物"企业作承诺、政府强监管、失信有惩戒"审批流程，对既有老旧构建筑物保护利用。首钢3号高炉仅用两年时间就完成了30余万平方米除锈和2000余吨构件更换，已被打造成全球首发中心和高端秀场。

活态保护，开启矿区转型新历程。门头沟区王平村矿、大台矿、木城涧矿和千军台矿占地面积590万平方米，是京西煤矿历史、社会和艺术价值的集中展示区。

门头沟区立足"一矿一主题，四矿四特色"，借鉴国际优秀文化遗产案例，通过生态修复、景观提升以及建设沉浸式体验矿山博物馆、山地户外运动基地、安全应急教育研学营地等，把昔日的能源重工业基地打造成山水交融、青绿交织、工业遗产与自然生态交相辉映的文旅康养休闲度假区。

发力文创，驱动遗产焕发新光彩。制定《关于加强老旧厂房及设施改造推动产业高质量发展的实施办法》，支持老厂区、老厂房创建了首钢园区、郎园 Park 等市级文创园和北重、金隅、京西影视等区级文创园。首钢集团联合腾讯利用筒仓等工业遗产建设 3000 余平方米数字影视演播厅和直播间；与清华大学合作打造沉浸式数字圆明园、音乐机器人等一批科幻体验项目。石景山区现集聚 5000 余家文化创意企业，预计到 2025 年文创园收入将超过 300 亿元，数字创意产业收入将达到 400 亿元。

4. 生态复兴，筑牢工业遗产绿色发展本底

矿山修复，扮靓绿水青山增"颜值"。通过"地貌重塑、土壤重构、植被重建、景观再现、生物多样性重组和保护"等系统修复工程，对废弃矿山、矿坑、矿洞进行功能重塑、价值提升，积极探索生态修复、景观再造、整体开发、综合利用的新路径。门头沟区在延续矿区山水交映格局的基础上，积极开展矿区沿线绿化、景观优化，重塑与矿区周边景观相协调的地貌，提升废弃矿山修复率、土地复垦率和绿化覆盖率，逐步恢复山体基本生态功能。同时，探索利用市场化方式修复矿业遗产，建设矿山遗址公园等。

水体整治，塑造工业遗产新"亮点"。群明湖是首钢工业循环水冷却的晾水池，水域面积为 20 万平方米。通过疏浚改造，突出水生态治理修复，打造了风格、美感统一的滨河景观带。每年成群结队的候鸟在此越冬栖息，最多时超过 2000 只。秀池是首钢炼铁循环水专用蓄水池，水域面积为 4 万平方米。通过改造治理，在秀池下方修建车库和下沉式展厅，在秀池上方复原"九龙吐水"景象，伴随着五彩华灯变身为京西夜景新名片。

绿色发展，新理念贯穿遗产保护和再利用。首钢园区是北京市首批绿色生态示范区，通过高炉、料仓、冷却塔等工业遗产的保护和再利用，在绿色空间规划、绿色建筑打造、建筑"碳中和"等方面积累了成熟系统的经验做法。首钢园区大量采用被动式设计和主动式设计，创建了全国第一个 C40 正气候项目样板区，冬训中心、滑雪大跳台、五一剧场和制粉车间等改造项目成为三星级绿色建筑典范，脱硫车间、

冰球馆等多个改造项目获得国际绿色建筑认证。

5. 活力复兴，加速"锈带"到"秀带"蝶变

服务服贸会，"秀"出老工业区新形象。中国国际服务贸易交易会是全球服务贸易领域规模最大的综合性展会，也是国家对外开放的三大展会平台之一。2021年服贸会除继续使用历届举办地点国家会议中心外，8个专题展及其配套论坛会议和边会活动首次设在首钢园区，在曾经的焦化厂里建起15座服贸会展览场馆，脱硫车间变成媒体中心，刀具车间、修理车间、原料系统仓等工业建筑变成21个会议室，贯通整个园区的炼焦炉作为景观大道两侧的主要工业遗存予以保留。首钢园区从工业遗址公园变成一座国际化展会场馆，人们能够在老工业遗存里逛展、开会、洽谈，沉浸式体验服贸会的现代化与首钢园区的"工业风"。

招才引智，"秀"出老工业区新魅力。围绕工业遗产保护和利用，"京西八大厂"正试着"把百炼钢化作绕指柔"，吸引更多一线当红商铺、文创企业、高端人才在京西开业、体验、生活、消费。建设新首钢国际人才社区，制定政策吸引城市更新、文化创意等领域人才落户，成为国际人才聚集平台和城市新生活体验中心。利用独特的工业遗产风貌，运用"艺术＋科技＋IP"的手法，举办联合国教科文组织创意城市北京峰会、中国舞蹈节、抖音嘉年华等一批时尚体验活动，打造了高辨识度的京西城市流量新地标。

服务冬奥会，"秀"出老工业区新容颜。利用北京冬奥会和冬残奥会城市更新契机，制定北京冬奥会首钢工业遗存保护名录，利用筒仓、料仓等改建41万平方米北京冬奥会组委办公、国家冰雪运动队训练、冬奥跳台滑雪比赛等载体，建成冬奥会主运行中心、冬奥会保障指挥中心、冬奥会技术运行中心。以首钢工业遗址公园为核心打造北京冬季奥林匹克公园，举办了沸雪世界杯、冰壶世界杯总决赛等国际赛事，开展了中芬冬季运动年开幕式、跨年冰雪盛典晚会等重大活动，参与人数累计超过20万人。国际奥委会主席巴赫称赞，"石景山首钢园区必将成为奥林匹克运动推动城市发展的典范，成为世界工业遗产再利用和工业区复兴的典范。"

鉴于首钢借助冬奥契机抓住转型发展新机遇，打造新时代首都城市复兴新地标，成为北京乃至全国工业遗产活化利用的典范，下面深入剖析首钢工业遗产保护利用案例，全面探究其如何与冬奥会筹办、老工业区有机更新、绿色高端发展紧密结合，努力实现超大城市中心城区"四个复兴"，整体塑造体现新时代高质量发展、城市

治理先进理念和大国首都文化自信的新地标。

二、典型案例：首钢工业遗产的活化利用

（一）首钢基本情况

首钢始建于1919年，距今已有百余年历史。首钢园区是目前国内乃至世界范围内最大规模的重工业遗存更新项目，是北京市城六区内唯一可大规模、联片开发的区域。

1. 历史价值。1914年，由于第一次世界大战的爆发，钢铁成为一种非常稀缺的战略物资，在全国建立大型钢铁企业的趋势下，首钢的前身——龙烟炼铁厂诞生。在中国钢铁史中，冶金部于1957年提出了"按年产50万~100万吨级别规模，建设5个中型钢铁厂"的方案，首钢位于全国中型钢铁厂之首，是中国近代民族工业稳速增长期诞生的重工业重要代表之一。

2. 社会价值。2003年首钢向国务院递交了搬迁报告，并于2005年获得国务院批准。2007年首钢逐步减产，2011年首钢主厂区实现全面停产。首钢为国家钢铁工业健康发展、首都经济结构调整以及生态环境的改善做出了历史性的贡献和牺牲。首钢百余年的发展史就是半部北京市的工业发展史，是数代首钢人的集体记忆。

3. 工艺价值。首钢作为自主创新研发的民族钢铁业代表，在工艺层面不断自主创新，拥有众多国际和国内"第一"，如中国第一台麦基式旋转布料器、中国第一座氧气顶吹炼钢转炉、世界首创的无料钟炉技术、世界上转速最快的炼钢转炉、全球产量最高的型材轧机术、中国首创计算机炼铁技术等。

4. 艺术价值。从整体布局看，首钢园区内地下的储料仓，地面伫立的高炉、冷却塔及空中盘旋交错的动力管廊等共同构成了具有鲜明特征的工业景观群落。从建筑特征看，双曲薄壳的冷却塔、四梁八柱的圆台形出铁场、恢宏陈列的焦炉都具有极强的视觉识别度，具有较强的空间艺术价值。

（二）首钢工业遗产的产业活化

1. "工业+"模式。首钢迁址河北省曹妃甸后，与唐钢合资成立京唐公司。京

唐公司通过合理规划完成了原有钢铁企业的技术革新和产能升级，具体体现在新建炼铁高炉，大规模提升了炼铁产能；实现一键式炼钢的全自控工艺，提升了生产效率和生产安全；通过海水淡化系统提取工业用水，析出的浓盐水等衍生用品供给关联化工企业等，使首钢在传统钢铁产业板块重新达到行业巅峰，产能和环保治理也得到跃迁式的升级。

2. "文化+"模式。2019年，首钢百年庆典系列活动的主会场之一——三高炉，就是以传统文化为核心的产业活化锚点建筑，这是我国首次将炼铁高炉改造为文化建筑。三高炉原出铁平台围绕本体结构改造为全球发布中心。除三高炉片区，2022年冬（残）奥会吉祥物发布会、北京市民快乐冰雪季等活动的举办，都增加了首钢园区在城市文化视角下的曝光度。

3. "体育+"模式。冬（残）奥会与首钢的融合，打造出全球首次在工业遗存更新环境中的奥运盛事，为首钢园区城市更新推出了冬奥这个核心IP，同时也推动了首钢"体育+"模式的业态活化进程。冬（残）奥会的运动概念帮助首钢打开了运动关联产业的多扇窗口，2022年冬奥会正赛项目——单板滑雪大跳台落户，使首钢园区不仅拥有了冬奥概念，更真正拥有了冬奥正赛。首钢滑雪大跳台是全世界首例永久保留和使用的单板滑雪大跳台场地。

（三）首钢工业遗产的可持续性

1. 生态可持续。首钢园区从区域统筹、空间布局、低碳环保等角度提出策略，打造首钢园区正气候开发计划。首钢正气候发展项目通过主厂区与周边关联能源资源项目的建设以及与曹妃甸联动发展的机制形成区域联动，使首钢园区的绿色生态建设为京津冀协同发展带来了更多的正效应。

2. 空间可持续。首钢园区是北京中心城区中完整保留各时期钢铁工业设施的最大厂区，在发展中形成山、水、历史遗产并存的独特空间和环境风貌。通过对区域空间的重组，将原本以炼钢工业生产加工为主导串联的厂区变为以冬奥及城市生活服务为主导的空间脉络布局。更新后的道路、空间、景观等已完整地融入北京市的整体城市建设中。

3. 经济可持续。首钢园区交通系统的完善、生态系统的提升，推动运动主题、配套商业服务以及高品质创智企业的持续入驻，从而为园区带来大量的就业机会和营业收入，长期惠及园区更新建设，实现经济的可持续。

三、未来展望

从首都城市功能定位、北京历史文化名城整体保护体系和工业遗产的多元复合价值3个层面出发，北京市重点从全局谋划、分级分类保护和补充完善政策措施及工作机制入手，不断推动工业遗产的保护利用工作。据了解，未来将着重从以下3个方面进一步加强工业遗产保护利用，有效推动首都工业文化发展。

（一）从全国文化中心角度出发做好谋划

坚持首善标准，传承工业文化，不断推动工业遗产与实践教育相结合，支持高校开展与工业遗产保护利用相关的实践活动，为北京市启动工业遗产的立法、认定及分级管理做好准备工作，持续推动工业遗产的保护利用。

（二）实行工业遗产分级、分类保护

根据工业遗产对城市发展影响的重要程度进行评估分级：一是对城市和首都发展产生重要影响的；二是对地区发展有重要影响的；三是对街区或社区有重要影响的。根据保护利用的重点要素进行评估分类：一是对于以保留整体风貌与空间格局为主的，划定保护对象的具体范围，明确保护利用措施；二是以保留工业遗址为主的，可标注需保护的对象，设立标识等。

（三）补充完善政策和工作机制

凝练北京市工业遗产价值体系，围绕价值体系、保护策略、利用模式等方面不断探索适合北京市工业遗产的保护方法和利用途径，形成相对完整独立并具有首都特色的理论体系。计划于2022年印发《北京市工业遗产管理暂行办法（试行）》。同时，以"市级统筹、各区主体"为原则，层层压实责任，积极推动各区工业主管部门落实工业遗产相关工作，确保取得实效。

工业文化创新与江苏省的制造强省之路

江苏省是我国重要的制造业基地,实体经济占经济总量超过80%,制造业增加值约占全国1/8。党的十八大以来,习近平总书记先后3次到江苏省考察调研,要求江苏省着力在改革创新、推动高质量发展上争当表率,在服务全国构建新发展格局上争做示范,在率先实现社会主义现代化上走在前列。作为工业大省,江苏省着力打造具有全球影响力的产业科技创新中心和具有国际竞争力的先进制造业基地,并在改革创新、推动高质量发展的过程中孕育出优秀的工业文化。

在中央多部门出台《制造业设计能力提升专项行动计划(2019—2022年)》《推进工业文化发展实施方案(2021—2025年)》等政策后,江苏省在全国率先制定发布地方行动计划[①],围绕"制造强省""文化强省"建设目标,加强系统谋划、强化载体建设、深入组织实施,着力培育工业文化凝聚力和引领力,进一步推动市场化改革发展和产业成果转化,构筑工业文化高地,全面提升工业软实力。

一、制造大省的工业文化发展创新

江苏省委省政府一直高度重视文化建设,近年来,文化产业规模持续壮大、质效不断提升,主要发展指标稳居全国前列。2021年,预计江苏省文化产业增加值

---

① 2019年9月,印发《江苏省工业设计高质量发展三年行动计划(2019—2021年)》,通过开展3年4项行动(公共服务能力提升行动、工业设计进千企行动、工业设计产业发展行动、工业设计发展氛围营造行动),到2021年年底,实现"5个1"目标;2021年11月,印发《江苏省贯彻〈推进工业文化发展实施方案(2021—2025年)〉行动计划》,围绕工业文化弘扬传播工程、工业文化载体建设工程、工业遗产保护利用工程、文化和产业融合发展工程、工业文化发展保障工程5项工程,实施11项行动计划,着力实现工业文化发展"特色基地、特色项目、特色人才"3个方面的工作目标。

5800亿元左右，占GDP比重为5%左右。文化市场主体不断壮大。江苏省共有规模以上文化企业8611家，文化类上市（挂牌）企业92家，国家级文化产业园区（基地）38个。文化产业融合不断深化。"十三五"以来，江苏省累计实施近400项省级文化科技项目，认定文化类高新技术企业900多家，建成5家国家级文化和科技融合示范基地；文化旅游行业累计完成投资超过9000亿元，建成一批带动性强的重大项目；建成4家省级文化金融合作试验区、17家文化金融特色机构和2家文化金融服务中心[①]。文化产业的蓬勃发展为江苏省工业文化发展创新奠定了坚实的基础。

（一）工业文化载体多元化创新

江苏省是我国近代民族工商业的发祥地，拥有众多保存完好、历史底蕴深厚的工业遗产。为挖掘工业遗产文化内涵，创新工业文化发展载体，2020年，江苏省梳理摸排了工业文化基础资源，编撰完成《江苏省工业遗产地图（2020版）》，收录了13个区（市）近100处具有代表性的工业遗产项目；形成工业遗产分级分类储备利用体系，金陵机器制造局旧址等11个项目被认定为国家工业遗产。2022年，江苏省工业和信息化厅会同省科协等单位联合出版《百年记忆——江苏工业遗产的光辉》系列丛书，系统梳理了江苏国家级工业遗产的工业发展史。苏州市明确提出"对新获认定的国家工业遗产给予最高100万元奖励"等支持政策[②]。

现今的江苏省还是工业大省，近10年工业对GDP贡献超过40%，位居全国第一[③]，先进制造业企业不胜枚举，发展工业旅游的条件得天独厚。目前江苏省的工业文化和旅游已呈深度融合态势。一方面，充分挖掘大运河沿线工业文化内涵，利用工业博物馆、工业遗址、产业园区等资源发展工业旅游，建设推广精品工业旅游区，打造各具特色的工业旅游特色基地（线路）[④]。无锡市、常州市、镇江市等城市立足大运河文化带和国家文化公园建设，着力保护传承运河沿线的工业文化遗产，

---

① 数据来源：江苏省工业和信息化厅。
② 2021年，苏州市印发《关于全力打响"苏州制造"品牌的若干措施》。
③ 科技日报：《江苏制造强省网络强省十年"成绩单"出炉》。
④ 贯彻江苏省人大《促进大运河文化带建设的决定》，统筹推进大运河文化带工业文化创新发展，细化落实江苏省大运河文化带和国家文化公园建设任务，会同江苏省有关部门研究制定"世界级运河文化遗产旅游廊道建设实施方案""长江国家文化公园江苏段建设推进方案"等。

推动文旅融合发展。江苏省工业和信息化厅申报的"大运河文化带工业遗产保护与活化利用"项目已入围大运河文化带建设工作创新案例。另一方面，部分城市依托制造业基础，大力发展工业旅游，促进文化与产业融合发展，培育工业文化新业态新模式。例如，位于淮安市的高沟今世缘酒业，深耕白酒主业同时拓展新业建设文化旅游景区和喜庆产业园区，形成以工业为主导、农业特色产业和旅游服务业全面发展的新格局。目前，江苏省共有省级工业旅游区125个，涵盖工业遗产、博物馆等多种类型。2021年，江苏省还培育了智慧文旅示范项目15个，江苏省智慧文旅平台"一张图"基本建成，推动了工业文化知识普及。

（二）工业设计赋能制造业转型

工业设计已成为江苏省工业经济提质增效和高质量发展的新引擎。2019年，江苏省制定实施《江苏省工业设计高质量发展三年行动计划（2019—2021年）》，聚焦先进制造业集群和重点产业链，实施工业设计"五名"工程，打造"名园、名院、名企、名品、名人"，积极推动工业设计与制造业融合发展；大力培育工业设计发展主体，加强省级工业设计中心（研究院）创建和管理，着力提升企业创新能力，加快工业设计成果转化；组织省级重点领域工业设计研究院，开展"数字设计转型发展"研究；加速整合企业、高校、设计机构的高端人才，充实完善专家库资源；定期监测分析工业设计运行情况，总结梳理发展中遇到的矛盾问题，提出有针对性的政策举措；持续组织"工业设计进千企"免费问诊活动，通过咨询诊断、案例剖析、观摩交流、供需对接等形式，提升企业工业设计认识和水平。

截至2022年5月，江苏省已建成24家国家级工业设计中心、412家省级工业设计中心、6家省级工业设计研究院和5家省级工业设计示范园区，数量位居全国前列。监测显示，江苏省412家省级以上工业设计中心工业设计从业人员4万余名，其中工业设计带头人近500名；2021年新增授权专利1.9万余件，其中，实用新型与外观专利1.3万余件；工业设计创新产品收入占企业主营业务收入约55%，工业设计创新产品实现利润占企业利润近60%。江苏省入围中国工业设计奖金奖产品5件（全国总数39件），位居全国第一[①]。

---

① 数据来源：江苏省工业和信息化厅。

为进一步激发工业设计创新创业活力，推动工业文化同频共振，自 2020 年起，江苏省每年举办"紫金奖·工业设计大赛"，营造工业设计创新发展氛围，提升工业设计产业化水平，进一步推动设计与制造融合。2021 年报名参赛者近千人，征集产品 234 件、作品 200 余件，评选出工业设计金银铜奖 32 名、优秀奖 19 名；大赛还创造性地组织了工业遗产项目活化利用设计方案专项赛，为工业遗产保护利用路径提供了新思路新方向。江苏省共 52 个重点工业遗产项目的 66 项活化利用设计方案参与竞赛，最终 19 件作品入围总决赛，6 件作品获得紫金奖，11 件作品获得工业设计奖，2 件作品获得优秀奖，其中，以"常州大明纱厂民国建筑等活化利用"为代表的部分设计作品已经处于落地实施阶段。

（三）工艺美术产业集群化发展

江苏省工艺美术发展特色明显，以其众多的门类、独特的风格、精湛的技艺而闻名于海内外。近年来，多措并举推动工艺美术行业高质量发展。2017 年，结合江苏省传统工艺振兴计划，制定印发《江苏省工艺美术大师示范工作室认定管理办法（试行）》等政策文件；组织江苏省工艺美术大师评审，由省政府颁发证书；以实施消费品工业"三品"专项行动为抓手，引导工艺美术行业树立精品意识，推广应用新技术、新材料、新工艺；激励紫砂陶瓷、刺绣扎染、水晶玉雕等手工艺匠人弘扬工匠精神、提升技艺水平，促进传统工艺繁荣发展。

在此基础上，培育了"世界水晶之都""中国陶瓷之都""中国泥人之乡""中国核雕之乡""中国刺绣艺术之乡"等一批有较大影响力的工艺美术产业集群。截至 2021 年年底，江苏省工艺美术品制造业共有规上企业 719 家，实现主营业务收入 818.4 亿元，实现利润 39.4 亿元；共有 314 名省工艺美术大师、63 名中国工艺美术大师，中国工艺美术大师全国占比为 12%，位居全国第一[①]。

（四）工业文化示范工程见成效

江苏省高度重视发挥"项目引领作用"，江苏省文化体制改革领导小组牵头梳理实施"十四五"时期文化领域重点项目，其中工业文化重点项目包括青苔中日工

---

① 数据来源：江苏省工业和信息化厅。

业设计村（工业设计建设项目，总投资40亿元）、大运河工业遗产展示带建设（工业遗产改扩建项目，总投资20.7亿元）、泰来面粉厂工业遗址文化复兴（总投资1.5亿元）、溧水飞燕文化产业街区（工业遗产改造项目，总投资10亿元）等项目。

加强对在建工业文化项目的组织推进，重点组织了大运河文化带7个工业遗产活化利用项目。截至2022年5月，无锡开源机器厂旧址打造运河外滩综合体已完成三期工程；常州恒源畅厂旧址列入常州大运河系列工业遗存活化项目进行改造升级；常州大运河工业遗产展览馆已在常州戚墅堰机厂老厂区建成；丹阳钢铁厂工业遗址全力打造丹阳眼镜风尚小镇；泰州省泰来面粉厂工业遗址文化复兴项目进入全面修缮保护和改造提升；权台煤矿遗址创意园、宿迁区运河老粮库等项目按规划在建设中。

（五）江苏企业家精神广泛传播

江苏省具有较为厚实的产业"家底"，拥有众多具有家国情怀、社会责任、诚信品质和国际视野的优秀企业家。以企业家精神、工匠精神、劳模精神等为代表的"江苏工业精神"得到广泛认同和传播。2018年，江苏省委、省政府发布《关于营造企业家健康成长环境弘扬优秀企业家精神更好发挥企业家作用的实施意见》[①]，提出"培养一批具有全球战略眼光、市场开拓精神、管理创新能力和社会责任感的优秀企业家"；2021年10月，江苏省委举办企业家精神座谈会，强调"企业家精神是经济发展的重要源泉。作为江苏省的企业家，全面弘扬优秀企业家精神，应当突出体现在历史担当和世界眼光上"；同年，江苏省委、省政府部署开展"江苏制造突出贡献奖"评选，公开表彰一批为江苏制造业发展做出突出贡献的优秀企业、先进个人和先进单位，营造重视制造业、尊重企业家的浓厚氛围。

全社会也从工业技术创新、工匠技艺传承、实业报国精神等多方面入手，加快江苏工业精神多方融合传播。江苏省政府已连续举办三届江苏技能大赛，每两年评选表彰一批"江苏大工匠""江苏工匠"；2021年年底，南京大学历史学院开展"张謇先生事功、精神及其现代价值"跨年学术对话会，将历史与现代结合，倡导当代

---

① 《中共江苏省委 江苏省人民政府关于营造企业家健康成长环境 弘扬优秀企业家精神更好发挥企业家作用的实施意见》（苏发〔2018〕10号），来源：中国江苏网。

企业家践行张謇精神、涵养家国情怀、投入"双循环"新发展格局中干事创业，提升了工业精神的时代价值。

二、典型案例：大运河沿线的工业文化明珠

江苏省是我国大运河遗产资源最密集的省份。大运河（江苏段）绵延790千米，流经江苏省8个城市，沿线常住人口占江苏省人口的85%，如今，运河沿线仍是江苏省的经济重心、创新高地，发挥着水利、航运、生态、文化等多种功能。2020年1月1日起，《江苏省人民代表大会常务委员会关于促进大运河文化带建设的决定》正式施行，这也是我国首部促进大运河文化带建设的地方性法规[①]。围绕运河沿线独有的工业文化底蕴，江苏省将工业遗产保护与城市更新，现代工业文明与文化旅游、创意经济相融合，创新发展出独具江苏省特色的工业文化。

（一）常州运河五号创意街区

"运河两岸，烟囱林立，厂房如织"，曾是常州市工业与运河交织的生动写照。常州市曾创造出荷花牌灯芯绒、常柴牌柴油机、东风牌手扶拖拉机、红梅牌照相机等一批享誉全国的产品，是全国闻名的"工业明星城"。2017年颁布的《常州市历史文化名城保护条例》明确将近现代工业遗产纳入保护名录；2020年，《常州市大运河文化保护传承利用实施规划》将大运河重要工业文化遗产保护传承工程纳入大运河文化带常州段文化遗产保护展示工程，按照"护其貌，显其颜，铸其魂，扬其韵"的思路，推动旧城更新，复兴老工业地段，重点保护古运河工业发展历程展示长廊。

"运河五号创意街区"在原常州第五毛纺织厂（恒源畅厂）原址建设而成，主打运河文化、工业遗存、创意产业三大主题。经过10多年的发展，运河五号内的文创设计区、文保博物馆区、青年创客区吸引了200多个创意团队、3000多名青年艺术家入驻，已实施60多个创意产业项目。近年来，持续的工业遗址保护和文化挖掘，

[①] 2019年11月29日，《江苏省人民代表大会常务委员会关于促进大运河文化带建设的决定》经江苏省第十三届人民代表大会常务委员会第十二次会议通过。

将"诗"和"远方"紧密联系，使运河五号得天独厚的文旅资源更加"璀璨夺目"。

1. 修旧如旧，建筑史料留住乡愁记忆

街区在基本保留各个时期工业建筑、设备以及相关档案超4万件的基础上，抢救性收集了一些代表了21世纪20～30年代的纺织工业特征设备，部分列入全国第三次文物普查目录，其所在的恒源畅厂旧址被列为江苏省文保单位、第三批国家工业遗产，现已修缮建成五号视觉艺术中心、常州档案博览中心、设计楼、画家楼、国际青年旅社等配套设施[①]。街区在改造过程中严格遵守"不改变文物原状"和"最少干预"原则，最大限度地保护了历史建筑的真实性和整体性，同时注重提炼其中蕴含的工业文化，让斑驳的老墙、灵动的厂房、高大的水塔、横纵的户外管廊、纺织企业特有的锯齿型建筑等工业时代的标志在改造过程中被原汁原味地保留，并赋予它们更多的艺术魅力。

2. 腾笼换鸟，工业锈带化身文旅秀带

街区围绕"运河文化传承、工业遗存保护、创意文化发展"三大主题，建设集文化、艺术、设计为一体的集聚区，成为常州市文旅和创意产业的新标识、新亮点。往昔机器轰鸣的机修车间变身为"五号剧场"；建厂初期的老办公楼变身恒源畅书坊；经编车间被改造为档案博览中心；纺织机器设备重新组合成为一个个艺术装置，为全厂提供热能的锅炉房化身为Loft音乐吧，风机廊道被改造成为常州市首家工商业历史陈列馆……经过十多年发展壮大，如今的运河五号不仅是老厂房腾笼换鸟的文化地标，而且是城市有机更新的样板。除了创客空间、文化企业入驻，街区更像是一个包罗万象的文旅综合体：独立文创、人文书店、艺术画廊、潮流餐饮、精品民宿、非遗手作、运河书场、相声大会、音乐演艺吧、电影潮玩周边、展览馆群落集于一体。文创与工业交织碰撞，时代节奏与厚重历史相互交融，焕发出异于往昔的精彩。

3. 水陆联动，以点带面助推老城厢复兴

近年来，借由发展夜经济契机，街区主推夜间文旅消费，与属地政府联手打造"龙城小外滩、最忆三堡街"品牌，并以运河五号为中心向周边辐射，带动有着700多年历史"三堡街"展现全新"夜"态，成为市民和游客沉浸式夜生活体验的必打卡

---

① 国家发展改革委：《老工业城市工业遗产保护利用典型经验之六 江苏常州：千年运河留韵 百年工业焕新》。

之地;从"运河五号码头"出发行至东坡公园,是在 2018 年恢复通航古运河上唯一的水上游船项目,全长 7.5 千米,水陆联动串起古运河水上游夜游,让更多游客了解大运河的历史文化、领略大运河的美丽夜色。

(二)苏州市坛丘缫丝厂旧址打造丝绸水路国际社区

坛丘缫丝厂旧址位于苏州市吴江区盛泽镇坛丘丝厂路 12 号,2019 年被列为苏州市第八批文物保护单位,同时是全国工业旅游示范点,根植于盛泽悠久的丝绸生产历史,实现了缫丝从传统手工业向现代机械化生产的技术进步,见证了苏州轻工业的发展。2021 年,苏州市吴江区盛泽镇[①]围绕大运河与丝绸纺织两大文化产业,依托可消费、可体验、可产业的目标,启动坛丘缫丝厂旧址打造丝绸水路国际社区。社区立足国际化发展方向,规划"一园、一街、一体、一湾"四大功能片区[②]和一条丝绸水路国际风情走廊,激活传统街区存量价值,助力全域文旅体验和产业转型发展。

SERES 文旅产业园项目是丝绸水路国际社区一期启动项目,以坛丘缫丝厂工业遗址为重点,发挥工业遗产活化利用和示范效应,构建新型文旅发展平台。项目通过业态改造升级,重点建设 4 个功能片区。一是文博展示区,打造盛泽丝绸博物馆、丝绸水路主题馆、文化 IP 研发中心等内容;二是沉浸式商业、产业办公区,配套原创设计师工作室、纺织面料研发、丝绸纺织电商、文创零售店、匠人手作、丝绸成品零售商店等商业办公;三是生活配套区,引入餐饮品牌店、咖啡简餐、精品酒店、茶馆、酒吧等;四是主题公共景观区以及停车区。

SERES 文旅产业园项目通过深入挖掘"丝绸水路"内涵,融合"旅游+"产业、艺术、设计、文化、餐饮等沉浸式和主题化的文旅体验,实现文旅业态的提档升级和引智引流的目的。SERES 文旅产业园内以产业办公租赁、精品名宿、餐饮休闲、设计研发、资源导入等作为新的运营模式,围绕盛泽丝绸博物馆策划开展丝绸美学博物季、盛泽时装周分会场、文化创意产品设计大赛、文化 IP 对接大会、艺术沙龙

---

① 盛泽镇位于江苏省最南端,是吴江的经济重镇,尤其是工业经济占较大份额,在 2003 年"丝博会"上被国家茧丝绸协调办公室、中国丝绸协会授予"中国绸都"称号,目前是我国丝绸纺织的主要生产基地、出口基地和产品集散地。
② "一园"指 SERES 文旅产业园,"一街"指坛丘老街区,"一体"指商旅综合体,"一湾"指水乡风情湾。

等大型活动。同时，结合云技术、感知互动等智慧旅游信息化应用技术，整合园区资源，实现信息共享，提升了以依靠游客为中心的多维运营管理水平。

SERES 文旅产业园项目以保护为基础，以遗产价值为核心，以活化利用为重点，以生态艺术为手段，以工业文化输出和传播为导向，实现了工业遗址活态保护、丝绸文化保护传承、产业发展、休闲旅游融合一体的战略目标，助力盛泽再现"丝绸繁华"，擦亮全域旅游风景名片，最终实现盛泽文旅产业高质量发展。

（三）高沟今世缘酒业打造文旅融合产业园区

高沟位于周恩来总理的故乡淮安市，是大运河畔著名的革命老区，酿酒历史悠久。2008 年，"高沟"入选中华老字号，并成就了"今世缘""国缘"两个中国驰名商标。

今世缘酒业自创立"今世缘"品牌以来，一直把"缘"作为品牌文化、企业文化的核心，融入企业运营的全过程。在深耕白酒主业的同时，积极拓展新业，把"缘文化"和"喜产业"结合起来，建设文化旅游景区和喜庆产业园区，探索产业和文化融合发展新路，推进产镇融合乡村振兴。

今世缘打造中华缘文化中心项目，以"缘文化"为沟通载体，整合集团产业、今世缘 4A 级旅游资源，最终建成集缘文化体验、白酒展销展示、休闲旅游等于一体的商业旅游综合体；搭建产区旅游化平台，以"参与、体验、互动、分享"等吸引消费者，深度沟通消费者，积极响应市场竞争；以姻缘文化为轴心，围绕人生的时间轴线与个人、家庭、社会、国家的空间格局，新建主题公园、亲子乐园、商业街区等，打造全国有特色、江苏省有影响的"缘 + 喜"文化旅游目的地。

喜庆产业园区入驻产业以婚庆相关食品加工项目为主，推动与国内领先的食品企业合作，打造高品位（定制）食品伴手礼品牌；同时满足游客参观园区内企业的先进设备、先进工艺、先进管理、企业发展历程、产品及企业文化等需求。按照"先试点，后扩展"的方式，建立独具特色的食品开放式体验展区，让顾客有心动的感觉；然后建立单独展示与体验区，向游客展示产品线。项目建成后，沿线道路绿化种植彰显喜庆与"缘文化"内涵的观赏性花海或经济植物，并与高沟镇现代农业产业园、休闲观光农业相呼应，形成以工业为主导、农业特色产业和旅游服务业全面发展的产业新格局。

三、未来展望

下一步，江苏省将围绕制造强省、文化强省建设目标，深入推动文化与产业融合发展，大力弘扬中国工业精神，进一步加强工业文化重点项目建设，在既有工业遗产体系化发展基础上，拓展工业文化载体建设内容，加强顶层设计、系统组织，特别是对各地重点项目、重要载体的建设加大支持力度，充分释放示范带动效应，以工业文化赋能江苏高质量发展。

（一）加速推进工业文化协调发展

贯彻落实《推进工业文化发展实施方案（2021—2025年）》和《江苏省促进文化产业竞争力提升行动计划（2022—2025年）》，强化"特色基地、特色项目、特色人才"培育等重点任务分解、工作举措和进度安排。建立健全市级协同推进机制，加快完善促进工业文化发展、工业遗产保护、文化与产业融合发展等目标一致、上下联动的梯度工作体系。

（二）大力培育工业文化特色载体

江苏省在全省范围内组织开展更细致的工业文化资源调查，梳理和挖掘工业遗产、工业（企业）博物馆、工业旅游、工艺美术等资源，建设多品类工业文化基础资源库。打造工业文化"地图系列"品牌，梳理编撰江苏省工业（企业）博物馆地图，试点组织工业文化研学基地（创意园区）建设。持续组织工业设计"五名"建设工程，推动先进制造业集群龙头骨干企业积极创建工业设计中心（研究院），引导工业设计资源集聚化和平台化发展，培育工业设计示范园区。加快推进江苏省工艺美术特色产业基地建设，支持有条件的地方注册地理标志证明商标或集体商标，培育有地方特色的工艺美术优秀知名品牌。

（三）着力加强工业文化宣传推广

完善提升江苏省智慧文旅平台功能，整合共享江苏省文化和旅游资源、文物资源数据库和工业遗存、非物质文化遗产等专题数据库，强化智慧图书馆、智慧文化馆、智慧博物馆服务，进一步推动"公共文化云"全省覆盖。支持举办工业大讲堂、工业博览会等工业文化推广活动，提升"江苏制造"产品的新技术攻关和新领域开发价值。组织参加中国工艺美术博览会、江苏省工艺美术精品博览会等展示展销活动，开展交流与合作。组织参加国家工业设计博览会和工业设计发展大会，举办"工业设计进千企""江苏工业设计周"等活动，深入制造业企业开展政策宣贯、项目辅导和问题诊断等服务，集中展示年度工业设计发展成果，宣传推广江苏工业设计品牌。继续组织"紫金奖·工业设计大赛"，聚焦重点领域工业设计需求，通过线上、线下多渠道宣传发动和征集作品，组织省级以上工业设计中心依托大赛平台开展竞赛活动，选拔一批工业设计优秀产品、作品和设计人才，推动大赛获奖成果落地转化。

文化赋能"广东制造"迈向"广东创造"

广东省是我国改革开放的排头兵、先行地、实验区,是建立经济特区时间最早、数量最多的省份,也是我国制造业的领头雁,广东省规模以上制造业增加值、制造企业数量自1989年起已连续33年居全国第一。党的十八大以来,习近平总书记3次赴广东省考察,要求广东省以更大魄力在更高起点上推进改革开放,努力在全面建设社会主义现代化国家新征程中走在全国前列、创造新的辉煌。在提升广东省制造核心竞争力、占领产业发展制高点、保持经济持续健康发展的实践中,广东省铸就了"闯"的精神、"创"的劲头、"干"的作风,工业文化发展特色鲜明、助力产业转型成效显著,在绘就制造业高质量发展的新时代"广东画卷"中增添了画龙点睛的一抹亮色。

一、高质量发展推动广东省工业文化活力迸发

广东省委、省政府一直高度重视作为经济"压舱石"的制造业发展。2019年,广东省推动制造业高质量发展大会召开,部署包括"品质工程""培土工程"在内的制造业"六大工程"。近年来,广东省制造业发展基石更加稳固,工业经济产业结构优化和效益提升取得明显成效。2021年7月印发的《广东省制造业高质量发展"十四五"规划》赋予广东省"世界先进水平的先进制造业基地""全球重要的制造业创新集聚地""制造业高水平开放合作先行地""国际一流的制造业发展环境高地"四大发展定位,并提出"到2025年,全省制造强省建设迈上重要台阶""制造业整体实力达到世界先进水平""成为全球制造业高质量发展典范"等发展目标。截至2021年年底,广东省工业增加值突破4.5万亿元,约占全国工业增加值的1/8。

与此同时，广东省文化产业总量也稳居全国首位，进入由规模速度型向质量内涵型转变的高质量发展阶段。2022年2月，广东省举行扎实推进文化强省建设大会，强调"要从推动高质量发展中把握文化强省建设的新作为，以文化强省建设助推高质量发展"。在此背景下，广东省工业和信息化厅联合广东省发展改革委、教育厅、财政厅、人社厅、文化和旅游厅、国资委等部门深入贯彻实施《推进工业文化发展实施方案（2021—2025年）》，提出推动广东省工业文化发展的总体思路，明确"四个着力"的具体措施，即着力打造广东省特色工业文化品牌、着力提高工业文化与产业融合发展质量、着力强化工业文化教育实践功能、着力夯实工业文化发展基础。

（一）工业遗产分级分类，推动工业文化传承和发展

广东省作为中国近代工业的发源地之一，历史的沉淀留下数量众多、规模庞大的有再利用价值和历史文化价值的工业遗产。针对工业遗产保护领域法规制度不够健全完善的问题，积极落实《国家工业遗产管理暂行办法》要求，在做好与文物、历史建筑保护法规制度分层衔接的基础上，2020年，广东省在全国率先制定省级工业遗产管理办法《广东省工业和信息化厅关于广东省工业遗产的管理办法》，对广东省工业遗产的标准条件及认定和保护、利用、监督、奖惩进行了规定；同年，广东省韶关市、茂名市等老工业城市制定《推动老工业城市工业遗产保护利用 打造"生活秀带"工作方案》。

为传承弘扬广东省工业文化，广东省一直重视工业遗产和文物的保护。在2007年第三次全国文物普查中，广东省登记的工业建筑及附属物共130多个。其中，顺德糖厂早期建筑、新宁铁路北街火车站旧址等陆续被公布为全国和广东省重点文物保护单位。2018年和2020年，广东省工业和信息化厅先后组织两次工业遗产和工业博物馆摸查，广东省各地共上报工业遗产39个、工业博物馆40个；2022年4月，第三轮广东省工业遗产摸查工作启动。在工业和信息化部组织的国家工业遗产认定中，佛山南风古灶、清远英德红旗茶厂、江门甘蔗化工厂3个项目先后通过认定。2021年，广东省组织认定首批广东省工业遗产5个；2022年1月，第二批广东省工业遗产认定申报工作启动。2022年5月，广州市启动首批市级工业遗产认定申报工作。广东省有关部门指导国家工业遗产和广东省工业遗产所有权人根据各遗产物项的实际划定保护范围，明确保护管理责任；并按历史文化传承保护要求，采集相

关地理信息数据；此外，广东省于 2020 年、2022 年两次邀请北京交通大学、华中师范大学的专家，开展工业遗产保护利用线上业务培训，奠定了良好的工作基础。

在加强工业遗产保护的同时，广东省还引导各地结合实际，推动工业遗产活化利用。一是打造示范样板。佛山南风古灶、清远英德红旗茶厂等充分利用工业遗产，开发成为集文化创意、商务办公、游览休闲于一体的文化产业平台，为广东省工业遗产的保护和利用提供了良好的示范。二是探索多种模式。鼓励各地和遗产所有权人因地制宜创新利用途径，提升遗产活化利用的效果。目前主要有 4 种模式：第一种模式是政府主导的工业遗产项目向公共设施转型，第二种模式是政府支持、民营企业运营的工业遗迹保护性开发，第三种模式是国有企业导入民间机构进驻开发和运营，第四种模式是企业自发的以公益为主的遗产保护行为。

（二）工业旅游初显规模，发展潜力和市场前景可观

广东省发展工业旅游已有 20 余年历史。随着全域旅游时代的到来，工业旅游作为产业融合、业态创新的重要组成部分成为旅游热点领域。广东省各地对工业旅游的认识不断深化，发展热情高涨，工业旅游在观光工厂、工业博物馆、现代工程景观、工业遗址公园、创意产业集聚区等业态建设上初具规模。

2019 年 5 月，广东省工业和信息化厅、文化和旅游厅联合部署开展工业旅游资源调查，共收集汇总工业旅游资源项目 127 个，其中，工业遗产景观 19 处、工业博物馆 52 个、现代观光工厂 42 个、现代工程景观 2 个、工商旅综合体 12 个，既有传统优势产业，又有战略性新兴产业，已开展旅游业务的工业旅游资源项目有 86 个，年均吸引游客 380 余万人次，共带动就业 1.3 万人，为企业带来了明显的社会效益和经济效益。2004 年以来，先后有广州抽水蓄能电站、阳江十八子集团等 11 家单位被评定为"全国工业旅游示范点"，广汽丰田汽车有限公司等 45 家单位被评为首批"广东省工业旅游示范单位"。2016 年，广东罗浮宫国际家具博览中心和中山大涌红木文化博览城被评定为首批"国家工业旅游创新单位"。

为促进工业旅游高质量发展，2019—2021 年，广东省共评定 40 条工业旅游精品线路，每条线路均包含 2 个以上制造业企业。工业旅游精品线路不是传统而单调地参观工厂，而是通过充分挖掘优质工业旅游资源，如现代观光工厂、现代工程景观、工商旅综合体、工业遗产景观及工业主题博物馆等，与周边特色景点结合，合

理安排，力图达到旅游体验内容鲜明而丰富的目的。2020 年 8 月，广东省就宣传推广 20 条工业旅游精品线路召开专题新闻发布会，"深度挖掘广东工匠精神，讲好广东工业故事"，20 条工业旅游精品线路具有文化性、知识性、趣味性，具备现场感、动态感、体验感等独特魅力，成为打造广东省全域旅游的新亮点。

从地理分布来看，目前广东省工业旅游项目高度集聚在粤港澳大湾区 9 个城市（广州市、深圳市、珠海市、佛山市、惠州市、东莞市、中山市、江门市、肇庆市），湾区内的旅游公共服务体系基础良好，具有高标准的旅游接待设施和服务规范，以及发达的交通运输体系，让工业旅游求知、求乐的旅游方式有了更好的体验保障。2021 年，广东省工业和信息化厅、文化和旅游厅联合建立工业旅游培育资源库，2021 年首批入库 5 类、127 个工业旅游培育资源，并协调广东旅控集团、中国旅行社、中国青年旅行社等旅游企业和机构，共同推动培育资源，提升旅游服务能力，进一步丰富工业旅游资源供给。2022 年入库工作已于当年 1 月份部署展开。

此外，为了更好地推动工旅融合发展、探索创新文旅发展新业态，2021 年，广东省还遴选专业院校组织广东省工旅融合培训，为有意愿开展工业旅游的企业培训业务骨干，提升工作能力。

（三）工业设计亮点纷呈，助力广东制造迈向中高端

工业设计是广东省工业文化与产业融合发展的"亮点"，工业设计是文化创意产业与制造业结合度最高和提升附加值能力最强的部分。广东省作为制造业大省，尤其是消费品制造业的蓬勃发展为工业设计发展提供了良好的土壤。

持续擦亮"广东设计"品牌，为制造业产业链上下游提供高端增值服务。广东省先后制定《广东省工业设计能力提升专项行动计划（2020—2022 年）》《广东省工业和信息化厅关于省级工业设计中心的管理办法》《广东省工业设计工程技术人才职称评价标准条件》等政策，夯实制度基础，提出以"产业设计化、设计产业化、人才职业化、发展国际化"的发展思路，大力提升创新设计能力，探索工业设计服务企业新模式，以工业设计引领制造和消费，强化工业设计对产业发展的支撑。

提供充足资金保障，引导企业重视和加大工业设计投入和建设，培育壮大工业设计主体。2019 年以来，广东省共安排省级财政专项资金 5300 多万元，支持国家

级、省级工业设计中心（研究院）建设和"省长杯"工业设计大赛举办，有效激发了企业、社会对设计创新的热情，引导企业加大设计研发投入，拉动制造业企业建设工业设计项目，推动设计研发创新能力跃升，提高核心竞争力。截至2022年年初，广东省已有国家级工业设计研究院1家、省级工业设计研究院3家，国家级工业设计中心37家、省级工业设计中心335家，涌现出东方麦田、广州视睿、大疆科技、VIVO、小熊电器、维尚家具等设计规模业内领先、在全国颇具影响力的工业设计企业及企业设计中心，为设计行业发展提供有力支撑。广东省工业设计协会调研显示，重视工业设计的企业中，有80%开拓了新产品市场，70%通过设计降低了产品成本，企业利润的40%来自工业设计，工业设计对广东省经济发展发挥着越来越大的作用。

完善工业设计人才评价、培训体系，培育高端制造业设计人才。广东省完善相关高层次人才认定有关办法，将获得"中国工业设计优秀奖金奖""中国红星奖金奖"等工业设计领域有关国家和省级奖项表彰的人才纳入有关高层次人才清单。推动在《广东省人才优粤卡实施办法（试行）》中明确，获得工业设计领域有关国家和省级奖项表彰的人才纳入优粤卡申领对象。2021年，广东省将工业设计职业资格正式纳入工程系列职称认定，实现工业设计人才评价体系与专业技术人才评价制度接轨，在设计成果、企业设计创新能力、设计人才方面，已经形成了一套完整的评价体系。深入实施中小企业设计人才培训，2019—2021年，开设"工业设计创新专题研修班""工业设计应用专题研修班"等6个班次，累计培训工业设计企业负责人、工业设计师等中高层管理人员480人次。

举办"省长杯"工业设计大赛及广东设计周活动，打造高层次综合服务平台。"省长杯"工业设计大赛是国内首个以政府行政首长名义冠名的设计赛事，已连续成功举办10届，其中第十届共征集作品约3.4万件，决出钻石、金、银、铜奖及最具创新奖等795个奖项。同时，举办设计与产业融合论坛、中欧工业设计主题日、亚洲色彩论坛等活动，累计参与超过1万人次，推动广东省工业设计水平整体提升。第十一届大赛已于2022年年初启动，以"新设计·新发展·新格局"为主题，聚焦广东战略性产业集群建设，着力提升工业设计创新能力，进一步推动大赛国际化、市场化发展，积极打造"广东设计"品牌，支撑服务广东省制造业高质量发展。

（四）工艺美术独具特色，深圳成全国新兴工美集聚区

广东省工艺美术历史悠久，品种丰富，地方特色鲜明。迈入新时代以来，工艺美术行业快速发展，牙雕、玉雕、红（金）木雕、广绣、潮绣、广彩、石湾陶瓷、端砚等传统工艺美术品享誉海内外；珠宝首饰、仿真植物、工艺礼品等中西合璧的新兴工艺美术品畅销全球。随着经济社会的发展进步和居民消费水平的提高，工艺美术被誉为"美"的事业，成为人们对美好生活的一种向往和需求。

2021年5月，广东省第十三届人民代表大会常务委员会审议通过《广东省工艺美术保护和发展条例》（以下简称《条例》），在全国率先通过地方立法，为广东省进一步促进工艺美术保护和发展提供了更加明确的法律依据。《条例》明确了对传统工艺美术品种和技艺、工艺美术珍品、工艺美术大师实行认定制度，具体认定工作由工艺美术社会组织承担；规定了教育培训、人才引进、人才评价等方面的鼓励措施，加强传统工艺美术的传承和发展；明确了支持工艺美术产业发展的具体措施。为适应广东省工艺美术事业发展的实际需求，《条例》在全国率先从立法层面提出了"新兴工艺美术"的概念，并将其纳入条例适用范围，给予其跟"传统工艺美术"同等地位，一并实施保护与发展管理。据此，对广东省工艺美术珍品和广东省工艺美术大师的认定，对人才培养、产业发展等管理、促进措施，就不再局限于传统领域，新兴工艺美术业也可参加。

2017年以来，广东省政府每年拨出2000万元财政资金，用于支持工艺美术事业发展，取得了较好效果。2021年，广东省工艺美术规上企业营业收入达2484亿元，占全国工艺美术行业的1/4，连续17年保持了"工艺美术第一大省"的地位。广东省的工艺美术品种在长期实践中广泛借鉴了诸多西方及其他优秀文化元素，形成了以深圳为代表的珠宝首饰、家居饰品、工艺礼品等具有完整工艺特色的"新兴工艺美术"，成为行业的主力军。

（五）精神制度成果丰硕，讲好广东工业故事素材多多

广东省是国内较早开展工业文化宣传推广的省份。早在1985年，深圳市工业展览馆建成，成为广东省当时唯一的工业政策宣传窗口、工业项目洽谈和工业产品展览重要场所。经过30余年的发展，已逐渐发展成为集工业技术推广、工业产品发布、工业成果展示、招商环境推介于一体的公共服务平台，也是系统研究深圳工业

发展脉络、宣传推广深圳工业文化的专门机构。2020年，深圳市工业展览馆加挂深圳市工业文化发展中心牌子，成为全国首家由地方政府设立的工业文化推进机构。同年10月，深圳市政府启动深圳工业博览馆建设，对标国际一流水平，打造国家级新型工业博览馆。

广东省在注重保护历史工业遗存的同时，也深入挖掘广东省工业发展历程中特别是1949年后有标志性意义的工业文化各类非物质成果，2022年3月，广东省工业和信息化厅部署开展工业精神文化和制度文化成果搜集整理工作；组织指导各地重点挖掘梳理工业价值观、工业精神（创新精神、创业精神、工匠精神、诚信精神、劳模精神、协作精神、企业家精神）、企业文化和经营哲学，以及产业组织、产业政策、企业管理制度、产品质量标准规范等，深入挖掘工业文化软实力对广东省工业发展的有力支撑作用。

二、典型案例：南风古灶与红旗茶厂

（一）南风古灶

南风古灶和高灶位于佛山市禅城区石湾镇。南风古灶始建于明朝正德年间（1506—1521年），高灶建于明朝万历年间，这两条明代龙窑是岭南陶瓷产业鼎盛时期的先进生产设备代表，更是石湾陶瓷生产技术进步的里程碑，引领着石湾制陶工业走向鼎盛时期。在清朝和民国期间，石湾陶瓷产品远销南洋，成为佛山市"海上丝绸之路"的重要组成部分，被誉为"活态文物""移不动的国宝"。2001年，两条明代龙窑成为第五批全国重点文物保护单位，并以"连续使用至今的最古老柴烧龙窑"载入上海大世界吉尼斯之最；2009年，成为国家4A级旅游景区；2019年，入选第三批国家工业遗产。

"柴烧五百年，世界活文物。"古窑逐渐退出历史舞台，是社会生产力发展的必然选择。但南风古灶石湾龙窑营造与烧制技艺在今日仍具有重要的科学价值和艺术价值。针对两条明代龙窑，南风古灶现在采取有条件的保护性使用和保护性维修的办法。有条件的保护性使用是指既不能长期不使用，又不能频繁使用，而是根据古龙窑的安全保护状况，定期使用。目前，南风古灶的使用单位每月至少要烧1窑，最多不能超过4窑；一年不能少于12窑，也不能多过48窑。保护性维修是以原工艺技术进行维修，特聘石湾龙窑营造和烧制技艺的传承人蒙文德为龙窑窑体维修的主要施工人员。蒙氏家族是石湾建窑和修窑世家，现已传到第七代。

围绕南风古灶园区（以下简称"园区"），禅城区整合周边4间旧工厂：钻石厂、日用三厂、建国厂及建陶厂，建立1506创意城园区。园区先后投入5亿元进行大规模的改造建设及规范化管理，改造建筑面积16万平方米，形成了以陶文化为主题的创作、交流、交易、展示平台和配套服务体系；打造文化产业园区，形成了非遗文化研习基地、陶艺创意基地、文化电商孵化基地；同时，建设了南风古灶玩陶艺术中心，游客可以赏陶、玩陶、烧陶，体验制陶乐趣。2016年开始，园区还重新规划南风古灶片区旅游新动线，建设和平路广场、铁桶广场、新烟囱广场、新龙窑大广场等。

自园区启动各项改造工作以及大力推广文化旅游发展以来，吸引了数10位国家级、省级、市级陶艺大师及众多陶艺爱好者聚集在龙窑周围，进行陶艺创作、学习交流，10余项非物质文化遗产入驻，形成了浓厚的陶文化氛围和百花齐放的新局面，成为佛山市文化高地，带动了南风古灶区域、石湾公仔街、石湾陶文化主题公园及周边片区的经济发展，并在全国范围提高了石湾陶艺的知名度。1506创意城园区作为中国陶谷小镇核心区，通过规范化管理，以"产业+文化+旅游"的发展模式，促进石湾片区文、商、旅融合发展，在中国陶谷产业转型发展中发挥着重要作用。

（二）红旗茶厂

红旗茶厂坐落于英德市英红镇秀才山水库旁，原属广东省地方国营英德农场，1958年建成投产。红旗茶厂集中了当时国内最高制茶工艺技术团队，创制出口国际茶叶市场的高端红茶——英德红茶。红旗茶厂是当时全国最早、规模最大的红茶生产厂，也是中国现代红茶工艺的摇篮，具有极高的历史、文化、艺术价值，2021年被认定为第五批国家工业遗产。

经历改革后，红旗茶厂一度成为私营企业。2020年2月，在推进"广清一体化"战略的背景下，广德产业园平台公司广州科德投资有限公司按照园区"二一三"产业联动的发展战略计划打造英德英红科创小镇项目，取得了红旗茶厂的产权，使红旗茶厂回归国有体系，并将红旗茶厂作为科创小镇启动区，成立英德科创小镇茶产业发展有限公司（以下简称"小镇公司"）接手红旗茶厂的整体策划运营工作，肩负起将红旗茶厂打造为英德茶产业的科技高地、产业高地、文化高地的历史使命。小镇公司通过恢复其生产功能，引入企业、研究院等机构，结合传统及现代工业生产流程展示，重新激活红旗茶厂。

小镇公司推进红旗茶厂核心区升级改造及基础建设。小镇公司委托广州市设计院开展了相关保护性建筑可靠性鉴定，制定了结构修缮方案，计划投资4000万元推进红旗茶厂升级改造工程，目前已完成示范性生产车间、红旗厅、红茶精品馆、收青厅等改造工程及英红医院至红旗茶厂路段市政道路升级工程，初步完成红旗茶厂电力升级、管网建设、建筑结构修缮、路面修复及根据经营需要加建部分建筑物等工作，基本满足红旗茶厂生产销售、文旅研学、党建教育、公关活动等自主经营需要。

丰富红旗茶厂业态导入。充分发挥科技价值，深耕红茶产业。成立英德红茶产业研究院，聘请中国工程院刘仲华院士为首任院长。借助院士研究多茶类转化的成果，结合英德红茶产业向精深加工方向转型的趋势，红旗茶厂建设的多茶类开发中心，成功研发创制了"陈玖金花茶"和对降血压、降尿酸等具有显著功效的系列产品，进一步促成英德红茶产业由初制农产品向精深加工产品、高附加值产品以及大健康类产品转型。同时，为丰富经营业态，支撑游客的消费需求和停留时间，目前茶厂已引进红旗公社大饭堂入驻开业，并自主投资建设奶茶店、下午茶体验、茶文化文创产品店等项目。

打造综合创新平台。计划将红旗茶厂及周边约350亩土地连片打造红旗茶厂综合创新片区，以"中国红茶创新之都"为核心定位，创建集研发、标准、生产、商贸、仓储、品牌、孵化、金融、文旅、大健康于一体的综合创新平台。

三、未来展望

广东省扎实推进文化强省建设大会提出要聚力实施"六大工程"，其中，"实施高品质文化供给工程"要求深化文化领域供给侧结构性改革，构建具有国际竞争力的现代文化产业体系，不断增加优质文化产品和服务供给，为广东工业文化发展指明了方向。未来，广东省将进一步贯彻落实《推进工业文化发展实施方案（2021—2025年）》，围绕传承弘扬广东省工业文化、全面提升文化软实力对广东省制造业高质量发展的赋能作用，重点开展以下5项工作。

（一）加强工业遗产保护利用

探索制定地方法规，修订完善《广东省工业和信息化厅关于广东省工业遗产的管理办法》，进一步规范工业遗产资源保护利用，使广东省工业遗产保护利用工作步入制度化、规范化轨道。持续抓好工业遗产摸查、认定、保护措施落实、宣传等工作，提高工业遗产保护利用水平。

（二）提高工业旅游质效

大力发展工业文化旅游，继续做好工业旅游精品线路认定、工业旅游培育资源入库等工作，协调旅游企业、机构多渠道加大工业旅游宣传推介、产品落地等力度。鼓励有条件的企业、园区等开发工业旅游，引导工业企业利用自身资源，开展参观、体验、科普、研学等服务，丰富工业旅游资源，同时扩大品牌影响。

（三）提升工业设计能力

进一步加强工业设计载体建设，围绕制造业高质量发展需求，新增培育认定一批省级工业设计中心（研究院）。推动各级工业设计中心（研究院）积极开展设计交流合作，重点对接地区设计和产业化需求，推动产业转型升级。办好第十一届"省长杯"工业设计大赛及广东设计周活动，推动大赛创新发展，为广东省战略性产业集群发展提供更有力支撑。

（四）保护和发展工艺美术

落实《广东省工艺美术保护和发展条例》，加强对广东省传统工艺美术的保护、传承和发展。支持工艺美术社会组织开展传统工艺美术品种和技艺、工艺美术珍品、工艺美术大师认定，并加强保护。配合做好第八届中国工艺美术大师现场终评相关工作。

（五）加强工业文化宣传推广

加强与文旅、教育等部门和院校、协会等机构的协同配合，通过"省长杯"工业设计大赛及广州设计周活动、全国大学生工业设计大赛、"创客广东"大赛等平台，以及工业旅游、研学、科普等渠道，大力向社会各界宣传推广工业文化，弘扬广东省工匠精神，促进工业精神传承，提高全民工业文化素养，激发和保护企业家精神，弘扬科学精神和工匠精神，传播当代工业价值观，加强科普工作，营造崇尚创新的社会氛围。

依托改革开放以来广东省工业经济迅猛发展的深厚积淀，先进制造业在双区建设中发挥核心引擎功能的战略地位，广东省工业文化在某种程度上也是新时代中国工业文化的典型案例，为我国工业加速迈向全球价值链中高端发挥重要作用。

传承红色文化，振兴辽宁老工业基地

辽宁省是我国重要的老工业基地之一，工业历史悠久，工业文化厚重。目前，辽宁省工业有 40 个大类、197 个中类、500 多个小类，是全国工业行业最全的省份之一。党的十八大以来，习近平总书记先后两次到辽宁省考察调研，两次参加全国人大辽宁代表团审议，多次为辽宁省振兴发展做出重要指示批示。辽宁省振兴首先要工业振兴，工业振兴需要文化支撑。近年来，辽宁省把加强工业文化建设作为全省制造业高质量发展的重要内容，以工业遗产保护利用为重要抓手，坚持保护与利用并重，传承与创新融合，统筹推进工业文化与产业融合发展，不断增强工业文化在推动"数字辽宁、智造强省"建设中的支撑作用，为实现辽宁省全面振兴、全方位振兴，加速产业优化升级和新旧动能转换，打造国际先进装备制造业基地赋能助力。

一、老工业基地工业文化的新发展

2003 年，中共中央、国务院印发《关于实施东北地区等老工业基地振兴战略的若干意见》（中发〔2003〕11 号），吹响了振兴东北老工业基地的号角。随后，东北地区各省（市）也制定了本地区振兴计划，但在较长一段时间内，仅限于激发市场活力、深化企业改革、提升产业竞争力等内容，对文化振兴鲜有提及。党的十八大以来，特别是习近平总书记东北之行后，东北老工业基地的经济振兴步伐不断加快。发展工业文化，以文化软实力提升经济硬实力是增强东北地区综合实力和竞争力的重要举措。近年来，辽宁省委、省政府高度重视工业文化发展，将发展工业文化产业作为建设"数字辽宁智造强省"的重要内容，写入辽宁省结构调整"三篇大文章"和"十四五"规划。辽宁省通过工业文化传承创新实现老工业基地产业转型升级的生动实践取得了良好成效，在规划引领、遗产保护、产业发展、文化传播等方面积累了诸多有益经验。

（一）加强政策引领，综合统筹工业文化发展

2020—2021年，辽宁省组织各市制定《推动老工业城市工业遗产保护利用 打造"生活秀带"工作方案》，并出台了《辽宁省推进工业文化发展实施方案（2021—2025年）》等相关政策举措，提出工业遗产保护利用、工业博物馆培育提升、工业文化产业创新发展、工业文化与产业融合发展、工业文化传承传播等五大重点任务，为省内各地开展工作提供了宏观指导。同时，省内多地积极推动工业文化相关工作，如鞍山市、本溪市、营口市等结合当地具体情况，分别制定了本地区实施方案。2022年，辽宁省印发了《辽宁省工业遗产管理暂行办法》，积极探索省级工业遗产评价指标和评估方法，推动工业遗产保护管理标准化。此外，为进一步深化工业文化理论研究、对外宣传、工业遗产保护利用、工业博物馆建设等工作。2018年，辽宁省工业文化发展中心在省档案馆挂牌成立，为辽宁省全面推进地方工业文化研究与实践起到了示范带动作用，对于推动辽宁省经济高质量发展具有重要的意义，逐渐形成上下联动、共同推动工作的新局面。

（二）充分挖掘资源，夯实遗产保护利用基础

1. 辽宁省工业遗产资源概况

辽宁省拥有百余年的近代工业化历史，最早可以追溯到清代末年，是中国较早进行工业化发展的地区之一，是中国工业化进程的缩影和代表。在1949年后，重工业基地快速发展，在改革开放以来现代工业的调整、改造和转型发展过程中，辽宁先后建设了"156项目重点工程"中的24项与12个老工业基地城市，为实现国家现代化的历史进程做出了突出贡献。数量丰富、价值丰厚的工业遗存见证了辽宁昨日的辉煌，同时也造就了其独具特色的工业遗产资源，为工业遗产保护利用奠定了重要基础。

2. 国家工业遗产数量位居全国前列

截至目前，在工业和信息化部已评定的5批共计194个国家工业遗产项目中，辽宁省有12个工业遗产项目入围，位居全国第3，占比为6.2%。这12项国家工业

遗产分别是鞍山钢铁厂、旅顺船坞、本溪湖煤铁公司、沈阳铸造厂、国营庆阳化工厂、抚顺西露天矿、营口造纸厂、大连冷冻机厂铸造厂、老龙口酒厂、大连造船厂修船南坞、阜新煤炭工业遗产群和沈阳造币厂。由于辽宁省选择了优先发展重工业的道路和模式，工业遗产也集中分布在与重工业发展息息相关的煤炭、石油、电力等能源行业，钢铁等金属冶金行业，机器加工和机器制造行业，以及铁路、港口等交通运输行业。在空间分布上，辽宁省工业遗产表现出沿铁路轴线分布、城市带区域分布和城市内集聚分布的显著规律。这主要是由于近代工业依赖生产资料和工业产品的输送，因此，辽宁省工业遗产与铁路网络关系密切，并围绕铁路、港口等交通枢纽、工矿企业形成了许多工业城市。

3. 扎实开展工业遗产保护利用

辽宁省以工业遗产保护利用作为推动工业文化发展的切入点和着力点，扎实开展工作。一是开展工业遗产摸底调查工作，先后两次组织各市对辖区工业遗产情况进行摸底调查，与省内的 72 个工业遗存项目和 19 个工业博物馆产权单位建立了联系。二是按照《国家工业遗产管理暂行办法》要求，每年组织省内国家工业遗产产权单位制定工业遗产保护利用工作计划和总结，及时了解保护利用现状，协助做好国家工业遗产的管理。三是积极贯彻落实《推动老工业城市工业遗产保护利用实施方案》，由省发改委和工业和信息化厅牵头，组织多地制定《推动老工业城市工业遗产保护利用 打造"生活秀带"工作方案》，支持沈阳市铁西区探索利用工业遗产打造工业博物馆，发展工业博览与商务旅游区等保护利用模式。四是积极推荐鞍钢博物馆等项目单位申报工业文化专题高校思政实践教学基地，持续推动工业文化遗产进校园。

（三）抓住重点突破，工业文化产业快速发展

1. 工业旅游赋能区域发展

辽宁省着力挖掘工业文化价值内涵，促进工业文化与产业融合发展，加快工业旅游创新发展，推动工业遗产单位和汽车、医药、食品饮品等与生活关联度较高的工业企业共同开发工业旅游项目，打造了鞍钢集团、沈阳航空博览园（4A 级景区）、华晨宝马铁西工厂、老龙口酒博物馆、蒙牛乳业（3A 级景区）等一批工业旅游观光产品，开发了沈阳 1905 文化创意园、大连卡莎慕玻璃小镇、阜新十家子玛瑙产业

基地等特色鲜明的工业旅游景区（点）。辽宁重工之旅、鞍山钢铁之旅被全国工业旅游联盟评为工业旅游特色线路，大连海盐世界公园被国家旅游局评为国家工业旅游示范基地。

2. 工艺美术产业聚集发展

辽宁省将特色工艺美术产业作为轻工业重点产业之一，出台产业扶持政策，对其进行鼓励支持，制定了辽宁省第一批传统工艺振兴目录，选取庄河剪纸、岫岩满族民间刺绣等30个辽宁传统工艺美术项目，推荐列入国家和省级目录，组织企业及大师参加工艺美术品交易会、博览会和知名展销活动，积极展示和宣传辽宁省优秀工艺美术产品和作品，着力打造"岫岩玉文化产业园""琥珀煤精特色产业基地""世界玛瑙之都"等一批品牌园区，形成了工艺美术产业聚集发展的良好局面。

3. 文旅装备制造业形成特色

辽宁省特别注重发挥其装备制造产业优势，培育发展冰雪旅游装备制造业，加大冰雪旅游相关产品开发力度，推进冰雪旅游装备研发和示范应用基地建设。大连冰山集团、沈阳娅豪集团等企业通过预先布局、设计研发、合作引进等方式，在冰雪项目和设备制造、雪场运营方面取得发展优势。抚顺市与奥地利AST公司签订战略合作协议，建设了集制造、研发、交易、服务于一体的"中奥冰雪装备产业园"，推动文化装备制造业和冰雪旅游装备制造业协同发展。

（四）营造良好氛围，传播弘扬辽宁工业精神

1. 举办大型展览，传播工业文化

2018年9月，辽宁省政府、工业和信息化部、国家档案局中央档案馆共同举办"不忘初心 奋发图强——新中国工业档案文献展"首展，直观展示了我国工业发展成果，其中大量的辽宁省展品，充分展示了辽宁省工业发展成就，传递了勇于开拓、精益求精、追求卓越的辽宁省工业精神。此外，辽宁省工业和信息化厅、本溪市委省市政府与工业和信息化部工业文化发展中心先后举办"匠人营国——中国工匠精神文化展"和"《国家工业遗产影像志》摄影展"，生动展现了辽宁省老工业基地辉煌的历史成就，有效扩大社会影响力。

2. 广泛开展研讨，科学谋划施策

2019年7月，辽宁省工业和信息化厅和省档案馆共同举办"辽宁工业产业发展

战略研究暨工业文化遗产保护利用研讨会",以会代训,邀请专家讲授工业遗产保护利用相关知识,提高人员对工业文化工作的思想认识和业务能力,进一步激发工业遗产产权单位的主体意识,鼓励社会广泛参与,推动工业遗产保护利用工作加快发展。同时,辽宁省还建立省内工业文化专家库,向省财政厅申请专项资金开展工业遗产专项课题研究,组织专家考察、调研,帮助工业遗产申报单位修改完善申报材料。2020年,辽宁省沈阳市铁西区政府举办"沈阳工业博物馆改造升级专家研讨会",围绕沈阳工业博物馆升级改造献言献策,积极支持沈阳工业博物馆建设。2022年,在沈阳工业博物馆举办了沈阳铁西城市更新与城市复兴中国工业博物馆片区规划发布暨工业文化发展与工业遗产保护论坛,推进城市更新和产业转型。

3. 拓展宣传渠道,唱响辽宁声音

为宣传辽宁省工业遗产,弘扬辽宁省工业文化,《辽宁日报》《辽沈晚报》等主流媒体专门开辟工业频道和专栏,先后刊登《辽宁工业遗产"活起来""火下去"》《修旧如旧,本钢1号高炉的沧桑之美》《本溪湖,钢铁深处》等新闻报道,在国内引起较大社会反响。此外,辽宁省还开展了"辽宁工匠"和"优秀企业家"评选推荐工作,组织技能大赛和弘扬劳模精神等活动,充分展示振兴路上永不缺乏的"辽宁精神",并依托"一带一路"建设,推动辽宁省工业文化走出国门,与其他地区的工业文化交汇共融,共同塑造和传播新时代中国工业形象。

二、典型案例:鞍钢工业遗产群与阜新工业遗产群

(一)保护与利用并重的鞍钢工业遗产群

鞍山市因钢而立、因钢而兴,是中国重要的钢铁工业基地,有着"共和国钢都"的美誉,曾创造了中国钢铁工业史上无数个第一,辉煌的钢铁工业在鞍山留下众多具有重要价值的工业遗产。鞍钢工业遗产群是我国现存最早、产业链保存最为完整的工业遗产之一,历经日本殖民时期、国民政府时期和1949年后三大历史阶段,具有显著的近现代工业风貌和深厚的近现代历史内涵。2017年,鞍山钢铁厂通过第一批国家工业遗产认定。鞍山市和鞍钢集团深度融合、协同发展,坚持"保护与利用并重、传承与创新融合"的思路,通过多措并举扎好"管护网"、融合创新留住"老

印记"、建立遗产价值"传送带"等思路方法，全力做好工业遗产保护利用，探索"工业遗产＋博物馆""工业遗产＋旅游""工业遗产＋康养"等多种工业遗产保护利用途径。

1. 多措并举扎好"管护网"，实现保护利用"规范化"

摸清底数，实现权责明晰、管理有序。鞍山市组织专家队伍对现存工业遗产历史价值和人文价值进行评估，拍摄图像资料，梳理出 67 处有价值的工业遗产，形成工业遗产保护名录和日常维护、看管保护机制，压实责任，实现管理科学化、常态化。同时，鞍山市积极组织鞍钢等企业开展工业遗产申报，彰显遗产价值内涵。目前，鞍山钢铁厂工业遗产群被认定为国家工业遗产，昭和制钢所本社事务所旧址等 8 处被认定为全国重点文物保护单位。

建章立制，实现有法可依、有章可循。在多方征求意见、系统梳理前期工作经验教训基础上，鞍山市制定《鞍山市工业遗产保护条例》，形成《推动工业遗产保护利用打造"生活秀带"工作方案》，进一步明确工业遗产整体保护利用的指导思想、目标任务、保护准则，有效增强工业遗产保护利用与城市规划发展的协同性，提升工业遗产保护利用工作的合法性和可操作性。

分类施策，实现科学保护、靶向发力。鞍钢坚持突出重点，注重分类分级保护，对可迁移的工业遗产，采取整体迁移和集中管理；对规模较大、无法迁移的工业遗产，进行原址保存，对相关图像、图纸档案等资料收集保留；对已面临危险的工业遗产，制定合理保护修缮利用方案进行抢救性保护。最大限度地保留历史风貌，同时维持企业正常经营发展。例如，昭和制钢所 1 号高炉搬迁至鞍钢集团博物馆收藏，北部备煤作业区两台门型吊车原址保存，对井井寮旧址及时进行抢修等。

2. 融合创新留住"老印记"，守护城市文化"根与魂"

"工业遗产＋博物馆"弘扬城市人文精神。鞍山市围绕发扬展示鞍山钢铁城市文化，提升城市影响力，坚持系统谋划，依托老旧厂房厂区设备等打造 7 座博物馆和 19 所民间文化场馆，构建了以鞍山市博物馆和鞍钢博物馆为龙头的博物馆体系，集中展示鞍山市人文精神和工业文化。其中，利用原烧结总厂改建占地 1.2 万平方米的博物馆和 5.5 万平方米的钢铁主题公园，收藏珍贵照片 3000 多幅、实物 1 万多件，集历史文化展示、爱国主义教育、钢铁冶金知识科普和工业遗产保护为一体，是全国规模最大的行业博物馆和同类主题公园，成为市民和游客休闲旅游的打卡点。

"工业遗产+旅游"永铸鞍钢铁色记忆。鞍钢围绕文旅融合发展思路,精心打造以"钢铁是怎样炼成的"为主线的"鞍山钢铁之旅"工业旅游线路,通过保留典型高炉厂房设备及生产流程等,形象展示鞍钢成长发展历程及钢铁工业宏大规模;通过光电影像实物等场景设计,使游客直观感受钢铁从矿山采出到冶炼的生产过程;通过宣传展示"鞍钢宪法"及孟泰、雷锋等英模先进事迹,凸显鞍钢独特文化内涵。截至目前,鞍钢工业遗产群已累计接待游客100余万人次,被评为国家工业旅游特色路线,取得了良好经济社会效益。

"工业遗产+康养"促使老品牌焕发新活力。鞍山市科学分析市场需求和自身资源,加速培育以工业遗产为载体的体验式康养。建院于1950年的汤岗子理疗医院是1949年后第一所人民"疗养院"和我国四大康复理疗中心之一,被评定为国家4A级旅游景区。鞍山市围绕统筹整合资源,打造名优品牌,谋划以汤岗子理疗医院为龙头的康养旅游新模式,每年吸引数以万计国内外患者和游客接受疗养。

3. 建立遗产价值"传送带",提升社会公众"认同感"

推出文创产品,让工业文化走进百姓生活。鞍钢为了提高游客体验感和加深城市印象,面向游客和社会开发系列原创纪念品,推出以鞍钢标识为商标、将鞍钢企业文化融入产品设计的"印象钢都"系列产品,精心设计"鞍山老铁壶""钢铁是怎样炼成的"等系列钢文化产品,其中"鞍山老铁壶"系列单品就达80余款,获得游客好评。创作弘扬劳模精深的工业题材话剧《孟泰》,成功入选2020年全国舞台艺术重点主题创作作品,大力宣传工业精神,让工业文化走出去。

组织系列展览,增强工业遗产价值认同。鞍钢通过组织展览,加强和改善工业遗产知识性普及工作,增强社会对鞍山工业遗产的兴趣以及对其价值的认同。比如,鞍钢博物馆组织"以岁月沉淀的财富"和"记忆"鞍钢等工业遗产系列展览,对鞍钢16项工业遗产项目进行生动展示,并参加《国家工业遗产影像志》摄影展等活动,充分展现了鞍钢工业遗产群的历史风貌和独特的文化功能、社会价值。

开展研学活动,加强工业文化传承。鞍钢充分发挥鞍钢集团博物馆研学基地的作用,研发"钢铁是这样炼成的"鞍钢工业文化系列研学课程,为中小学生打造了一批有影响力、有特色的研学实践活动。同时,鞍钢举办辽宁工业产业发展战略研究暨工业文化遗产保护开发利用、第九届中国工业遗产等系列学术研讨会,切实推动鞍山市乃至中国百年工业遗产的保护与利用。此外,鞍山市积极引导市高等院校有针对性地设置工业遗产保护、文化创意专业,支持企业和社会培训机构联合建立人才实训基地,推动开展相关职业培训和岗位技能培训,进一步盘活闲置土地、厂房等要素资源,有效调动社会资本参与,满足就业民生需求。

(二)传承与创新融合的阜新工业遗产群

阜新市以煤电之城闻名,"一五"时期,全国"156 项重点工程"项目有 4 个布局在阜新市,其中 3 个为煤炭项目,即海州露天煤矿、兴隆竖井和平安竖井。2020 年,阜新煤炭工业遗产群被认定为第四批国家工业遗产。阜新的煤炭工业遗产群具有重要历史价值,是中国近现代煤炭工业的标本和活化石,也是城市的符号。其中,阜新新邱煤田从露天煤矿到"阜新百年国际赛道城"的转变,成为辽宁省工业遗产传承与创新融合的生动写照。

阜新新邱煤田是具有百余年开采史的老矿山,1897 年发现煤炭,1949 年在这里布局了兴隆竖井。随着煤炭开采需求量的增加,20 世纪 70 年代起开始露天开采新邱煤田。新邱区的煤炭资源在 20 世纪 80 年代开始萎缩,2018 年年底,新邱区内所有私人小煤矿关闭退出,全区 121 年的煤炭采掘史画上句号。为妥善处理新邱煤田遗留的矿坑和矸石山,阜新市与国家级高新技术企业——中科盛联环保科技有限公司合作,打造转型试点环保科研基地,将煤矸石二次利用。

与此同时,阜新市依托新邱矿山特有的地表肌理,打造"阜新百年国际赛道城"。赛道城项目启动以来,短短几年时间,发展定位从赛道小镇到百年赛道城再到百年国际赛道城,多轮驱动、多业并举。如今,赛道城以汽摩赛事、电子竞技、军事嘉年华、草莓音乐节为亮点,文体、文旅、文娱三大版块齐头并进,相融共促,让工业遗产不断迸发出新的生机与活力。

2021 年 7 月,阜新草莓音乐节在"阜新百年国际赛道城"成功举办。据统计,此次草莓音乐节门票收入达 1100 万元,共吸引省内外 3.2 万人次,直接带动阜新市住宿、餐饮等行业收入总计 4500 万元,成为助推第三产业爆发式增长、服务行业转型升级的催化剂。

在音乐节落幕经过短暂的场地整理之后,"群众性国防教育基地暨军事主题嘉年华"在赛道城 2 号坑开园,以诸军兵种武器联合展示、实装实战动态演习、零距离武器交战操作体验、沉浸式军营生活体验等内容打造全新的国防教育和军事主题文旅项目，以军事主题丰富赛道城运营产品，继续帮助老矿区重焕生机。基地运营短短数月，引发广泛好评与关注，先后获评"阜新市国防教育示范基地""阜新市爱国主义教育示范基地""辽宁省国防教育示范基地"，实现国防教育和军事文化旅游品牌的有机融合。

三、未来展望

辽宁省工业化早，工业遗存多，工业题材丰富，14个地级市都是老工业城市，辽宁省人民普遍秉持着工业情怀和对老工业基地的自豪情感，在推动工业文化发展方面具有得天独厚的优势，但当前也面临着不少问题和挑战。例如，仍有大量工业遗存由于产权复杂、缺乏资金等原因，尚未得到充分保护和有效利用；工业文化产业竞争力不足等。未来，辽宁省将从以下4个方面持续推动相关工作的开展。

（一）深化工业遗产保护利用

一是开展省级工业遗产评定。在继续开展国家工业遗产推荐申报的基础上，根据《辽宁省工业遗产管理暂行办法》，开展省级工业遗产评定，形成分层、分级的工业遗产保护利用体系。二是继续开展工业遗产调查和相关课题研究。2022年，辽宁省继续组织工业遗产相关专家开展工业遗产课题研究，不断完善辽宁工业遗产（遗存）、工业博物馆等基础数据、资料，深入挖掘具有重要历史价值、科技价值、社会文化价值和艺术价值的工业遗产资源，如厂房、车间、矿区等生产和储运设施，构建并完善辽宁省工业遗产数据库，不断夯实工业遗产保护利用基础。三是持续推进工业遗产活化利用。辽宁省将鼓励有条件的地区利用老旧厂房、设备等发展建设工业博物馆、文化创意园区、工业遗址公园和影视拍摄基地，鼓励利用工业遗产打造工业旅游新模式，持续推进工业遗产活化利用。

（二）促进工业文化产业发展

在推动工业文化产业发展方面，将依据《辽宁省推进工业文化发展实施方案（2021—2025年）》和《辽宁省深入推进结构调整"三篇大文章"专项行动计划

（2021—2023年）》，努力培育工业设计、工艺美术、文旅装备产品制造、工业旅游和文化创意等新业态、新产品、新模式，充分挖掘文化要素对品牌建设、品质提升、提质增效的推动力，促进工业文化与产业融合发展，引导企业将工业文化融入创新管理的各环节，提升产业、企业和产品的竞争力。

（三）推动工业博物馆建设

根据《辽宁省推进工业文化发展实施方案（2021—2025年）》，开展工业博物馆培育提升行动，支持各地建设具有地域特色的城市工业博物馆，鼓励省内"老字号"企业和行业龙头企业建设工业博物馆或工业展馆、纪念馆，支持运用新一代信息技术打造数字化、可视化、互动化、智能化新型工业博物馆，积极争取承建国家级行业博物馆，提升工业博物馆品牌，提高工业博物馆综合效用。

（四）加强工业文化教育和传承

一是推进工业文化进校园，支持相关普通高等学校和职业学校开设工业文化等相关课程，支持开展理论研究和教学实践，将工业文化有机融入精品课程。二是组织辽宁工匠、劳动模范和优秀企业家进校园、进课堂，围绕工业道路、工业创造、工业精神等方面，传承弘扬优秀工业文化。三是发挥工业文化研学教育功能，鼓励各地利用工业遗产、老旧厂房等设施培育一批工业文化研学实践基地（营地），创新工业文化研学课程设计，开展工业科普教育，培养科学兴趣，掌握工业技能。

构建四川工业文化新格局

四川省工业历史深厚悠远，特别是 20 世纪 60 年代中期至 80 年代初期的"三线"建设，不仅为四川的现代化建设奠定了坚实基础，而且留下了众多的工业遗产和宝贵的精神财富，成为四川"工业化历程的见证"。2022 年 6 月，习近平总书记在四川省考察时强调，"我国是制造大国，要努力提高自主创新能力，加快向制造强国转变"，要"推动治蜀兴川再上新台阶，在全面建设社会主义现代化国家新征程上奋力谱写四川发展新篇章"。近年来，四川省全面贯彻新发展理念，积极融入新发展格局，加速构建具有四川特色的"5+1"现代工业体系，打响"制造强省"升位战；与此同时，大力发展工业文化，弘扬"三线"精神、劳模精神、工匠精神，不断培育壮大工业文化产业，提升全民工业文化素养，呈现"总量上台阶、追赶超预期、供需增动力、区域添活力"的发展态势。

一、弘扬工业文化，助力四川经济跨越式发展

四川省一直高度重视工业文化和工业精神，在 2018 年印发的《四川省推进工业文化发展实施方案》中，提出传承弘扬四川省工业精神、夯实工业文化发展基础、培育壮大工业文化产业、强化工业文化传播推广 4 项任务；工业和信息化部等八部门联合印发《推进工业文化发展实施方案（2021—2025 年）》后，四川省继续围绕"四新"目标，明确继承发扬"三线"精神、强化工业遗产分级保护，推动工业文化加快发展。

（一）实现分级认定保护，加强工业遗产利用

得益于良好的自然条件和国家重大战略支持，四川省孕育形成了一大批类型多

样、价值宝贵的工业遗产。这些遗产是四川省工业文化的重要载体,记录了工业化进程不同阶段的重要信息,承载了行业和城市的历史记忆和文化积淀。但由于项目时间跨度大、数量繁多、保存现状复杂,随着工业转型升级和城市化进程的加快,许多老厂矿停产搬迁,一批重要工业遗产面临灭失风险。在此背景下,四川省明确将工业遗产保护利用工作作为推动工业文化繁荣的重要抓手。

积极开展工业遗产分级认定,夯实工作基础。2021年至今,四川省先后3次在全省范围内组织开展以工业遗产保护利用为重点的工业文化资源摸底调查,梳理形成全省工业遗产资源、工业博物馆资源、工业旅游资源台账,包括工业遗产项目90处、工业博物馆24处、工业旅游项目34处。其中,成都国营红光电子管厂、泸州老窖窖池群及酿酒作坊等19个项目被认定为国家工业遗产,获认定总数在全国各省(市、自治区)中位居第一;2018年起,四川省在全国范围内率先开展省级工业遗产项目认定,截至2021年年底,共完成4批次认定,27个项目入选。2021年,《四川省工业遗产管理办法》印发,为加强工业遗产保护管理与升级活化利用、培育和提升具有四川特色的优秀工业文化提供了新思路。

多方营造共同参与的良好氛围,形成社会合力。《四川经济日报》开设"工业文化"专栏,刊发《努力擦亮工业文明"遗珠"》等专题报道,深度宣传四川省工业遗产保护利用情况;《四川画报》以"工业遗产:四川工业记忆再发现"为主题开展图文宣传;2021年,四川省首本工业遗产通俗读物《品读四川工业遗产(故事篇)》在省级工业遗产单位——成都国营锦江机器厂举行发布会,同时举办"弘扬工匠精神 点亮工业'蜀'光"专题活动,引起社会和媒体广泛关注。

(二)融合发展打造特色,建设工业旅游品牌

依托丰富的工业遗产、工业基地等,四川省工业旅游起步较早。1998年,长虹集团向游客开放,是国内较早开展工业旅游的企业之一。2018年,四川省开展全省工业旅游资源调查。以乐山嘉阳煤矿、攀枝花攀钢1号高炉、成都红光电子厂等为代表的近现代工业旧址,自贡盐业、内江制糖、川南酿酒、阆中制醋等古代极具代表性的民族工业遗产,以及长虹电子、五粮液、新希望、泸州老窖等知名企业,都是四川省工业旅游的优势资源。

2019年,四川省委、省政府印发《关于大力发展文旅经济 加快建设文化强

省旅游强省的意见》，明确提出推动文旅与工业融合发展，要求"利用工业企业、工业园区、工业展示区、工业遗产等开展工业旅游，发展文旅装备制造业""依托'三线'建设、航天科技、水电工业等资源打造'三线'文化观光走廊"。文旅、经信等部门先后印发《四川省工业旅游创新发展三年行动计划（2018—2020年）》《四川省工业旅游发展规划（2021—2025）》等专项规划，明确了食品、"三线"建设、水电等作为四川省独特的工业旅游品牌，并提出到2025年四川省工业和文化旅游业实现深度融合发展，基本形成工业旅游10大产品体系、10大品牌体系和10大主题路线；将工业遗产、工业旅游基地认定结果纳入四川省天府旅游名县评选指标，评选出五粮液、泸州老窖等15个省级工业旅游示范基地，"两弹城"、嘉阳小火车等特色工业遗产景区深度融入全省旅游大环线。

目前，四川省初步形成以工业遗产旅游为引领，工业科普旅游、产业公园旅游、企业文化旅游和工业购物旅游相结合的工业旅游产品体系，成都东郊记忆景区入选国家工业遗产旅游示范基地，持续建设航天工业（西昌）、科技工业（绵阳）、重装工业（德阳）、白酒工业（成都、德阳、宜宾、泸州）等工业旅游品牌。2022年6月15日，四川省文化和旅游厅、经济和信息化厅联合举办全省工业旅游景区发展座谈会，探讨四川省工业旅游创新发展模式和路径，在加强工业文化资源合理开发利用的基础上，将时下大热的研学与工业旅游相结合，推进工业旅游景区丰富业态、提质增效。

（三）工业文化融入校园，开创工匠培育新路

四川省多所高校把工业文化、天府文化植入校园文化，弘扬社会主义核心价值观，培养真正拥有"匠心精神"的大国工匠。西南交通大学邀请"大国工匠"李万君进校园做专题报告；成都工业学院开设《走近工业文化》公共课程进行大学生工业精神教育，成立中华传统文化学院推进工业文化研究；成都工业职业技术学院编纂《工匠精神读本》，把工业文化素养和工匠精神作为必修课，列入学生成绩考核项目，邀请中科院院士、中国工艺美术大师、企业家、工业文化学者做专题讲座，举办校园"工匠文化节"等。成都工业职业技术学院还依托"三馆一区"（工业博览馆、校史馆、图书馆工业分馆与工业文明体验区）和"四川省工业文化社科普及基地"，开放校内工业文化资源，接待中小学生参观实践。

（四）弘扬四川省工业精神，传播先进工业文化

创新文化载体，弘扬"三线"精神。四川省是"三线"建设的重点区域，一代代建设者孕育出"艰苦创业、无私奉献、团结协作、勇于创新"的"三线"精神。"三线"精神承载了浓厚的工匠精神和家国情怀，对四川省乃至全国工业文化发展都产生了深远影响。2015 年建成的攀枝花中国三线建设博物馆展示和反映了中国"三线"建设的历史全貌，是目前国内面积最大、展陈最全的"三线"主题博物馆。2021 年，四川省影视企业制作的电视剧《火红年华》在央视播出，以"三线"建设为背景，以十九冶、攀钢、攀煤等企业为原型，展现了四川工人将一片不毛之地建设成为新兴工业城市的历史，也让"三线"精神重新焕发生机。

培育弘扬企业家精神、工匠精神。建立政、企、学协同联动机制，举办各类工业文化座谈会、研讨会，深化工业文化理论研究和工作交流。开展以"匠心筑梦，技能兴川"为主题的"寻找四川工匠"活动、"四川名片·荣耀中国"四川省品牌企业宣传推广活动等，营造传承优秀工业文化、弘扬工匠精神的良好氛围。

利用传统媒体和新媒体，宣传四川工业成就。《四川经济日报》每月刊发整版"工业文化"专栏，以"弘扬四川工业文化、传承四川工业精神"为主题开展系列报道；2022 年 5 月起，四川经济日报社、川经瞭望、四川经济网联合推出《踔厉奋发新时代治蜀兴川再跨越——喜迎党代会奋进看工业》系列报道，讲述四川工业近五年勇挑重任、踔厉奋进、担当有为的生动实践，激发工业战线推动治蜀兴川再上新台阶的澎湃力量。

鼓励工业题材文艺创作，弘扬工业文化和工业精神。2019 年，四川省启动实施"天府天工——四川工业题材美术创作工程"，以美术的形式反映自 20 世纪 50 年代以来四川省工业建设的艰辛历程和辉煌成就；2022 年 5 月 18 日，作品展开幕，集中展出 117 件优秀作品，用美术创作诠释工业文明之美，反映四川省工业振兴、大国崛起、砥砺前行的价值追求，书写四川省工业战线的战斗之志、创作之力、发展之果，强化工业精神在四川省发展道路上的顽强支撑作用。

（五）启动成渝区域协作，构建支撑服务体系

2021 年 10 月，中共中央、国务院印发《成渝地区双城经济圈建设规划纲要》，要求"牢固树立一体化发展理念，唱好'双城记'，共建经济圈，合力打造区域协

作的高水平样板,在推进新时代西部大开发中发挥支撑作用"。为讲好川渝工业发展故事,塑造川渝工业新形象,2022年1月,四川省、重庆市两地宣传部门和工信部门率先开展区域协作,联合启动建立"川渝工业文化教育实践基地";成都工业文化发展促进会与重庆市工业文化协会达成战略合作,共同筹建成渝工业旅游联盟,启动并开发成渝双城经济圈工业文旅计划。

四川省积极构建支撑服务体系,探索开展工业文化市场监测和运行分析。2012年,四川省博物馆学会成立工业遗产专业委员会,挂靠广安市"三线"工业遗产陈列馆;2015年,西南交通大学世界遗产国际研究中心成立,将工业文化遗产纳入研究方向;2018年,成都工业职业技术学院成立工业文化研究中心,成为全国首批21家、川内首家与工业和信息化部共建工业文化研究中心的高职院校;同年,成都工贸职业技术学院被授牌为"成都市工匠文化研究中心"。上述专业机构围绕继承弘扬工业精神、加强工业遗产保护利用、推动发展工业文化产业等开展了大量基础性研究和研讨,为四川省工业文化发展建言献策,提供了有力支撑。

二、典型案例:工业遗产资源的创新性开发

(一)东郊记忆

东郊记忆是成都市文化旅游新地标,利用原"一五"期间国家重点项目成都红光电子管厂旧址改建而成。园区占地282亩,建筑面积约20万平方米,主要景点包括成都国营红光电子管厂厂房、车间、管廊架、烟囱、水塔等,以及成都东郊工业区各个工厂的机器设备、生产工具等,如龙门刨床、歼5教练机、B43雷达等。2013年,东郊记忆被评为国家4A级旅游景区;2018年11月,被认定为"国家工业遗产";2019年7月,正式挂牌"成都国际时尚产业园"。

为保留住成都城市工业记忆,传承中国工业奋斗精神,东郊记忆完整保留原红光厂和东郊各工厂的工业遗产,并在此基础上进行保护性改造、创造性保留,为景区增添众多工业风格的人文景观;保留以红光厂为核心的成都东郊工业区各工厂工业实物近400件。通过成都市档案馆、成都市政协等收集大量文献资料,通过东郊工人募集众多具有代表性的实物、影像资料,成功还原成都东郊工业发展历程。目

前，东郊记忆已成为成都城市文化产业聚集、推广平台和具有全国知名度的特色旅游目的地，先后获得"国家音乐产业基地""国家 4A 级旅游景区""国家文化产业示范基地""成都国家级文化和科技融合示范基地""首批新闻出版产业示范项目""国家工业遗产旅游基地""第二批国家工业遗产"等国家级授牌。具体做法包括以下 4 个方面。

（1）保留工厂物态结构和工业元素。东郊记忆对老厂区的建筑格局、道路格局进行完整的保留，并对建筑外立面进行修复、加固和建设，使其承袭一种标志性的苏式格局、传承工业时代特征。

（2）复刻标语文化。东郊记忆通过铝板复刻等做旧技术呈现其内散落的工业标语，不仅统一工业格调，还形成别具一格的、具有时代象征意义的景观。

（3）建设历史文化载体——东郊记忆馆。该馆面积 1360 平方米，建设 6 个功能性展区，引入 40 余项科技，实现文化内涵、记忆要素、科技手段的完美融合，讲述成都工业"从无到有"的发展史诗，是"成都市科普基地""成都市未成年人社会主义核心价值观教育基地"。

（4）物态改造，创新表达工业文化内涵。东郊记忆的绝大部分景观物品是由原红光厂及东郊各工厂遗留下来的工业部件（如煤车、工业零件、锅炉罐体、显像管玻壳等）再创造而来，历史底蕴与现代艺术的碰撞，焕发新的生命力。

根据规划，未来东郊记忆还将不断加强内容建设，推动工业旅游产业和工业遗产保护融合发展，全面提升成都工业软实力，夯实成都世界文化名城的地位。一是进一步保护中国工业文化、传承时代奋斗精神，促进文化、科技、爱国主义教育等的高度融合，实现工业文化旅游消费的增长，促进社会经济的可持续发展。二是进一步挖掘中国工业文明传承载体，借助成功打造工业保护项目的经验，为更多工业传承项目助力，推动中国工业旅游的发展，为保护工业遗产、传承工业文明推波助澜。三是充分响应国家"大众创业，万众创新"的宏伟号召，结合园区工业记忆特点，融合文化创意、精品展演及互联网产业等多个文化产业特色，将东郊记忆打造成为兼具工业遗存保护与文化创意产业结合的新型文化旅游景区。四是发展天府文化，深化内容建设，推动文化领域供给侧结构性改革，引导和扩大文化消费，助力成都建设国际知名文创中心，通过大型国际文化交流活动的举办，实现消费方式的转变和消费结构的升级，推动成都建设成为国家中心城市，提升成都文化自信和中国文化的国际影响力。五是进一步整合西部特色民族传统文化、民族工业文化，依托"一带一路"倡议，打造高公信力的特色文化品牌，打通四川省特色文化传播渠道，实现四川省民族文化走出去，促进民族团结和文化交融。六是进一步整合四川省音乐全域产业链条，通过四川省特色音乐产业孵化平台，打造成都音乐产业聚合发展高地，巩固成都中国音乐产业第四城的地位。七是以"工业+""文化+""旅游+""互联网+""音乐+"等全方位的提升和产业跨界融合，促进四川省多元产业链条的建设和发展。

（二）水井坊博物馆

1998年8月，四川水井坊股份有限公司的前身——四川全兴股份有限公司在对位于成都市锦江区水井街的生产车间进行旧厂房改造时，偶然发掘出土了距今已有600多年历史的水井街酒坊遗址，该遗址占地面积为1700平方米，发掘面积为280平方米，出土遗迹包括晾堂3座、酒窖8口、灶坑4座、灰坑4个、灰沟1条、蒸馏设备冷凝器基座、路基、石条墙基、木柱及柱础等，出土文物以陶瓷酒具、食具为主，年代最早可以追溯到元末明初。水井街酒坊遗址历经元、明、清三代600余年基本连续不断，发掘出土的遗迹现象可复原整个白酒酿造工艺的全部过程，堪称中国白酒酿造工艺的一部"无字史书"，被誉为中国白酒行业的"兵马俑"，为研究中国白酒传统酿造工艺的发展历程提供了珍贵的第一手材料，丰富了中国传统酒文化的研究内容。

水井街酒坊遗址是首项荣获"全国十大考古新发现"（1999年）表彰的中国传统工业遗产类型遗址，也是首个由国务院公布为全国重点文物保护单位的酒坊遗址（2001年）。2006年、2012年、2019年先后3次被国家文物局列入《中国世界文化遗产预备名单》。2008年，承载于成都水井街酒坊之上的水井坊酒传统酿造技艺，被国务院列为国家级非物质文化遗产。2019年，成都水井街酒坊先后被认定为"四川省第二批工业遗产""第三批国家工业遗产"。

为加强对遗址的保护和利用，2007年，由成都博物院拟定的《水井街酒坊遗址保护规划》经国家文物局批准，其中明确规定要对遗址进行保护性展示；2009年，包括遗址建筑维修和现场生产作坊重建在内的博物馆工程建设项目正式启动。由于水井街酒坊遗址为全国重点文物保护单位，国家文物局对在遗址上修建博物馆的审批手续格外严格和谨慎，从建筑到展陈，从设计到用料，每一个方案、每一次重要改动都必须报国家文物部门批准；2010年8月，国家文物局最终批准《水井坊博物馆展陈方案》；2011年6月，水井坊博物馆破土动工；2013年，水井坊博物馆建成并对外开放。

传承600余年的成都水井街酒坊，具有历史、文化、艺术等多元化价值，四川水井坊股份有限公司利用工业遗产，将600余年的酿酒发展历程、酿造工艺与生产作业区相结合，营造了一处集文化、历史、生产工艺流程、互动体验、购物为一体的工业博物馆。此外，水井坊博物馆创行业先例，与中国文物保护基金会联合发起并成立"中国文物保护基金会水井坊非遗新生专项基金"，通过征集、资助社会非遗项目，探索非遗的保护、传承、创新和可持续发展之路。2019年，"第七届中国·成都国际非遗节"锦江分会场活动在水井坊博物馆成功举办，以"沉浸式戏剧"体验方式，让观众边走边看边"演"、全感官体验工业遗产的传承魅力。

未来，水井坊博物馆将充分利用工业文化资源，进行展陈升级、互动创新、服务模式创新、业态规划创新，立志将博物馆打造成为一处兼具历史和现代、文化和时尚的工业旅游示范点。

（三）"两弹城"

位于绵阳市梓潼县的"两弹城"是我国唯一的核武器研制单位——中国工程物理研究院的院部机关旧址。从1965年基地建设启动，到陆续迁入，再到1992年全院迁往绵阳科学城，长达27年之久，使梓潼县成为中国原子弹、氢弹的研发基地，成为中国核武器科技事业发展史第二阶段的科研基地和第二个核武器研制基地的指挥中心。"梓潼时期"是中国原子弹、氢弹、中子弹等核弹武器化、小型化、实战化发展的关键时期，也是核弹和导弹结合的关键时期。这一时期铸就中国核大国的历史地位，为中国退出核试验、全面禁核打下了坚实的基础。这一时期，"两弹一星"功勋奖章获得者邓稼先、于敏、王淦昌、陈能宽等院士都在此工作和生活，张爱萍将军及党和国家领导人多次来此检查和指导工作，有力推动了我国核事业的发展。

目前，基地仍完整保存着大礼堂、办公楼、档案馆、模型厅、情报中心、邓稼先旧居、王淦昌旧居、将军楼等60年代建筑物及防空洞、国魂碑林等众多纪念实物。在第三次全国文物普查中，中国工程物理研究院院部机关旧址被列入全国"百大文物新发现"之列。近年来，梓潼县委、县政府以"文旅兴县"为抓手，对遗址进行全方位的规划，并于 2013 年投资近 8000 万元，在保持原貌的基础上对部分建筑进行改造提升，将原模型厅、职工活动室、印刷车间改建成"两弹历程馆"，将原防空战备洞改建成"三防教育馆"。目前，基地基本形成"两馆一区"（"两弹历程馆""三防教育馆"及"两弹元勋旧居"参观区）的格局。与此同时，梓潼县围绕"三山两城一水"的总体旅游布局，为遗产项目建成连接县城的宏德大桥，大型生态停车场和游客接待中心，以及省道 302 连接线和国道 108 连接线，彻底改变基地的交通状况。

目前，"两弹城"以独特的历史背景和鲜明的时代文化，成为人们怀旧体验、休闲度假、红色旅游、拓展训练的首选之地，已被列入"全国红色旅游经典景区"，先后被有关部门命名为"九三学社全国传统教育基地""国防科技工业军工文化教育基地""全国社会科学普及基地""全国中小学生研学实践教育基地""四川省爱国主义教育基地""中国'两弹一星'红色文化社科普及基地""四川省中共党史教育基地""四川省统一战线中国特色社会主义教育基地"。每年前来"两弹城"参与红色体验的各级党政干部、党员、社会团体、学生已经超过 20 万人次。

三、未来展望

下一步，四川省将继续落实好《四川省推进工业文化发展实施方案》，力争实现"四新"目标：四川省工业精神得到有效传承和发扬，牢固树立起技术与文化刚柔并济的工业发展新理念；工业文化元素得到充分展现和释放，初步将工业文化相关产业打造成为经济增长新亮点；优秀工匠和企业大量涌现，产品质量和品牌形象显著提升，初步塑造出"四川制造"新形象；全民工业文化素养得到明显改善和提高，初步形成全社会共同参与推进工业文化发展的新格局。

（一）加强工业遗产保护利用

继续做好国家工业遗产认定申报和省级工业遗产评定工作，完善四川省工业文化遗产资源台账；依据《国家工业遗产管理暂行办法》及《四川省工业遗产管理办法》，进一步规范工业遗产保护，丰富保护利用工作举措，强化政府和市场两者的功能，支持地方政府合理利用工业遗址资源，探索"工业企业＋地方政府＋学校＋旅行社＋文创公司"等多方合作模式，培育发展工业旅游等工业文化产业；积极探索工业遗产保护利用新业态、新模式，充分挖掘工业遗产的历史价值、文化价值，发挥工业遗产在提升制造业品质、促进产业转型升级和满足人民日益增长的美好生活需要等方面的重要作用，增强四川省工业文化软实力和核心竞争力，助力制造强省建设。

（二）推动工业博物馆建设

推动建设"四川省工业博物馆"和"中国（四川）白酒博物馆"，集中展示四川省工业及重点行业发展历程，进一步坚定文化自信，弘扬工匠精神，补齐四川省工业文化精神谱系短板。

（三）促进旅游持续健康发展

推动落实《四川省工业旅游发展规划 2021—2025》，持续开展好省级工业旅游示范基地认定和政策支持，充分发挥工业旅游在新旧动能转换中的重要作用，丰富旅游产品供给，更好地满足人民群众日益增长的美好生活需要；深入实施"工业＋旅游"融合发展战略，繁荣发展工业文化，助推四川省工业转型升级，打造文旅精品；强化成渝工业文旅合作机制，依托成渝工业旅游联盟，落实成渝双城经济圈工业文旅计划。

（四）加大媒体宣传力度

充分运用传统媒体、新媒体等各类传播途径，加强工业遗产保护利用、工业旅游等工业文化宣传，充分调动社会力量，运用各类展会和文化节庆活动展示四川省工业文化成果，宣传工业遗产保护利用案例；支持创作工业题材影视文学作品，强化工作宣传和交流；推动成立四川省工业文化协会，打造四川工业文化公众号。

（五）积极开展培训教育

继续组织开展继承弘扬"三线"精神、东汽精神有关座谈研讨和学术研究活动，推动将学习弘扬工业精神纳入干部教育培训内容；探索开展工业精神进企业、进校园、进机关、进社区等活动。抓好工业文化相关政策落地落实，开展好"天府工匠"等评选活动，培育弘扬企业家精神、工匠精神、创新精神、诚信精神。加强区域协作，与重庆市有关部门联合开展好川渝工业文化教育实践基地等工作。

专题篇

世界级竞争力集群培育与集群文化建设

党的十九大报告明确提出培育若干世界级先进制造业集群,"十四五"时期是我国建设世界级先进制造业集群的关键时期。当前,我国已初步形成了一批集聚效应明显、产业特色鲜明、创新能力较强、网络协同合作的产业集群,但与世界级集群相比仍有较大差距,既体现在企业实力和技术水平等硬实力差距上,更体现在集群的创新生态、品牌影响力、标准话语权、文化吸引力等软实力差距上。亟须加强以创新共享为导向的软实力建设,用好集群生态构建、品牌标准建立、文化建设等手段,提升集群竞争优势和国际话语权,加快建设世界级先进制造业集群步伐。

一、我国产业集群发展现状

近年来,我国加快产业集聚区的集群化转型步伐,集群的技术驱动力不断增强,企业技术创新活跃度提升,集群竞争力优势进一步显现。

(一)产业集群化速度不断加快

20世纪90年代以来,我国产业园区发展进入快速发展阶段,一大批产业园区迅速崛起。截至2021年年底,我国已建设了200余家国家级经济技术开发区、近200家国家高新技术产业开发区和400余家国家新型工业化产业示范基地。国家发展改革委、科技部、工业和信息化部从不同角度开展了战略性新兴产业集群、创新型产业集群、先进制造业集群的培育发展工作。依据公开信息,截至2021年年底,国家发展改革委已培育发展了66个战略性新兴产业集群;科技部确定了61个创新型产业集群试点单位、47个创新型产业集群培育单位;工业和信息化部实施的先进制造业集群竞赛中已有25个集群决赛胜出。

（二）产业集群有力支撑经济增长

产业集群已经成为我国经济增长的重要驱动力。面对 2020 年新冠肺炎疫情的冲击，产业集群有力地稳定了全国经济的发展。一是产业集群引领我国经济增长。2021 年，25 个国家先进制造业集群主导产业产值近 10 万亿元，有 17 个产业集群主导产业产值同比增速超过两位数。以创新型产业集群为例，2020 年，我国 108 个创新型产业集群共集聚了 25953 个规模以上工业企业，实现工业总产值 47032.3 亿元，比 2019 年增长 4.3%，高于我国同期 GDP 增速 2.1 个百分点，比 2014 年的 31417.5 亿元增长 50%（见图 1）。二是产业集群是我国经济发展的利润中心。仍以创新型产业集群为例，2020 年，集群实现净利润 5711.8 亿元，比 2019 年增长 36%，远远高于同期全国平均利润增长水平（2020 年，规模以上工业利润同比增长 4.1%，规模以上服务业企业利润下降），比 2014 年的 2902.1 亿元增长 97%。

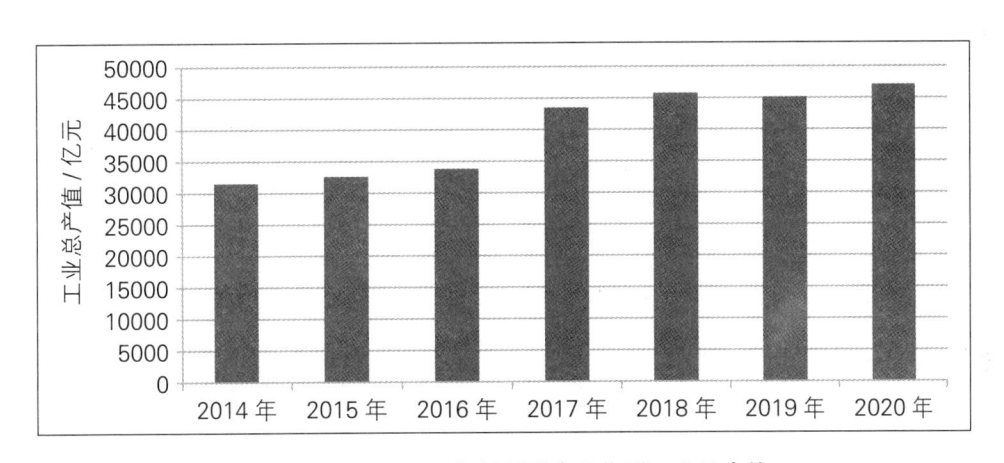

图 1　2014—2020 年创新型产业集群工业总产值

（三）产业集群成为区域核心动力

一是产业集群对区域财政收入和就业做出较大的贡献。仍以创新型产业集群的统计数据分析，2018 年，我国创新型产业集群上缴的税费达到 3262.3 亿元，为历年最高；2020 年，创新型产业集群上缴税费 2995.0 亿元，受新冠肺炎疫情影响比 2019 年略有下降，但比 2014 年的 1785.3 亿元增长 68%（见图 2）。2014—2020 年创新型产业集群上缴的税费平均增速为 9.7%，高于全国一般公共预算收入 3.9% 的增长水平，仍显著高于全国平均水平。二是产业集群成为区域竞争力的有力体现。2019 年，工业和信息化部启动先进制造业集群竞赛。截至 2021 年，已有 25 个先进制造业集群通过决赛，广东省和江苏省分别有 6 个产业集群入选；浙江省有 3 个产业集群入选；湖南省、山东省、上海市和四川省分别有 2 个产业集群入选；安徽省和陕西省分别有 1 个产业集群入选。在 2021 年的 GDP 排名中，广东省 GDP 达到了 124369.7 亿元，排名第一；江苏省 GDP 达 116364.2 亿元，排名第二；山东省 GDP 排名第三，浙江省 GDP 排名第四。区域经济竞争力越强的区域，先进制造业集群入选数量越多，先进制造业集群已成为区域竞争力的集中体现。

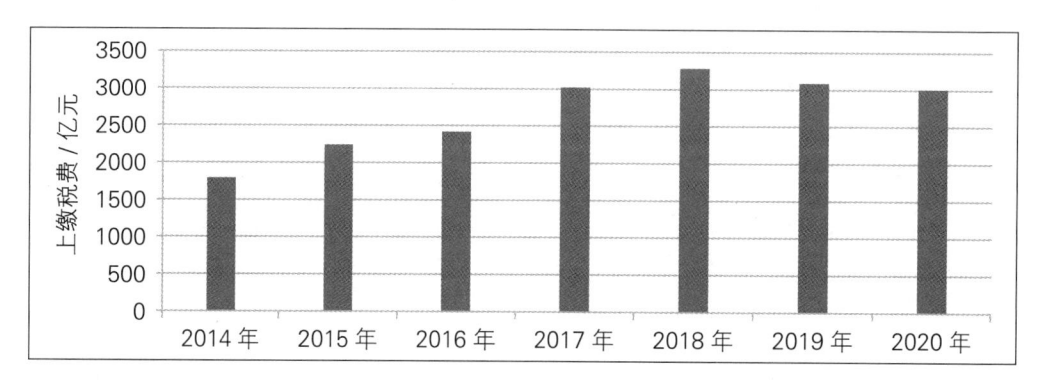

图 2　2014—2020 年创新型产业集群上缴税费

（四）产业集群协同创新能力增强

产业集群内部企业在合作中进行知识流动互补，通过正式和非正式的企业交流，能够有效提升创新效率。近年来，我国产业集群创新能力不断提高。一是产业集群内高技术企业繁荣发展。据不完全统计，2021 年在 25 个先进制造业集群中，新增发明专利授权数量为 62 万个；在创新型产业集群中，高新技术企业由 2016 年的 5354 个增加到 2020 年的 11881 个，增长了一倍多，高新技术企业占全部企业总数的比例由 2016 年的 38% 上升到 2020 年的 46%，高于全部企业的增长水平（见图3）。二是集群创新投入领先全国。据公开信息整理，25 个先进制造业集群的研发投入强度至少是全国工业研发投入强度的 5 倍；2018 年、2019 年、2020 年创新型产业集群企业科技经费支出占营业收入的比例分别达到 4%、4.7%、5%。三是集群协同创新能力增强。产业集群更容易促使企业之间合作达成技术转让等协议，能够明显有效促进技术协同创新。2020 年，创新型产业集群中企业认定登记的技术合同成交金额为 1870 亿元，同比增长 93%；产业集群内企业当年授权发明专利数逐年上升，由 2016 年的 17931 件增长到 2020 年的 40425 件。

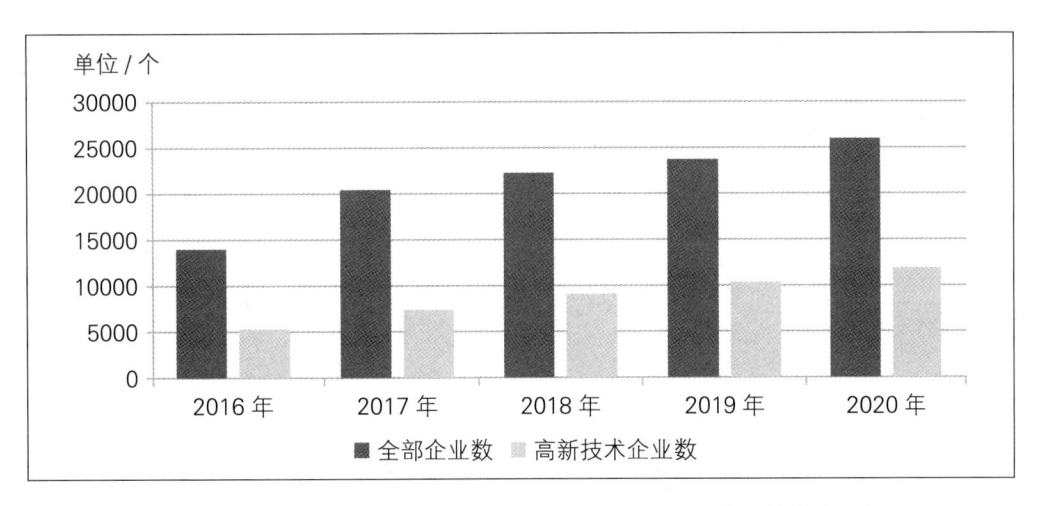

图3　2016—2020年创新型产业集群中的企业数与高新技术企业数

（五）产业集群集聚高质量要素

产业集群内集聚了一批高质量创新载体、人才、金融等要素，是产业集群良好创新生态的重点，要素与产业高度融合，形成了科技、产业、人才、金融等的高水平循环。一是集聚了大量的优质技术创新载体。产业集群内的大量优质技术创新载体为产业集群提供了良好的科技中介服务和公共平台服务。例如，我国25个先进制造业集群中，国家级技术创新载体数量[①]已达近1000个；创新型产业集群中，国家级科技企业孵化器由2016年的175个增加到2020年的299个。二是对人才的集聚效应突出。25个先进制造业集群集聚了大量的高技能人才，部分集群高技能人才占比达到30%以上。据《中国火炬统计年鉴》数据，创新型产业集群中大专以上的从业人员占总从业人数的比重在50%以上。2020年，创新型产业集群科技活动人员达到了116万人，占总从业人数（430.8万人）的27%。产业集群吸纳了专业化的人才集聚，形成了人才的交流与学习空间。三是集聚了各类金融机构。我国战略性新兴产业集群、创新型产业集群、先进制造业集群所在的城市，基本都集聚了包括银行、证券、基金、风险投资在内的多层次金融机构，不少集群都建立了金融中心，设立了专门的产业投资基金。据统计，创新型产业集群中金融机构由2018年的2072个增加到2020年的2287个。

---

① 主要包括国家制造业创新中心、国家技术创新中心、国家产业创新中心等重大创新载体，以及国家重点实验室、国家工程研究中心、国家企业技术中心、国家级工业设计中心等创新载体。

（六）集群文化建设逐渐受重视

集群文化是产业集群的灵魂和核心。产业联盟组织对集群文化的形成起到了积极的推动作用，集群内产业联盟组织的发展程度在一定程度上能够有效衡量集群文化的建设水平。近年来，我国第三方集群促进组织发展逐渐受到重视，国家发展改革委、科技部、工业和信息化部在推动战略性新兴产业集群、创新型产业集群、先进制造业集群培育发展工作中，均突出了对集群促进组织的培育和发展。例如，战略性新兴产业集群培育方案中提出探索"产业园区+创新孵化器+产业基金+产业联盟"的一体化模式，先进制造业集群培育工作中支持集群龙头企业、社会团体、科研机构等发起成立集群发展促进组织，着力打造一批市场化运营、长期稳定为集群服务的第三方专业力量。据统计，创新型产业集群中产业联盟组织数量不断增加，由 2016 年的 187 个增加到 2020 年的 379 个，5 年时间增加了一倍多（见图 4）。

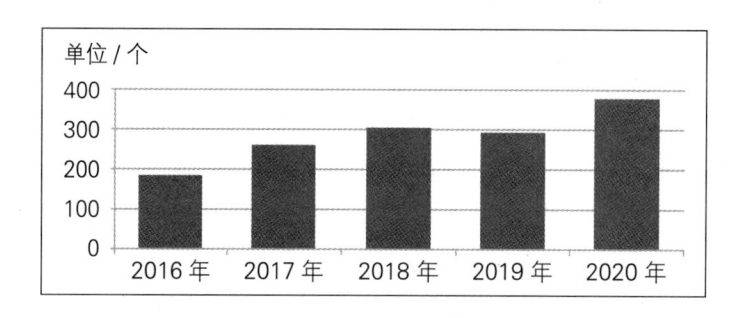

图 4 2016—2020 年创新型产业集群中产业联盟组织数量

二、世界级领先集群竞争力分析

钻石模型[①]和 GEM 模型[②]是分析产业集群竞争力的典型模型。综合两种分析方

[①] 迈克尔·波特（M. Porter）在提出产业集群概念时，建立了产业集群竞争力的分析方法——钻石模型。在钻石模型中，影响产业集群竞争力的因素有 6 个，分别是生产要素、需求条件、相关与支持性产业、企业的战略、结构和竞争对手、机会和政府政策。
[②] 在波特钻石模型的基础上，Tim Padmore 和 Hervey Gibson 于 1988 年提出了 GEM（Groundings Enterprises Markets）模型。GEM 模型认为影响产业集群竞争力的因素有基础因素、企业因素和市场因素，其中，基础因素包括资源和设施，企业因素包括企业的战略、结构和竞争以及供应商和相关辅助行业，市场因素包括本地市场和外地市场。

法，本小节拟从生产要素、需求条件、相关与支持性产业、企业的战略、结构和竞争对手、机会和政府政策等 6 个方面分析研究美国硅谷地区[①]和德国德累斯顿地区[②]两个世界级领先集群的竞争优势（见表 1）。

表 1 美国硅谷地区和德国德累斯顿地区竞争优势对比

竞争优势项目		美国硅谷地区	德国德累斯顿地区
生产要素	（创新和人才要素）高校及研究机构	斯坦福大学 加州大学戴维斯分校 加利福尼亚大学旧金山分校 橡树岭国家实验室 贝尔实验室	德累斯顿工业大学等 4 所大学 弗劳恩霍夫协会的研究机构 莱布尼茨学会的研究机构 马普学会的研究机构 亥姆霍兹学会的罗森多夫研究中心 5 所职业技术培训学院
	（金融要素）资本来源	政府投资以及风投公司投资	政府投资以及"萨克森硅谷"运营收入
需求条件		政府以及军队支持	政府支持
相关与支持性产业		电子工业与计算机产业 汽车制造业 工业互联网产业	能源创新产业 电子工业与计算机产业 高端制造业

① 1938 年，斯坦福大学毕业生休利特和帕卡德在恩师特曼教授的支持下创立了惠普公司，被广泛认为是硅谷起源的标志。1955 年，在特曼的邀请下，"晶体管之父"肖克利将半导体实验室建立在硅谷，并于 1963 年到斯坦福任教。自此，硅、晶体管和集成电路在硅谷扎根，硅谷步入了高速发展时期。目前，硅谷地区是美国乃至世界的科技创新中心。20 世纪 50 年代以来，硅谷已经孕育了惠普、英特尔、甲骨文、苹果、雅虎、谷歌、特斯拉等高科技企业；《2021 硅谷指数》提出，2020 年硅谷地区风险投资继续创纪录，总规模达 264 亿美元（约合人民币 1782 亿元），美国 1/4 的"独角兽"公司（市值在 10 亿美元以上，约合人民币 67.5 亿元以上）和 2/3 的"十角兽"公司（市值在 100 亿美元以上，约合人民币 675 亿元以上）的总部位于硅谷。
② 德累斯顿是德国东部萨克森州首府和第一大城市，是德国东部城市重建及经济结构转型的成功范例。德累斯顿过去的主导产业是采矿、炼钢等重工产业集群，后来制定了发展半导体工业、制药工业、机械与汽车工业的经济促进计划。目前，这 3 个产业已成为当地经济的主导产业。德累斯顿及其周边的萨克森地区已经发展成为涵盖电子和微电子领域的欧洲最大、全球第五的微电子和信息及通信技术产业集群"萨克森硅谷"，入选"欧洲集群卓越计划"，并且其派生出的面向能源效率创新主题的 Cool Silicon 产业集群入选德国领先产业集群。

续表

竞争优势项目	美国硅谷地区	德国德累斯顿地区
企业的战略、结构和竞争对手	特斯拉（美国电动车及能源公司） 惠普（美国信息科技公司） 谷歌（美国跨国科技公司） 雅虎（美国互联网公司） 罗技瑞士（美国云周边供应公司）	英飞凌（德国科技公司） 世创（德国电子材料公司） 超威（美国半导体公司） 格罗方德（美国半导体公司） 日本凸版（光掩膜公司）
机会和政府政策	美国区域创新集群计划 美国"先进制造业国家战略计划"	德国领先集群计划 德国走向集群计划 欧盟"地平线2020"计划

资料来源：工业和信息化部工业文化发展中心整理。

总体来讲，世界级领先集群竞争力主要体现在如下方面。

（一）良好的创新生态是核心动力

从美国硅谷地区和德国德累斯顿地区（以下简称"德累斯顿集群"）两个产业集群看，丰富优质的创新、人才、金融等要素条件，是集群得以形成良好的创新生态、促进产业链与创新链融合发展、保持可持续竞争优势的核心。

一是产业集群所在地均有优质的大学或科研机构，创新链和产业链有效融合，为产业集群提供了智力源和人才源。例如，在硅谷的形成和发展中，斯坦福大学为硅谷的形成和崛起奠定了坚实的基础，培养了众多高科技公司的领导者，其中包括惠普、谷歌、雅虎、耐克、罗技等公司的创办人。此外，加州大学戴维斯分校、加利福尼亚大学旧金山分校等高校也为硅谷培养了大量的人才。德累斯顿地区的高端人力资源保障也来源于大学。该区域拥有4所综合类大学，其中，德累斯顿工业大学是世界顶尖理工类大学之一；同时，20世纪90年代以来，德国主要科研机构相继在此设立分支机构，为其转型发展提供了丰富的智力资源；此外，该区域拥有5所职业技术培训学院，为产业集群提供了大量的专业技能人才。

二是都具备较为完善的产学研合作机制。繁荣的风险投资为新技术的转化提供了活力。硅谷地区企业绝大部分融资环节是由商业化机构完成的，其中，风险资本对创新生态的形成发挥了重要作用。调研机构Deal room和伦敦发展促进署（L&P）的最新报告显示，2021 年初创企业获得的总融资达到史无前例的 6750 亿美元，相比 2020 年翻了一番。美国是风投最热衷的区域，吸纳了接近全球风投融资总额的一半，其中美国的产业集群吸金能力位居前三的分别是硅谷所在的旧金山湾区（1009 亿美元，约合人民币 6800 亿元）、纽约（475 亿美元，约合人民币 3200 亿元）、波士顿大区（299 亿美元，约合人民币 2015 亿元）。德累斯顿集群则通过萨克森州硅谷管理有限责任公司形成"萨克森硅谷"，使得产业集群内各主体之间及产业集群之间的智力分享更容易和高效，推进形成了政产学密切合作的"三螺旋"结构。如今，"萨克森硅谷"已由最初的 20 个成员发展为一个拥有 350 多个成员、年预算 80 万欧元（约合人民币 550 万元）的私营实体，其大部分资金来自占组织成员 80% 的中小企业，产业集群成员不仅分布在萨克森州，而且包括德国其他地区及新加坡等国家的企业。

（二）政府支持助力产业集群发展壮大

产业集群良好的集聚效应，有力地促进产业集群内的知识流动和协同创新，但在创新过程中，基础研究、应用研究、产业化往往存在一些难以跨越的障碍，被学者形象地表达为"魔鬼之川""死亡之谷""达尔文之海"。从世界级领先集群的早期发展看，政府支持对企业跨越"死亡之谷"、产业集群发展壮大发挥了重要作用。例如，硅谷的主导产业是电子工业和计算机产业，最初主要的需求者就来源于政府。需求动机激发了 1959 年德州仪器实验室发明集成电路，而在集成电路发明后的 6 年内，政府对德州仪器实验室资助达 3200 万美元。20 世纪 60 年代半导体产业发展初期，政府采购集成电路的产品数量一度占到企业全部产量的 37%～44%，在得到初步回报后，政府才降低采购与资金支持力度，将产业发展转接给个人与企业投资者，再借助市场效应扩大规模。2021 年美国政府公布《2021 年美国创新和竞争法案》，预计将在 2022—2026 财年拨款 500 多亿美元专门用于增加半导体、微芯片和电信设备的研发和生产。

（三）网络协作机制是重要支撑

世界级领先集群内部都形成了跨领域的产业集群网络协作机制。在硅谷，电子工业和计算机产业的发展带动了劳动密集型制造业的发展。随着硅谷地区劳动力成本的上升和经济全球化的发展，这些劳动密集型制造业逐渐被迁移到亚洲等地区。

2010年后硅谷出现人工智能、无人驾驶等技术，进而形成了技术采集数据、人工智能算法处理数据的智能制造，联合工业互联网形成高度灵活、个性化、网络化的生产链条，实现了传统制造业的产业升级，如汽车行业的特斯拉公司。又如，20世纪90年代，德累斯顿推出发展半导体工业、制药工业、机械与汽车工业的经济促进计划，并且大规模重建了基础设施，吸引了AMD、英飞凌、大众汽车、空中客车、日本凸版等公司在此投资。半导体产业领域的代表企业集聚在这里，在竞争与合作中不断产生本地蜂鸣，并进一步与当地丰富的科研机构、大学等协同合作，共同促进本地半导体产业成熟。在突破地域的开放式协作过程中，英飞凌、世创等本地生产系统内的领先企业在技术及知识的扩散中发挥主导作用，作为本地创新系统的技术守门员，通过正式或非正式联系为本地蜂鸣与全球通道搭建互动桥梁，继而推进德累斯顿地区融入全球半导体及相关产业价值链。

（四）繁荣的集群文化是向心力

完善的框架制度、卓越的集群文化是产业集群创新、协作、共享和可持续发展的动力和基础。卓越的集群文化能够促进产业集群内更好地开展科技活动，为人类创造新的知识，实现经济效益、社会效益和环境效益等综合效益。美国硅谷地区和德国德累斯顿地区都体现出卓越的集群文化。比如开放性，人才流动通畅；比如包容性，硅谷和德累斯顿的风投公司青睐失败过三次的创业者，善于从失败中找到成功的途径；再比如，"第三意大利"形成了以"传统工匠""工艺传承"为特征的集群文化，产业集群内企业在继承传统古老工艺的基础上将其继续发扬光大，开发出独一无二的产品，其首饰设计与加工就被称为"国王艺术"。这些产业集群在建立产业文化、尊重地域文化、融合区域文化的基础上，对产业集群内的企业文化进行整合与协同，形成了特有的集群文化。

三、我国产业集群与世界级领先集群的差距

（一）创新生态不健全

1. 以市场机制为核心的创新生态不完善

硅谷、德累斯顿等世界级领先集群的技术创新服务体系均由商业化机构完成，

在市场机制下，相关服务机构自发建立运行，按市场化独立运作，自负风险及享受利益。同时，硅谷和德累斯顿也设立了政府主导型中介组织作为服务体系的补充和完善，帮助政府和创新企业及科研机构合作，维护市场秩序。相对来看，我国的协同创新生态主要由政府主导，通过政府政策引导产业集群的协同创新，技术创新服务体系还不够完善，技术创新服务机构数量较少；产业集群中主体间的协同创新活动仍然主要以项目主导的形式开展，产业集群企业在利益分配机制、信任机制下相互协作开展产业技术创新的模式未形成，甚至仍然存在同类企业恶性竞争的现象。

2. 大学或科研机构对产业集群创新的作用不足

在硅谷，政府、企业和高校及科研机构是创新生态系统中重要的组成部分。高校及科研机构是将科技成果转化为产品的核心渠道，并通过建立公共交流平台使得信息快速传播。硅谷地区的高校定期召开学术研讨会，邀请领域内顶尖专家学者对最新学术前沿进行研讨。此外，还通过科研机构组织的活动以及大型的国际商业展会，将知识有效转变为产品，促成产品和项目的落地。与之相比，我国产业集群周围的大学或科研机构则缺乏良好的合作机制和氛围，大学或科研机构并未较好地成为产业集群创新的重要源泉。除此之外，科研机构以及其他技术转移服务机构的数量也比较少，未能形成竞争性的市场结构。

（二）网络协同效应不足

1. 龙头企业影响力不强

德累斯顿在原有的汽车工业、机器制造业以及微电子、软件开发产业的基础上，引进了国外的半导体、汽车制造等企业，在竞争与合作中，本地的科研机构、大学等协同合作推进本地半导体产业技术创新，本地的龙头企业也主动与世界先进水平企业搭建互动桥梁，融入全球半导体及相关产业价值链。在我国，多数产业集群的龙头企业国际竞争力不足，标准话语权不够，不能对国际市场产生强大的影响力。在此背景下，对产业集群内的影响也主要体现在供应链上，未能在创新、标准制定等领域充分发挥引领作用，无法带动产业集群与国际市场充分连接。

2. 企业间缺少交流合作机制

产业集群是在产业链上依靠建立完善的契约机制与信任机制而实现运行的。产业集群内企业为保障自身利益、形成相互制约，通常会制定详尽的契约。但由于现实经济中的信息不对称，契约内容很有可能缺失或有失偏颇。这时，信任机制的存在会让产业集群内企业间的信息交流更为彻底和坦诚，从而避免恶性竞争对企业乃至整个产业集群利益的损害。在硅谷和德累斯顿，信任机制已成为产业集群内企业间紧密合作的重要支撑。但在我国，产业集群发展的制度环境还不健全，促进产业集群创新发展的政策体系不够完善，产业集群内的非正式制度安排探索不足，导致产业集群内企业之间未能充分进行交流合作，产业集群内的企业没有形成发展命运共同体，未能形成多层级、网络化的产业集群发展格局，区域的联动性不足。

（三）公共服务能力不足

1. 科技服务中介组织作用不足

科技服务中介组织是面向社会开展技术扩散、成果转化、科技评估、创新资源配置、创新决策和管理咨询等专业化服务的机构。科技服务中介组织可以直接参与服务对象的技术创新过程，如生产力促进中心、创业服务中心；可以利用技术、管理和市场等方面的知识为创新主体提供咨询服务，如科技评估中心、情报信息中心；可以为科技资源有效流动、合理配置提供服务，如科技条件市场、技术产权交易机构。硅谷有专业的技术转移服务机构，主要职能是为大学和科研机构的技术成果申请专利，并将实施权转移到合适的企业，转让费的一部分作为收益返还给成果所有者，同时反馈社会、产业界的需求信息。目前，我国产业集群围绕人力资源、投融资、创业服务、管理咨询等方面的服务发展较快，但提供的服务内容还比较基础，在促进知识流动、研发创新、技术中试、成果评价和转化等核心领域能力不足。

2. 公共服务平台功能缺失

公共服务平台是针对产业集群内技术创新主体的公共需求，通过组织整合、集成优化各类资源，建立共享共用的基础设施、设备和信息资源共享的各类渠道，并以此提供统一解决方案的服务平台。德国德累斯顿地区通过集群发展促进组织和平台的建立，使得要素在产业集群内部顺畅流动，进而促进产业集群的发展。例如，集群发展促进组织通过召集产业集群内企业共同申报政府资助的产业集群项目，为产业链上下游企业建立联系，促进组织发挥的纽带作用使得企业与企业间、企业与科研院所间能够开展合作,促进了创新要素的流动。近年来,我国产业集群的交通、网络通信、标准厂房等硬件设施日趋完善,但软性服务能力仍待加强。产业公共服务资源分散,缺乏统一的标准和规范,资源汇聚程度和服务能力不足以支撑产业集群的创新升级发展;行业协会等第三方非营利组织发育缓慢,服务作用主要集中在行业会议举办、企业政策服务等领域,不能充分适应产业集群发展的需求。

(四)集群文化建设较为滞后

1. 集群的品牌质量发展滞后

区域品牌包含区域性、产业特色和品牌效应三个要素。产业集群作为一种经济地理现象,隐含着区域品牌的要素和内涵,其中地理位置是区域品牌的立足点。区域品牌是集群文化的体现,产业集群发展与区域品牌紧密联系在一起。德累斯顿地区政府和行业协会引入"萨克森硅谷"质量标签,在推动产业集群质量提升的同时,更是作为产业集群质量的一个识别标志,直接使产业集群获得区域品牌优势。而从我国看,产业集群公用品牌发展不足,虽然建设了一些特色的产业集群区域品牌,但主要集中在农业领域,强调地理标志,立足产业集群的公用品牌仍然较少。

2. 参与集群文化建设的成员较少

集群文化包括制度层面的文化,如各种规章制度、社会行为规范及潜规则,也包括产业集群内部自发形成的惯例,以及各种组织管理机制、协调机制、约束机制等,如行业协会为协调产业集群成员关系、约束产业集群成员行动所构建的制度安排。集群文化建设要发挥产业组织联盟、行业协会等机构的作用。这些机构作为一种特殊的组织形式,比市场稳定,同时比企业灵活,能够更好地发挥建设集群文化的作用。然而在我国,一方面政府政策主要集中于推动产业集群主体发展和基础设施建设,对集群文化建设的引导不足,同时也缺乏有效的手段;另一方面,第三方组织在集群文化建设中的作用发挥不够,未能建立起各种非正式制度。

四、集群文化建设与产业集群竞争优势提升的关系

在产业集群形成和发展过程中,离不开文化的渗入、融合、塑造和升华。集群

文化已成为推动产业集群持续成长的关键动力。集群文化根植于一定的区域文化或传统文化中，是产业集群内部各成员在长期发展过程中，通过相互影响、沉淀、积累、整合，形成的一种独特整合文化，能对产业集群内部成员行为起支配作用。集群文化通过产业集群价值观引导企业的行为，进而形成产业集群的竞争力。

（一）集群文化与创新生态

1. 集群文化有利于创新动力多元化

在产业集群发展中，集群文化中共同的经营理念和发展方向等促进企业间交流合作机会增多。在交流合作的过程中，企业之间的信息流动频繁，企业之间知识溢出。这样，产业集群的技术创新不只是通过政府政策引导，而是通过企业间的竞争与合作来实现。产业集群内企业相互作用、相互影响，建立协同的创新网络，加速产业集群的技术创新和扩散速度。企业之间的合作促进工艺流程改善、产品性能提高，使技术作为一种生产要素在产业集群中产生竞争优势。

2. 集群文化有利于创新主体多样化

在产业集群内部建立学习型集群文化，鼓励企业开展创新活动的同时，重视高水平科研机构和重点实验室的建设，形成以企业为核心，科研机构、高校和科技中介服务组织参与的创新优化组合或产业集群技术联盟，从而实现产学研的深度融合。产业集群内企业、科研机构、高校、科技中介服务机构和政府以契约为纽带，围绕产业关键技术或基础技术进行协同创新，有利于提高产业集群整体技术创新能力。人才始终是产业集群发展的第一资源，也是保持创新能力的关键所在，通过校企合作进行人才培养的模式，使技术创新与市场需求契合程度进一步提高。

（二）集群文化与产业链

1. 集群文化有助于完善产业链

产业集群的经济活动根植于集群文化中，各行为主体在共同的精神风貌、道德准则、价值标准和经营理念中开展经济活动，供需双方更容易建立信任并开展合作，使得企业交易成本降低，供应链综合成本也随之降低，收益增加。强有力的集群文化使产业集群更富有凝聚力，通过激发产业集群内部各成员的生产积极性和创新积极性，产业集群整体活力得以增强，同时也加强了产业集群内部企业之间的信息沟通和合作共享，奠定了产业集群企业合作的坚实基础。良好的企业运作氛围和协作机制能够有效降低监督成本和协调成本，简化多次合作过程中的重复性工作，能够有效地形成合作互补的上下游产业链。

2. 集群文化有助于优化产业链结构

产业集群是以各自的共同性和互补性相连接而构成的企业群体。卓越的集群文化意味着良好的企业活动氛围，产业集群内各企业自觉遵守产业集群价值观和行为规范，形成共同创新、风险共担、利益共享的有效激励机制。集群文化能够使得产业集群内部有序竞争，在竞争中培育龙头企业，龙头企业与研发部门、零部件制造商、物流服务提供商等上下游企业间实现高度协同，能够使产业集群内形成完善的配套产业体系，优化产业链结构，助力企业参与国际市场竞争。同时，龙头企业利用自身在技术、资本和市场上的优势，吸引高水平的产业链上下游企业集聚发展，在区域范围内构建以龙头企业为核心的上下游企业协同发展格局。

（三）集群文化与公共服务能力

1. 集群文化促进科技服务中介组织发展

集群文化以产业集群内部各成员共同信守的精神风貌、道德准则、价值标准和经营理念为核心，以政府层面制定并实施的政策、规章制度和产业集群发展形成的组织管理机制、协调机制和约束机制等为支撑，形成了信任机制。中介组织对于信任机制的建立发挥着重要作用，中介组织通过搭建创新合作平台等方式为产业集群内企业牵线搭桥，协调企业间关系，帮助企业建立相互信任的关系，从而形成一种以集群文化为基础的信任机制。

2. 集群文化促进公共服务平台建设

良好的集群文化形成合理的产业集群生产经营机制，集群文化的凝聚力使产业集群内部企业生产经营活动协同一致，相互配合，共同感知和应对市场的变化，形成合力。在产业集群内部以集群文化为共同点，建立公共服务平台，采取灵活的运营方式，分享资源、共享利益。公共服务平台可以由企业通过互相参股、有限联合的方式形成利益共同体，形式更加灵活多样。在公共服务平台上，信息交流成本较低，通过企业的合作交流，激发学习效应，有利于知识要素的扩散，同时降低产品的同质化竞争，提高产业集群的竞争力。

（四）集群文化与品牌效应

集群文化外在主要体现在产业集群形象（如产业集群标识、产业集群造型、标志性建筑、建筑风格、产业集群环境等）、区域品牌、产品质量、服务质量、产业集群宣传推广等方面，这些方面最容易被产业集群客户所感知。集群文化能够凝聚企业形成合力，灵活响应市场变化，形成品牌竞争优势。同时，产业链供应链各环节紧密配合，使产业集群能够快速高效地应对市场局势的变化，降低成本，形成产业集群品牌和产品的竞争优势。集群文化通过品牌提升，助力产品开拓和占有市场。良好的产业集群品牌能为产业集群内企业的产品开拓和占有市场创造有利条件，使整个产业集群在市场竞争中占据有利地位，带动产业集群中的中小企业形成竞争优势。

五、集群文化促进产业集群竞争力提升的路径

培育集群文化是增强产业集群活力和创新力、培育世界级竞争力产业集群的必然选择。集群文化是链接产业集群内部各行为主体的无形纽带，约束并规范产业集群及各行为主体向共同方向发展，所产生的竞合效应间接形成独特的产业集群竞争优势。以信任、开放、创新为底蕴的集群文化能够加强企业间交流与合作，建立紧密合作关系，营造良好的营商氛围，促进技术扩张与升级。集群文化建设的滞后会阻碍产业集群能力的提升。因此，我国产业集群要高度重视并全力培育、建设和提升集群文化，从而促进产业集群的良性成长，增强产业集群竞争力。

（一）以集群文化加快产业集群创新生态建设

1. 建立集群文化网络

集群文化网络是由产业集群企业（含企业家和员工）、政府、中介机构、金融机构、科研院所、当地居民、媒体、消费者等产业集群主体在长期文化交流、互动中形成的社会网络。产业集群主体是多维的利益相关方。在集群文化网络内部，鼓励产业集群持续加强协同创新模式探索和机制改革，总结发展较好的产业集群创新网络建设的模式，形成一批可复制、可推广的经验。建立集群发展促进组织，加

强产业集群内企业与高校、科研机构及其他相关组织的经济联系和技术合作，提升产业的创新力，增强技术的根植性，形成竞合产业集群网络结构，实现知识外溢，进而提升产业集群竞争力。

2. 进行集群文化治理

文化治理作为一种与传统产业集群相适应的非正式制度安排，是多元利益主体间的持续交流、互动。集群文化治理，主要是产业集群内的地方政府、科研院所、中介机构、金融机构、媒体、当地居民等主体通过创新政策、资金、技术、知识、信息等资源，在政策机制、市场机制、社会机制的作用下不断激励、强化产业集群创新活动，推动集群创新文化发展。在产业集群内部通过文化治理，加强产业集群内创新资源的共建共享，以协同创新为导向，推进信息服务层面的跨系统融合，加强对产业集群内分散创新资源的整合和有效组织利用。

（二）以集群文化促进集群内产业链结构优化

1. 整合与协同产业集群内企业文化

一个产业集群内有很多企业，每个企业都有自己独特的企业文化。在构建产业集群整体文化的过程中，要发挥龙头企业在推动集群文化建设中的作用。龙头企业能够带动产业集群优化分工协作，与产业链供应链上的中小企业形成明显的配套协作和互利共生关系，促进产业集群内形成行业自律氛围；龙头企业还具有一定的号召力，所倡导的行为在产业集群内能得到较为广泛的响应和拥护，知识外溢带动产业集群技术革新和升级，从而带动产业集群内产业链整体向上提升。

2. 构建区域特色集群文化

影响集群文化发展的因素众多，不同产业集群其文化不可能一模一样，不同的区域、民族和主导产业，其经营活动必然受不同的文化传统、生活与生产方式、价值观和产业环境等因素的制约，并结合产业集群本身的特点而形成自己独特的、鲜明的个性。这些根植于特定区域文化的企业之间的网络式社会关系和产业氛围，是产业集群最难以被模仿的驱动力量。建立有特色的集群文化，要充分发挥产业集群集聚发展、协力创新的优势，加快形成产业集群特色优势。紧抓产业集群产业链关键环节建链、补链、强链，优化营商环境，引导企业、资金、人才、项目向产业集群集聚，构建区域内部专业化分工、协同发展、开放合作、互惠共生的集群文化，促进产业链上下游有机协作。

（三）以集群文化提高公共服务能力

1. 建立集群文化下的信任机制

集群文化能够成为产业集群内部企业之间紧密合作、信任的重要支撑。在产业集群范围内形成"信誉第一"的集群文化，建立信任机制，产业集群内企业必须立足长远发展，审慎选择合作伙伴和合作项目，以建立长期稳定的合作关系；产业集群内企业还应在竞争中努力实现自身发展，使自身成长为可以信赖和值得合作的对象。

2. 建立集群文化下的服务机制

引导产业集群制定产业公共服务体系建设的规划和支持政策，提升支持产业集群公共服务能力建设政策的精准性，重点支持服务产业集群研发创新、技术中试、成果评价和转化等方面的能力建设。还要探索模式，推动建立产业集群公共服务创新发展空间，整合并提升集群内的产融、产教、技术孵化验证等公共服务能力。通过建立合理有效的产业集群服务支撑体系，增强协同效应。

（四）以集群文化形成产业集群竞争优势

1. 追求卓越集群文化提升影响力

围绕产业集群发展水平和管理水平两个方面，开展先进制造业集群卓越水平评估，引导产业集群形成不断追求卓越的文化向心力。推进产业集群公用品牌建设，做好公用品牌的宣传推广和运营管理，提升产业集群影响力。优先在国家重点培育的先进制造业集群中，试点建设国家产业文化创新发展中心，承担我国产业文化建设和创新发展工作。

2. 培育创新集群文化增强综合实力

创新集群文化是一种开放、交融和系统的文化。作为一种组织文化，创新集群文化在产业集群的不同成员原有文化的基础上，构建整体的集群文化。产业集群需要有持续的技术创新，使得产业集群在成长壮大过程中上升力足够的强，并给产业集群带来旺盛的发展后劲。世界级产业集群大都由科技创新支撑，掌握世界领先的核心产业技术和创新能力。创新集群文化的形成与演变正是各种来源的文化不断碰撞、交融并形成开放性系统的过程。政府、企业、大学及科研院所等成员在产业集群中从事不同的创新活动，起着不同的作用，在各自相对独立的文化基础上，所有成员共同建设和维护具有相同内涵的集群文化，进而提高整个产业集群的竞争力。

加强产融合作，推动工业设计产业做大做强

产融合作是促进金融资源向企业集聚的有效途径，是推动企业发展的有力手段。加强产融合作，对于中国工业设计产业发展至关重要。2021年，工业和信息化部、人民银行、银保监会、证监会联合印发《关于加强产融合作推动工业绿色发展的指导意见》（工信部联财〔2021〕159号），引导金融资源为工业绿色发展提供精准支撑，助力制造强国和网络强国建设。工业绿色发展，需要从产品设计、生产工艺等方面优化创新，工业设计本身就是绿色产业。多个实践案例证明，通过政策引导以及股权融资、上市融资等财税金融手段加强产融合作，能够赋能工业设计企业高质量发展。

一、工业设计产业迫切需要金融支持

（一）我国工业设计产业的基本情况

门类齐全的工业体系为中国成为世界第一制造大国奠定了基础，但随着劳动力成本和资源成本的上升，低成本的比较优势正在逐渐消失。"中国制造"只有转型为"中国创造"，我国才能成为真正的制造强国。工业设计是提高产品附加值、增强企业核心竞争力、提高传统产业水平的重要途径，在我国制造业转型升级中至关重要。

据不完全统计，我国拥有完整设计研发部门的工业企业和专业工业设计公司已近14000家，全国已建成专业化工业设计产业园区超60家，将工业设计作为主营业务的文化创意类和制造服务类产业园区超过1200家。截至2020年，我国工业设计产业市场规模接近2000亿元，工业设计相关企业整体体量较大。

（二）加强产融合作对工业设计产业的重要意义

加强产融合作，能够强化信息共享，促进政策协同，提升金融服务工业设计产业的能力和效率，引导工业设计产业与金融协调发展、互利共赢，为工业设计产业提质增效、转型升级创造良好的融资环境。它是推动工业设计产业高质量发展的内生动力、重要途径和必要手段。

二、政府引导 + 多方推动，加速工业设计产融合作

产融合作不是一厢情愿，需要政府、金融机构和产业多方配合，共同推进。近年来，我国从中央到地方制定了一系列发展工业设计产业的相关政策，其中重要内容就是通过产融合作赋能工业设计企业高质量发展。

（一）政府搭台，促进工业设计产融合作

1. 工业和信息化部等多部门出台政策鼓励金融、社会资本支持企业发展

在国家层面，2019 年，工业和信息化部、国家发展改革委、教育部等 13 部门联合印发《制造业设计能力提升专项行动计划（2019—2022 年）》（工信部联产业〔2019〕218 号），提出要拓宽投融资渠道。鼓励社会资本设立设计类产业基金，完善多元化投融资机制；引导天使投资人和创业投资基金支持制造业设计能力提升项目，为设计企业提供覆盖全生命周期的投融资服务；鼓励符合条件的设计企业上市融资；鼓励银行等金融机构为设计企业提供个性化服务，拓宽抵质押品范围；鼓励担保机构设立专项担保品种，加大对设计企业和设计创新项目的信用担保支持力度。

2020 年，工业和信息化部等 15 部门联合印发《关于进一步促进服务型制造发展的指导意见》（工信部联政法〔2020〕101 号），强调鼓励融资租赁公司、金融机构在依法合规、风险可控的前提下，为生产制造提供融资租赁、卖（买）方信贷、保险保障等配套金融服务；支持领军企业整合产业链与信息链，发挥业务合作对风险防控的积极作用，配合金融机构开展供应链金融业务，提高上下游中小企业融资能力；支持有条件的制造业企业利用债券融资、股权融资、项目融资等多种形式，

强化并购重组等资本运营,推动企业转型升级;支持开展基于新一代信息技术的金融服务新模式。

2021年,工业和信息化部等8部门联合印发《推进工业文化发展实施方案(2021—2025年)》(工信部联政法〔2021〕54号),进一步提出培育工业旅游、工业设计、工艺美术、文化创意等新业态、新模式,不断提高活化利用水平;加强产融合作,发挥试点示范作用,建立翔实完备的工业文化企业数据库,为项目合作提供优质、精准的信息和服务;用好中央预算内投资等投资政策,鼓励社会资本设立文化产业发展基金,推动工业文化重大项目建设。

2. 地方各级政府结合本地实际提供具体服务和奖励

上海市发布《上海建设世界一流"设计之都"的若干意见》,鼓励社会资本成立设计类产业基金,对设计机构、设计引领型企业、设计关键环节项目等进行投入。鼓励银行等金融机构为设计企业提供特色化服务,开展知识产权和收益权等抵(质)押贷款业务。鼓励担保机构为设计产业设立专项担保品种。支持符合条件的设计企业上市融资、发行债券。支持文创园区、楼宇和空间开展项目推介、融资对接等公共服务。

山东省提出要强化财政金融支持。加大对工业设计产业的支持力度,将优质工业设计项目优先纳入财政资金支持范围;引导银行业金融机构对设计水平先进、带动和支撑作用强的工业设计企业优先给予信贷支持,提供首贷培植、金融辅导等服务,拓宽融资渠道;按照"政府引导,市场运作"的原则,充分发挥新旧动能转换基金作用,引导和支持社会资本进入工业设计创业投资领域;鼓励相关社会组织或企业设立工业设计产业发展基金[①]。威海市结合当地实际,提出支持创新设计中心建设的若干措施,如鼓励企业投资建设创新设计中心,对通过各级认定的制造业创新中心、工业设计中心、"一企一技术"研发中心企业,给予10万元至200万元奖励;鼓励国内外知名设计机构、大型企业或科研院所来威海市设立或合作建立专业性工业设计中心或分支机构;支持企业参加国际国内工业设计大赛,对获奖企业给

[①] 山东省工业和信息化厅:《山东省加快工业设计产业高质量发展指导意见》(鲁工信发〔2021〕2号)。

予10万元至50万元奖励①。德州市则提出强化财政金融支持，落实工业发展专项资金"支持工业设计创新"各项政策措施，对重大设计创新成果给予奖补；完善多元化的投融资机制，引导和支持社会资本进入工业设计创投领域，为工业设计产业发展提供覆盖全生命周期的融资服务；按照"政府引导，市场运作"的原则，充分发挥新旧动能转换基金作用，加大对工业设计领域的投资②。

江西省提出支持工业设计企业申报高新技术企业，并按规定给予相关税收优惠政策；鼓励金融机构和融资担保机构，对优质工业设计企业给予知识产权质押贷款、信用贷款和融资担保支持；支持工业设计企业发行债券或者上市挂牌融资；鼓励社会各类资本支持工业设计发展，积极引导各类投资机构投资工业设计领域③。

河北省提出加强金融支持体系建设。充分发挥河北产业投资引导基金及工业技术改造发展基金等现有省级政府引导基金作用，探索设立工业设计发展子基金，创新基金运作和管理模式，鼓励社会资本投资设计企业和设计项目，将产品作为基金主要投向，为高水平设计产品提供覆盖全生命周期的投融资服务。引导银行等金融机构为设计企业提供个性化服务，拓宽抵质押品范围④。

杭州市提出完善公共服务体系，持续优化产业生态。依托产业集群与创新载体建设专业性的产业公共服务平台，支持有条件的机构建设集合设备共享、数据共享、检验检测、投融资服务、成果交易与转化、市场推广的综合性设计公共服务平台，建立数字化服务系统⑤。

总体来看，中央及地方各级政府出台的一系列产融合作政策，从不同层面服务于工业设计企业发展。从政策内容来看，中央政策在宏观上指出方向，各省、市级政策则是更为具体的实施细则。从政策数量来看，近年各地制定的相关政策较少，其中财税金融篇幅占比较低。从地区分布来看，工业设计产业发展较好的地区政策

---

① 威海市工业和信息化局、威海市财政局、威海市大数据局：《关于支持先进制造业和数字经济发展的若干政策措施》（威工信发〔2020〕14号）。
② 德州市工业和信息化局：《关于加快德州市工业设计高质量发展的实施意见》（德工信发〔2022〕12号）。
③《江西省人民政府办公厅关于加快工业设计产业发展的实施意见》（赣府厅发〔2017〕80号）。
④ 河北省工业设计发展工作领导小组办公室：《河北省工业设计2021年工作要点》。
⑤ 杭州市经济和信息化局：《杭州市工业设计发展"十四五"规划》（杭经信规划〔2021〕59号）。

支持力度相对较大，地区间差异明显。

（二）产业基金投资情况

从现实情况来看，我国目前专门针对设计产业进行投资的相关基金很少。部分地方政府成立了（非专门）产业引导基金投资设计类产业。例如，无锡市设立知识产权股权投资基金，涉及范围包含工业设计类产业。该基金系企业直接融资，企业无须任何抵押担保，前期"零成本"融资，和基金投资人双方风险共担、利益共享。后续企业若需要流动资金，还可通过质押知识产权等方式向银行融资，实现"投贷联动"。目前，该基金已对华进半导体（工业设计企业）、源清动力（工业设计企业）等首批3家技术领先、知识产权密集但尚未实现产业化的科创型企业进行投资，投资金额为5000万元。又如，无锡太湖湾知识产权股权投资基金由财政资金、国有资金、社会资本共同组建，基金规模2亿多元，迄今投资了国奇科技（高端集成电路设计生产服务企业）和源清动力等工业设计企业。

目前，也出现了社会资本出资设立的设计类产业基金。如上海市在建设世界一流"设计之都"推进大会上公布了一系列产业基金和产业项目。其中，高瓴资本成立了设计产业基金，随后投资了深势科技（致力于运用"AI+分子模拟"技术打造新一代微尺度工业设计平台）等工业设计企业。

同时，还有部分社会资本设立的基金投资工业设计类产业。如元璟资本于2021年投资水母智能。水母智能成立于2020年11月，是致力于打造企业级可商用智能设计交付平台，为中小微企业提供完整智能设计及柔性供应链解决方案的一家工业设计企业。目前，水母智能的智能设计服务包括智能形象设计、智能包装设计和智能商品设计。类似的基金公司还包括微光创投、百图生科、清流资本、百度风投、唯猎资本和盛景嘉成等。

三、股权融资+上市，赋能工业设计企业转型升级

（一）我国工业设计行业投融资总体情况

根据《中国工业设计行业发展现状分析与投资前景研究报告（2022—2029年）》，

我国工业设计行业投融资事件数呈现波动趋势（见图1）。2017—2021年，共发生投融资事件344起，2017达到峰值100起，2018—2020年呈现回落趋势，2021年市场回暖，发生投融资事件67起，已披露投融资金额共141.37亿元。其中投融资金额最高的为11月，投融资金额为35.04亿元，占比达24.79%。其次为10月，投融资金额为26.2亿元，占比达18.53%。2022年1—5月15日投融资事件达15起，其中比科奇微电子得到了两次投融资，当前已披露投融资金额最大的事件为硅谷数模收到的Pre-IPO轮融资，金额达15亿元。

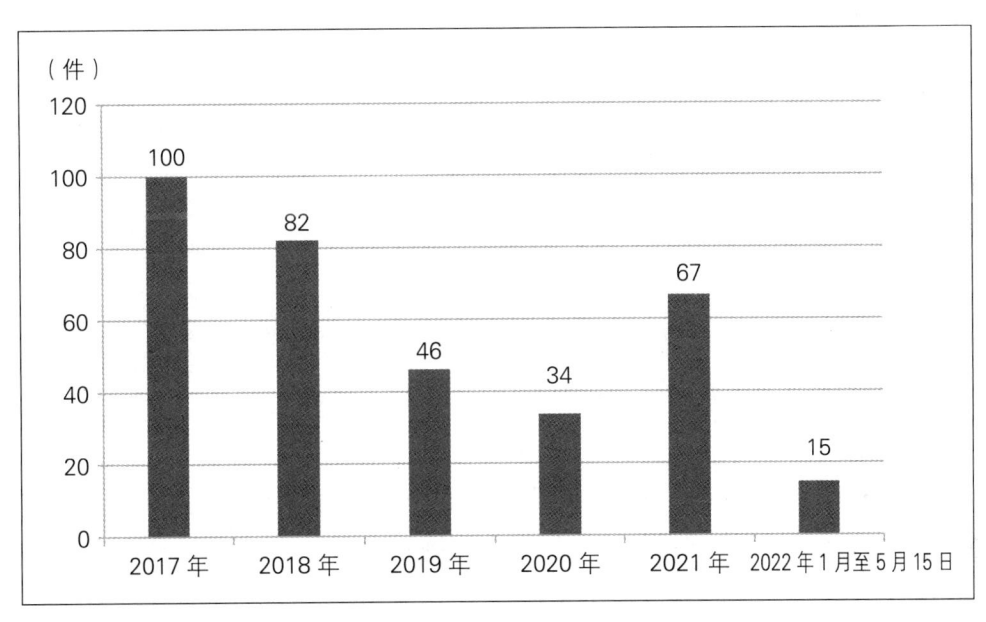

图1 2017—2022年5月15日我国工业设计行业投融资事件数[①]

（二）国家级工业设计中心股权融资案例

目前，我国工业设计企业在股权融资方面处境较为尴尬。高端制造业的工业设计多数由制造业企业自己成立的工业设计中心完成，融资通常以企业为主体进行，投资方衡量的是企业整体。专业的工业设计企业主要服务中低端制造业，通常属于轻资产企业，缺少抵押物，主要成本为人工成本，此类企业融资难、融资贵。

2013—2021年，工业和信息化部认定并公布了5批国家级工业设计中心，其中

---

① 《中国工业设计行业发展现状分析与投资前景研究报告（2022—2029年）》。

工业设计企业 43 个[①]。在这些工业设计企业中，新三板挂牌企业 3 个，创业板上市企业 2 个，进行到 A 轮融资的企业 3 个；其余 35 个没有公开的融资行为。

1. 奥杰股份

苏州奥杰汽车技术股份有限公司（简称"奥杰股份"）是中国首批独立汽车设计公司之一，致力于为汽车生产制造商、零部件厂商及消费者提供专业的汽车设计和汽车咨询服务。奥杰股份先是收到时代伯乐 2000 万元投资，又在 2017 年 4 月 6 日获 D 轮融资 2940 万元。2017 年 8 月 23 日，广州创钰铭恒股权投资基金企业（有限合伙）、铜陵明源循环经济产业创业投资基金中心（有限合伙）、苏州工业园区中亿明源创业投资中心（有限合伙）、北京国科瑞华战略性新兴产业投资基金（有限合伙）、北京国科正道投资中心（有限合伙）等通过新三板定增共投资苏州奥杰汽车技术股份有限公司 1.44 亿元。

2. 德艺文创

2017 年 4 月 17 日，德艺文化创意集团股份有限公司（简称"德艺文创"）于创业板挂牌上市，发行量为 2000 万股，此次上市共募集资金 1.49 亿元，此次上市筹集资金主要用于文化创意产品电子商务平台的建设。

3. 洛可可集团

洛可可创新设计集团（简称"洛可可集团"）最早由传统型的工业设计公司起步，前期也跟融资机构咨询过上市的问题，发现比较困难。随后，搭建了洛可可平台，整合国内外设计师资源，再基于大量的设计师，整合用户和供应商，使公司业务规模化。之后又开拓了智能化模块，与阿里合作成立公司（水母智能），利用云计算等能力让整个设计过程更加智能、快速，产品做成小程序，实现随时随地快速生成设计。水母智能已经完成 A 轮和 B 轮融资。目前，洛可可集团开始布局数字资产平台（海鲜宇宙），基于元宇宙和 NFT，以及数字化核算逻辑，成立一个新的商业模式。通过不断的创新、转型升级，洛可可集团不断拓展新的模式以寻求资本的认可，实现产融合作推动企业高质量发展。

---

① 中华人民共和国工业和信息化部网站公开数据。

（三）上市融资案例

上市融资是产融合作推动工业设计企业高质量发展的最终效果。根据 WIND 数据库统计，1993 年至 2022 年 1 月，A 股上市工业设计类企业共 144 家。自《制造业设计能力提升专项行动计划（2019—2022 年）》发布之后，三年内 A 股上市工业设计类企业数量明显增加，达到 44 家（见图 2），约占 A 股上市所有工业设计类企业的 30.5%。其中，主板上市 8 家，科创板上市 7 家，北证上市 4 家，创业板上市数量最多，为 25 家。

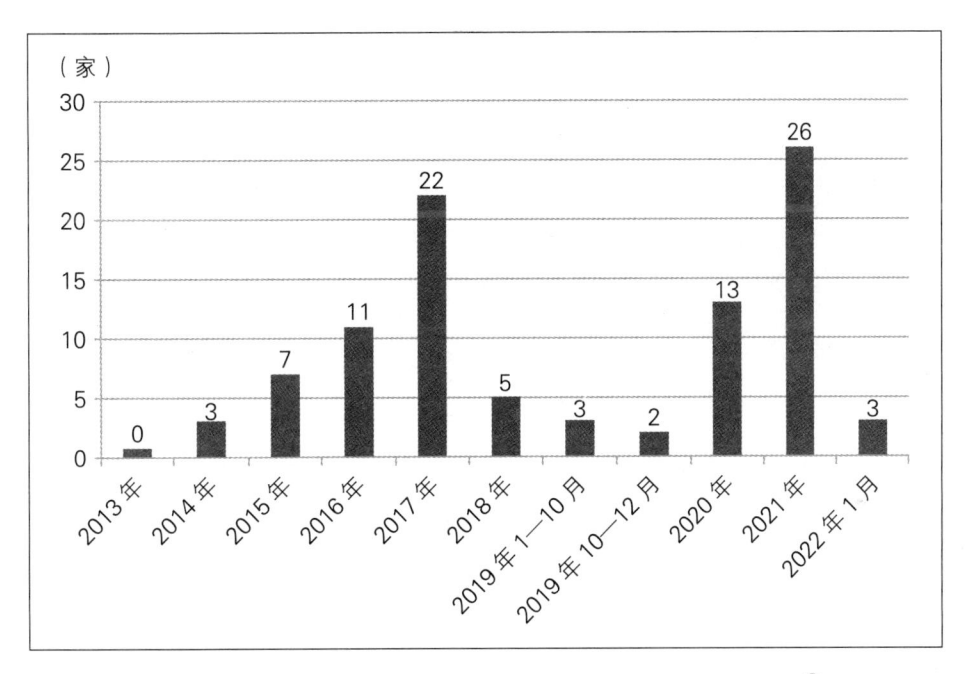

图 2　2013 年至 2022 年 1 月 A 股上市工业设计类企业数量[①]

再看新三板。2011 年至 2022 年 2 月，新三板挂牌工业设计类企业共 1736 家，自《制造业设计能力提升专项行动计划（2019—2022 年）》发布之后，三年内工业设计类企业新三板挂牌 77 家，其中 2019 年 10—12 月挂牌 10 家，2020 年挂牌 42 家，2021 年挂牌 23 家，2022 年 1—2 月挂牌 2 家[②]，图 3 所示为 2011 年至 2022 年 2 月新三板挂牌工业设计类企业占整体上市企业比重。

---

① 数据来源：Wind 数据库，工业和信息化部工业文化发展中心整理。
② 数据来源：Wind 数据库，工业和信息化部工业文化发展中心整理。

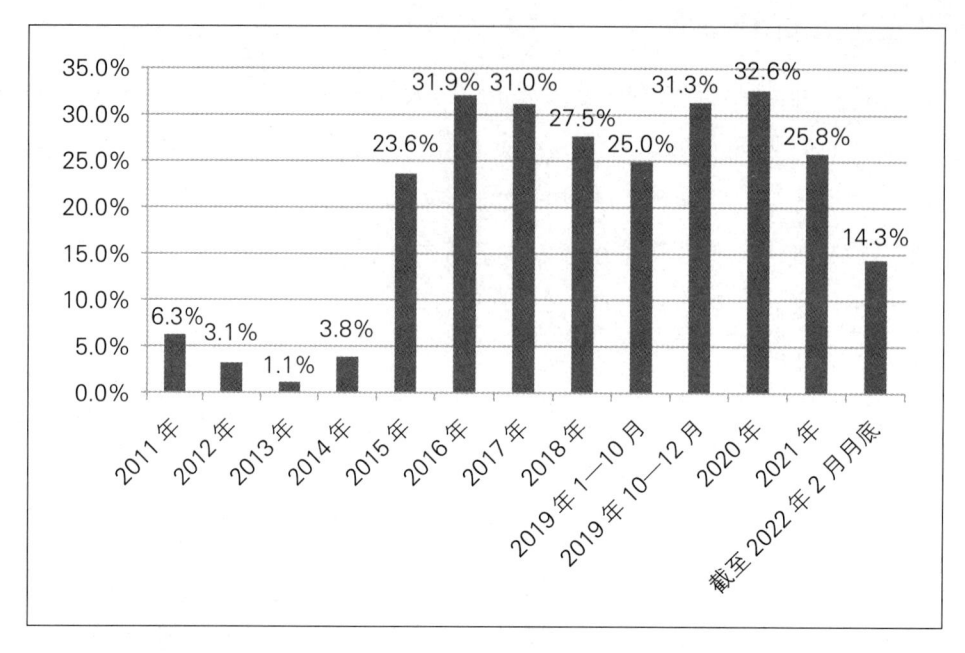

图3　2011年至2022年2月新三板挂牌工业设计类企业占整体上市企业比重[1]

由此可见,《制造业设计能力提升专项行动计划（2019—2022年）》的印发对于工业设计企业的上市融资起到了极大的推动作用,但应注意到新三板挂牌企业数于2021年呈现下降趋势,而对于工业设计企业这类轻资产企业来说,在主板、创业板等板块上市较为困难,其融资压力仍然很大。

（四）其他产融合作推动案例

1. 政企合作推出个性化金融服务

个性化金融服务的打造离不开政府的支持。如广东省佛山市打造了顺德桂畔海产融生态小镇,"广东工业设计城"就挂牌于此。顺德区经科局与远东国际租赁、建信金融租赁、海晟金融租赁签署协议,联合设立了顺德区工业自动化设备金融按揭中心,为企业"量身定制"设备购置、技术升级、厂房建设、供应链融资等个性化金融服务。

2. 银行等金融机构提供的金融服务

对于银行来说,工业设计企业的贷款形式一般有两种：一类是以房产为抵押的

---

[1] 数据来源：Wind数据库,工业和信息化部工业文化发展中心整理。

贷款；另一类是政采贷。一些银行机构正在积极探索针对工业设计企业的个性化服务，拓宽抵质押品范围。如中国工商银行上海分行为服务工业设计企业，建立起一整套以知识产权为核心的科创金融服务体系，将知识产权从对科创企业科技含量的发现作用，进一步延伸应用在科创评级授信、产品创新、风险管理等领域，从而推动对拥有自主知识产权的科创企业融资支持，拓宽企业融资渠道，促进科创金融业务健康可持续发展。

3. 银担风险机制

一些地区银行与担保机构针对工业设计企业初步设立风险分担机制，推动工业设计企业融资。如宁波和丰创意广场是中国四大工业设计示范基地之一，已集聚工业设计及文化创意类企业 200 多家。担保机构开展"园区保"业务，针对工业设计企业贷款进行担保，发生代偿损失时，银行与担保机构"二八开"分摊责任；同时，宁波再担保公司再为担保机构分担 40% 的风险，有效缓解了工业设计企业"融资难"问题。

4. 专业投融资平台提供金融支持

为解决工业设计企业的融资需求，工业和信息化部工业文化发展中心搭建了工业文化产融平台，专题征集有融资需求的工业设计产业项目，开展投融资路演活动，并协助企业对接银行、投资机构等金融资源，在投融资领域进行积极探索。

四、解决产融合作掣肘，加速工业设计企业发展

当前，工业设计产业在推进产融合作的过程中仍然存在一些问题，需要加强研究、推动政策落地、引导社会资本参与、优化行业金融生态环境等一系列措施强化产融合作，最终实现工业设计企业高质量发展。

（一）当前我国工业设计产业产融合作中的问题

1. 产融合作相关政策力度不够或落实不到位

目前，国家尚未从产业层面配套针对工业设计企业的相应金融扶持政策，已出台政策中涉及产融合作的篇幅也不大，地方支持政策的出台也相对较少。从工业设

计产业的实际发展来看，工业设计企业多采用"曲线"方式获得国家的政策优惠，如规模不大的工业设计企业，大多数只能享受中小企业的优惠政策；一部分以新材料、新工艺、新技术带动设计研发的企业，则靠申请成为高新技术企业享受相关优惠政策；还有偏时尚创意的工业设计企业将自己登记为文化创意企业以享受相关优惠政策。为加快工业设计产业的发展，有必要将工业设计产业的金融政策从中小企业、高新技术企业、文化创意企业等对象中剥离，单独列为重点扶持的对象。

各地相关政策的覆盖面窄，而且缺少专项支持。一方面，缺少政府设立专项资金扶持工业设计企业的发展。许多地区投入大量的资金解决中小企业投融资的问题，但大部分资金都投向了专精特新的中小企业，落到工业设计企业的较少。个别地区仅奖励比赛获奖的工业设计企业，但是对参加比赛尤其是国际性比赛的企业没有支持。另一方面，缺少针对工业设计企业的投融资政策，现行部分政策门槛较高，覆盖面较窄。

2. 产融合作中工业设计企业不受市场青睐

传统工业设计企业不受资本青睐。一是融资上市难。中国批准融资上市时对资金安全考虑较多，企业做IPO、场外交易、发行债券等直接融资时的准入条件十分严格，大量创新型中小企业无法达到要求。二是传统工业设计企业的商业模式不受资本青睐。企业的盈利模式确定性比较弱，不具有可持续性。成长潜力低，要靠放大人力数量来增加收入的商业模式是不可复制和不可裂变的。三是无法衡量企业真正的价值。工业设计企业参与研发的知识产权大多掌握在客户手里，企业本身没有太多知识产权，而研发和利用能力带来的价值无法得到衡量，缺少针对工业设计企业特点定制的相关融资评价标准。

3. 支撑产融合作的金融体系不完善

一是缺少专项担保品种。各地担保机构很少针对工业设计企业单独推出相应的专项担保产品，缺少担保使工业设计企业融资难、贷款难。二是利用知识产权做创业投资和股权投资的体系还没有完全形成。工业设计企业受行业和政策限制，融资渠道很窄，无法惠及整个产业。三是专门对设计产业进行投资的政府引导基金很少。部分政府成立的产业引导基金投资设计类产业，仅在涉及范围中包含了工业设计产业。四是金融生态环境不规范。一方面，有些资本参与投资后，利用手段转移人才；另一方面，部分资本专业性不强，参与投资后，对融资企业缺乏有效管理。这些现象都严重影响了工业设计企业长期发展。

（二）加强工业设计产业产融合作的若干建议

1. 加强相关政策顶层设计

加强工业设计产业产融合作政策顶层设计，进一步引导各方资源加强直接融资和间接融资，支持工业设计产业发展。鼓励社会资本设立工业设计产业基金，推动重点工业设计企业上市融资，鼓励银行等金融机构开发个性化金融产品。

2. 推动各级政策研究制定

工业设计企业产融合作缺少专门系统的研究和深入调研。应鼓励金融及工信等主管部门下属研究机构、高校相关专业研究中心、第三方智库开展相关理论和政策研究；对国内外产融合作促进工业设计企业发展的优秀经验案例进行总结、借鉴，多角度、全方位探索产融合作发展新路径，为实践提供指导和参考。除国家从产业层面配套相应的产融合作扶持政策外，还要鼓励各省、市根据本区域特点制定工业设计产业相关产融合作政策、实施细则。自上而下，因地制宜，有针对性地解决当地企业发展问题，形成区域亮点，打造特色产业。

3. 设立财政专项扶持资金

政府应设立工业设计企业促进专项资金池，扶持产业发展。制定金融机构支持工业设计企业的贴保贴息等政策，推动金融支持工业设计企业。对具备一定资质、获得重要荣誉的企业，如参加国内、国际工业设计相关大赛获得奖项的工业设计企业，直接给予相应资金支持。

4. 发挥政府引导基金作用

建议政府设立针对工业设计产业的政府产业投资基金，充分发挥宏观指导与调控职能，引导社会资本设立工业设计产业基金，聚焦重点工业设计企业，优化资金配置方向，落实国家产业政策。国家转型发展基金、国家中小企业基金应加强对工业设计企业的支持力度。

5. 建立行业融资评价标准

加强评价体系研究，建立针对工业设计企业的融资评价标准。例如，将项目数量、员工构成（规模、学历、经验）、影响力（获奖等）纳入指标，将企业参与研发但专利所有权属于雇主企业的专利纳入考量范围。

6. 完善行业金融生态体系

加强针对工业设计企业的专项担保品种开发，创新知识产权质押融资的服务机制，建立工业设计知识产权评估管理体系，探索金融生态环境的考核评价机制与管理机制，建立统一的信用评价体系和信用评级机构认证制度。

7. 深化产融合作服务举措

发挥国家产融合作试点城市的作用，推动工业设计企业参加国家产融合作试点城市投融资路演。推动专业投融资平台建设，促进终端客户、工业设计企业和投资机构等各方加强交流。推动地方政府与地方产业引导基金、相关产业基金等金融机构举办区域交流活动。

8. 构建多方协同发展格局

调动各方力量，发挥中央、地方、行业、金融机构的积极性，制定工作机制，形成各地区、各部门、各行业协会广泛参与、多方联动的产融合作工作体系。

培育工业品牌，建设质量强国

改革开放以来，我国制造业快速发展，制造业产值在 2010 年首次跃居世界首位，后连续多年稳居世界第一，崛起成为全球第一制造大国。伴随数字经济时代的到来，制造业正经历前所未有的大变革，新兴信息技术与企业生产制造、经营管理各环节充分结合，以制造业升级为目标的数字化转型正成为制造业发展的大趋势。我国实施制造强国战略，把高质量发展作为经济社会发展的根本出发点，强调经济发展质量，注重制造产品质量，质量成为核心竞争力。目前，中国制造业知名品牌数量、制造产品质量和质量管理都得到显著提高，制造业品牌影响力不断增强，出现了一批制造业单项冠军企业、创新型企业和"独角兽"企业。

一、品牌的内涵及培育意义

品牌（Brand）是指企业为满足消费者需求，培养消费者忠诚，用于市场竞争，而为其生产的商品或劳务确定的名称、图案、文字、象征、设计或其互相协调的组合[①]。

（一）品牌的内涵特征

1. 品牌的价值性

企业拥有的品牌可以为企业创造利润，提升溢价空间，它是具有价值性的。在西方，品牌被人们称为经济的"原子弹"，被认为是最有价值甚至最暴利的投资[②]。有研究评估，可口可乐的品牌资产已达 689.5 亿美元（约合人民币 4904.0 亿元），

[①] 叶明海著：《品牌创新与品牌营销》，河北人民出版社，2001 年。
[②] 曾朝晖著：《跨国品牌失败案例》，中国人民大学出版社，2005 年。

其品牌不断升值，利润也源源不断。此外，品牌的价值性还体现在其可以作为商品参与企业的资产经营活动，企业可以通过买卖和租赁品牌来获取收益。

2. 品牌的无形性与具象性

品牌本身是无形的，不具有独立的实体，不占有空间，但作为无形资产，品牌具有无限的生命力。品牌的直接载体主要是文字、图案和符号等，间接载体主要有产品质量、服务、知名度、美誉度等。品牌没有物质载体就无法表达品牌理念，更无法达到品牌所预期的整体传播效果。

3. 品牌的唯一性与排他性

品牌是产品在消费者心中的烙印，代表了企业形象，体现了企业的理念和价值观，是企业在竞争中制胜的法宝。经过法律程序认定的品牌，其拥有者享有品牌的专有权，受法律保护，禁止仿冒或伪造。企业可以通过各种法律途径来维护和保障品牌权益。

4. 品牌的伸缩性

品牌的价值、影响力、竞争力等不是一成不变的，在各种因素的作用和影响下可以发生变化。

5. 品牌的风险性

品牌在成长的过程中，其价值和作用是变化发展的。品牌的潜在价值可能很大，也可能很小，具有不确定性和风险性。企业的一切活动与内外部因素的变化都会影响品牌的成长速度与价值。企业经营不善、产品质量下降、产品性能落后等会影响品牌本身的健康发展，可能使企业品牌迅速贬值。

（二）培育工业品牌的重要性

工业品牌是工业的标志，是工业发展的主线。经济全球化时代，品牌是一个国家综合国力的体现，是一个地区经济实力的标志，是进入国际市场的通行证，反映国家的工业水平，代表国家的国际形象，体现国家的核心竞争力。自改革开放以来，从中央到地方、从政府到企业，都将工业品牌建设作为丰富企业内涵、提升产品附加值的重要工作，并取得了明显成果，涌现出如海尔、联想、华为、三一重工、徐工等一批知名工业企业品牌，在国内外市场竞争中取得了不俗成绩。

企业竞争，品牌先行；国际竞争，品牌先行。"十四五"期间，我国着力提升产业链供应链的稳定性和竞争力，开展"工业知名品牌"培育行动，通过创建工业名牌产品、培育工业知名品牌，发挥品牌引领作用，激发企业的创造力，加快创新，对提升产业链、供应链竞争力，带动城市经济、区域经济乃至国家经济的发展具有重要的现实意义。

1. 培育工业品牌是质量强国建设的客观要求

改革开放以来，我国工业持续快速、健康发展，工业结构在不断调整中持续优化升级，工业体系逐步向自动化、智能化、数字化迈进，产业体系完备，工业化水平大幅提升，形成了独立完整的现代工业体系，拥有 41 个工业大类、207 个工业中类、666 个工业小类，是全世界唯一拥有联合国产业分类中全部工业门类的国家。1978—2021 年，我国工业增加值从 1622 亿元跃升至 37.3 万亿元，其中，制造业增加值从 1475.2 亿元增长到 31.4 万亿元，①占全球比重提高到近 30%。截至 2021 年年底，我国已连续 12 年保持世界第一制造大国地位，成为驱动全球工业增长的重要引擎。过去，我们主要着眼于解决商品短缺、供给不足的问题，但是，当消费需求不足、工业产能过剩成为我国宏观经济主要矛盾时，②要实现经济持续增长，就必须在提高经济发展质量和效益上做文章，把品牌培育作为企业发展的主攻方向，通过提升品牌价值，提高企业盈利能力和国际竞争力。如果各个行业能创造出一大批国际知名品牌，提升产品在国际市场上的附加值和交换价值，那么，无需增加物质资源消耗，就能实现产值和利润的大幅度增长。③

《中华人民共和国国民经济和社会发展第十四个五年规划和 2035 年远景目标纲要》明确提出，深入实施质量提升行动，推动制造业产品"增品种、提品质、创品牌"。2022 年《政府工作报告》提出"推进质量强国建设，推动产业向中高端迈进"。④2022 年 4 月，工业和信息化部印发《关于做好 2022 年工业质量提升和品牌建设工作的通知》指出，加强工业品牌培育、创建与提升，推动"中国制造"向品

---

① 《我国制造业增加值连续 12 年世界第一（新数据 新看点）》，《人民日报》2022 年 3 月 10 日第 1 版。
② 范建军：《当前经济的主要矛盾：总需求不足 总供给过剩》，《中国经济时报》2019 年 1 月 25 日。
③ 郑新立：《创名牌是建设制造强国核心工程》，《人民日报》2015 年 9 月 9 日。
④ 摘自 2022 年 3 月 5 日李克强总理在第十三届全国人民代表大会第五次会议上做的《政府工作报告》，来源：新华社。

质卓越和品牌卓著迈进，为工业经济平稳运行和提质升级，实施制造强国、质量强国战略奠定坚实基础；同时，该通知对加快推进工业品牌培育、持续提升"中国制造"品牌形象等9个方面的重点任务做了具体部署。《数字化助力消费品工业"三品"行动方案（2022—2025年）》指出，到2025年，消费品工业领域数字技术融合应用能力明显增强，培育形成一批新品、名品、精品，品种引领力、品质竞争力和品牌影响力不断提升。

2. 培育工业品牌是企业提质增效的紧迫需要

质量建设的精髓是打造品牌。工业品牌培育是构建现代化经济体系、形成新发展格局的内在要求，是实现我国由制造大国向制造强国转变的重要途径，更是新形势下企业转型升级、提质增效的紧迫需要。

品牌建设是实现差异化的重要手段。强势品牌不仅可以获得差异化的竞争优势，使竞争对手无法完全模仿，而且可以创造用户的购买偏好，拥有强势品牌的企业可为其产品或服务收取溢价。国际营销大师米尔顿·科特勒在谈及中国制造业时曾指出，对于高品质产品进入发达市场时，成本的压缩空间有限，中国企业需要从品牌上获得30%的利润而不是10%～15%的代工费。

品牌建设可以帮助企业完成从产品交易到品牌营销的转变，从而与客户建立长期合作关系，提升对内、对外的忠诚度。对企业内部，可以提高员工的自豪感、使命感；对外包括渠道商和供应商，品牌传递着始终如一的承诺，有助于建立客户的忠诚度。培育工业品牌的过程实际上就是建立客户信任的过程，一旦品牌建立起来，即使遭遇一些危机事件，客户通常具有一定的宽容度，有助于企业快速走出危机。

3. 培育工业品牌是应对全球化竞争的客观要求

一是国内政治经济环境对品牌全球化提出要求。"国家强起来"的一个重要表现就是有越来越多的民族企业、民族品牌跻身世界一流企业的行列，以更加昂扬的姿态在国际舞台上发挥更为积极的作用。中国始终坚持对外开放基本国策，不断扩大对外开放，从经济全球化的参与者转变为引领者，这不仅吸引外国品牌更积极地参与中国市场的竞争，同时也对中国品牌"走出去"提出新的要求。在更加开放的市场环境中打造全球品牌、建设品牌大国，成为中国品牌今后必须面对的挑战。

二是品牌发展的客观进程要求中国品牌积极推进全球化。[①] 品牌的全球化对企业来说有诸多裨益，培育一个全球化的品牌有助于企业树立形象、扩大知名度，并形成客户忠诚度。品牌的建设是企业竞争力的重要体现，于国家而言，全球化品牌的数量和质量是衡量一个国家综合国力的重要指标。

三是社会加快向数字化经济转型为品牌的全球化宣传和推广带来了新的挑战与契机。如何高效地传播品牌已成为各大企业建设全球性品牌无法回避的话题。大数据、云计算、虚拟现实等新兴技术的诞生与应用，使品牌的宣传和推广得以采用立体化的呈现方式；VR、AR技术的应用使消费者能够更加直观地感受到品牌宣传推广的理念。互联网时代出现的多元化媒体，极大地提升了市场的信息传播效率，拉近了企业与消费者之间的距离。在全球移动互联的时代背景下，消费者对品牌的态度和意见能够更加有效地被收集。与此同时，随着互联网、大数据、人工智能等的深入发展，品牌的数字化转型也迫在眉睫。

二、我国工业品牌的发展与崛起

（一）中国工业品牌的发展历程

中国企业打造品牌的意识和居民的品牌消费意识，是伴随着改革开放初期日本家电品牌进入中国而开始的。20世纪90年代，随着国外强势品牌对部分中国民族品牌的兼并与吞食，我们的品牌意识有了大幅的提升，越来越多的人们开始认识到品牌对企业、对国家经济的重要意义，将其看作企业、国家最宝贵的财富。

2014年5月10日，习近平总书记在河南考察时提出，要推动中国制造向中国创造转变、中国速度向中国质量转变、中国产品向中国品牌转变。2021年4月26日，习近平总书记在广西考察调研时强调，要把住质量安全关，推进标准化、品牌化。为大力培育知名自主品牌，讲好中国品牌故事，提升自主品牌影响力和认知度，自2017年起，我国将每年5月10日定为"中国品牌日"。

为贯彻落实习近平总书记关于品牌建设的重要指示，推进工业企业品牌建设工

---

① 黄爽：《中国品牌如何全球化——评冈崎茂生〈中国品牌全球化〉》，《公共外交季刊》2018年第2期。

作走深走实,我国政府管理部门先后制定了一系列政策文件,引导和支持工业企业加强品牌建设。2011年7月,工业和信息化部等7部门联合印发《关于加快我国工业企业品牌建设的指导意见(工信部联科〔2011〕347号)》,拉开了助推工业企业品牌建设和质量提升的序幕。表1是工业企业品牌建设政策文件一览表。

表1 工业企业品牌建设相关政策文件一览表

时 间	印发部门	文件名称
2011年7月	工业和信息化部、国家发展和改革委员会、财政部、商务部、中国人民银行、国家工商行政管理总局、国家质量监督检验检疫总局	《关于加快我国工业企业品牌建设的指导意见》
2013年12月	国务院国资委	《关于加强中央企业品牌建设的指导意见》
2014年2月	工业和信息化部	《关于加快我国彩电行业品牌建设的指导意见》
2014年2月	工业和信息化部	《关于加快我国手机行业品牌建设的指导意见》
2015年1月	工业和信息化部、财政部、国家工商总局、国家知识产权局	《关于加快推进我国钟表自主品牌建设的指导意见》
2016年5月	国务院办公厅	《关于开展消费品工业"三品"专项行动营造良好市场环境的若干意见》
2016年6月	国务院办公厅	《关于发挥品牌引领作用推动供需结构升级的意见》
2017年9月	中共中央、国务院	《关于开展质量提升行动的指导意见》
2018年3月	工业和信息化部	《关于做好2018年工业质量品牌建设工作的通知》
2018年11月	工业和信息化部	《关于开展专精特新"小巨人"企业培育工作的通知》
2019年3月	工业和信息化部	《关于做好2019年工业质量品牌建设工作的通知》
2019年8月	工业和信息化部	《关于促进制造业产品和服务质量提升的实施意见》
2020年3月	工业和信息化部	《关于做好2020年工业质量品牌建设工作的通知》
2021年3月	工业和信息化部	《关于做好2021年工业质量品牌建设工作的通知》
2021年6月	工业和信息化部、科技部、财政部、商务部、国务院国资委、中国证监会	《关于加快培育发展制造业优质企业的指导意见》

续表

时间	印发部门	文件名称
2021年12月	工业和信息化部	《制造业质量管理数字化实施指南（试行）》
2022年4月	工业和信息化部	《消费品工业数字"三品"行动方案（2022—2025年）（征求意见稿）》
2022年4月	工业和信息化部、国家发展改革委	《关于化纤工业高质量发展的指导意见》
2022年4月	工业和信息化部	《关于做好2022年工业质量提升和品牌建设工作的通知》

在外部不确定性日益增多的环境下，中国品牌转型升级被视为未来可持续发展和更深层次地参与国际竞争的基础，品牌转型以提高核心技术水平、数字化水平和品牌全球化程度为重点。虽然从20世纪90年代的"质量万里行"开始，我国大规模开展关于品牌建设的实践探索和理论研究只有约30年时间，但是，改革开放40多年来，我国企业在同跨国企业合作与竞争的过程中，积累了经营、管理、技术等方面的经验，企业的生产技术得到了长足发展，管理水平有了显著提高，逐步凸显后发优势，一大批企业逐步打造国内知名品牌，并开始了国际化品牌的打造，在国际市场上占有相当的市场份额。

（二）中国工业品牌的崛起

一个国家经济崛起的背后，往往是一批品牌的强势崛起。作为工业增加值世界第一、经济总量世界第二的庞大经济体，中国工业品牌建设取得了较快的发展。根据Brand Finance全球品牌价值500强榜单[①]，2010年中国品牌上榜19个，占全球总数比重仅为3.8%，品牌价值合计为1110亿美元（约合人民币7907亿元）；2022年，中国共有84个品牌上榜，是2010年的4.4倍，品牌价值合计达1.56万亿美元（约

---

① 这是国际权威品牌价值评估机构英国品牌金融咨询公司发布的榜单，该榜单以5000个全球最大的品牌为评估对象，品牌价值被理解为品牌所有者通过在公开市场上许可该品牌所获得的净经济收益。

合人民币11.23万亿元），占总价值的19.3%，仅次于美国[①]，位居第二。而在全球品牌价值最高的前10名中，美国占据7席，包括苹果、亚马逊、谷歌、微软、沃尔玛、脸书、威瑞森；中国占据2席，分别是中国工商银行和华为。

随着高端制造装备、新能源、新材料、新一代信息技术等新兴产业快速发展，一批中国企业和品牌迅速崛起，为中国工业品牌在世界范围内赢得了口碑。2022年6月15日，全球品牌数据与分析公司凯度集团发布了《2022年凯度BrandZ™最具价值全球品牌排行榜》。在国内外股市大幅波动、新冠病毒变异带来疫情反复导致若干行业持续承压的背景下，中国企业依然能够在全球榜单100强中占据14个席位，其中，工业企业占4席，分别为茅台、海尔、华为、小米。

随着世界经济的一体化，中国已进入世界经济体系。走出国门，开展国际化经营，成为中国企业发展的战略选择。

三、面临的机遇与挑战

在以国内大循环为主、国内国际双循环相互促进的"双循环"新发展格局下，企业开展品牌建设的机遇与挑战并存。

（一）品牌建设面临的机遇

1. 政策支持是企业品牌建设的重要保障

"三个转变"重要指示为中国品牌建设指明了方向，为推动"双循环"新发展格局中企业品牌建设奠定了基础。《中华人民共和国国民经济和社会发展第十四个五年规划和2035年远景目标纲要》提出，"开展中国品牌创建行动，保护发展中华老字号，提升自主品牌影响力和竞争力，率先在化妆品、服装、家纺、电子产品等消费品领域培育一批高端品牌。"深入实施质量提升行动，完善标准体系，促进产业链上下游标准有效衔接，弘扬工匠精神，以精工细作提升中国制造品质，国家

[①] 2022年，美国共有199个品牌上榜，品牌价值合计达3.94万亿美元（约合人民币28.29万亿元），占品牌总价值的48.6%，位居第一。

出台的一系列政策将持续支撑企业品牌建设。

2. 内部需求增大是企业品牌建设的重要动力

扩大内需为企业创造更加广阔的发展空间，是企业加强品牌建设的重要动力。国家统计局发布的《2021年国民经济和社会发展统计公报》显示，2021年我国社会消费品零售总额为440823亿元，比2020年增长12.5%。其中，商品零售额为393928亿元，增长11.8%；餐饮收入额为46895亿元，增长18.6%。2021年，内需对经济增长贡献率达79.1%，内需对经济增长的贡献占主导。我国内需市场具有强大的韧性与活力，日益强劲的内需驱动力为我国经济注入信心，使得我国经济不断展现出蓬勃生机与巨大潜力，为企业开展品牌建设创造了更稳定的环境。

3. "互联网+"为企业品牌建设提供平台

线上消费方式的多样化与蓬勃发展驱动了消费体验升级，激发了更深层次的消费潜力，提升了消费者购买转化率。企业利用淘宝、京东、拼多多等电商平台开展商品销售，同时利用抖音、快手等短视频平台以直播带货方式进行产品营销，对企业品牌建设提出了更高的要求。同时，大数据与人工智能的海量数据收集、整理和分析功能为企业的品牌建设提供了更加科学、可靠的规划依据。

（二）品牌建设面临的挑战

1. 技术创新力度有待增强，自主创新能力有待提高

企业自主创新能力越高，品牌附加值越高，核心竞争力就会越强。自主创新能力的不断提升是品牌可持续发展的动力之源，决定着企业品牌的未来走向。品牌建设把持续增强自主创新能力放在首位，这也正是解决"国内大循环"中关键共性技术问题的首选之路。[①] 大力提升自主创新能力与突破关键核心技术是关系发展全局的重大问题，是解决关键共性技术问题、打通经济循环的断点与堵点的关键核心。关键共性技术的缺失是制约我国经济发展的重大瓶颈，将导致我国企业无法摆脱对国际经济循环的被动依赖，而未掌握关键核心技术的品牌也将受到掣肘。2021年12月，欧盟委员会发布《2021年欧盟工业研发投入记分牌》，分析了来自39个国家和地区的全球研发投入最多的2500家企业。结果显示，全球研发投入已实现连

---

① 徐爽、何颖：《以品牌建设为杠杆撬动国内大循环》，《科技中国》2021年第4期。

续 11 年的增长。在 2500 家企业中，美国以 779 家企业上榜位列第一，中国以 683 家企业位列第二。榜单前 10 名中，美国企业占据六席，而中国企业仅有研发投入达 174.6 亿欧元（约合人民币 1209.0 亿元）的华为一家。研发领域投入不足将制约自主创新能力提升。

2. 企业高质量产品供给不足

当前，我国社会的主要矛盾已经从"人民日益增长的物质文化需要同落后的社会生产之间的矛盾"转化为"人民日益增长的美好生活需要和不平衡不充分的发展之间的矛盾"。我国社会生产力水平总体上显著提高，社会生产能力在很多方面进入世界前列，更加突出的问题是发展不平衡不充分，而人民对美好生活的新要求是高质量发展，在经济生活中主要体现为对高质量产品的需求。在"双循环"新发展格局下，以国内大循环为主体，企业如果向国内消费者供给单一功能、重复度高、创新性低的产品，将影响企业品牌在消费者心中的形象，降低品牌声誉。在国际大循环中，中低端产品的供给将使我国企业居于全球产业价值链的中低环节，在削弱企业品牌竞争力的同时会降低企业利润率，也会影响我国工业形象。长此以往，企业品牌建设也将陷入"供给中低端产品—利润率低—投资下降"的恶性循环。①

3. 知识产权保护有待强化

品牌是消费者对企业的产品、服务、模式、文化、价值的评价和认知，是能够给品牌拥有者带来溢价的无形资产，受到国家知识产权法律的保护。我国一些企业忽视对品牌的知识产权保护，导致创新技术和产品被侵权、商标被抢注，每年都会发生多起知识产权侵权案。

四、加快工业品牌培育的策略建议

（一）实施质量提升行动，创新推进品牌建设

全面落实企业质量主体责任，贯彻落实国家各项政策，围绕提质升级和产业转

---

① 田立加、高英彤：《"双循环"新发展格局中的企业品牌建设：机遇、挑战及策略》，《社会科学家》2021 第 10 期。

型，加快全面质量管理体系建设，加强产业链上下游协同创新和质量管理联动，提升产业链、供应链质量和水平，提高制造业产品可靠性水平。抓住制造业数字化的大趋势，推动互联网、大数据、人工智能与制造业的深度融合，实现企业的智能化、数字化生产，推进生产线迭代升级，提升产品供应链现代化水平。

（二）开展企业形象提升行动，培育世界一流企业

开展工业企业形象提升行动，推动企业高质量发展，探索培育世界一流企业的可实施途径，充分运用国内国际两种资源，打造一批在全球产业发展中具有话语权和影响力的领军企业。提升工业企业形象，有效对接消费升级，在国内供需良性互动中实现产业优化升级、品牌发展壮大；打造知名度高、美誉度强、影响力大的国际知名品牌，在国际市场上迈向全球产业链价值链中高端，使中国产品、中国服务、中国标准成为"中国制造名片"。

（三）塑造企业独特品牌文化，提升企业品牌价值

数字化时代背景下，制造业企业更需要挖掘独特的文化以塑造自身品牌。建立以持续创新、持续变革、质量第一为中心的品牌文化，大力倡导提升企业文化的包容性。一是品牌文化与企业的产品和服务相匹配，使消费者能够通过品牌联想到产品。二是品牌发展融入传统文化。企业在发展过程中积累的精神上的宝贵财富就是企业的传统文化，是一种历史，也是一种文化底蕴。三是品牌建设也要顺应时代，融入现代先进文化理念，在保留自身品牌独特性的同时与时俱进，赋予品牌持久的生命力。

（四）推进品牌培育标准宣贯，提高品牌建设能力

积极推进品牌培育管理体系标准宣贯工作，举办品牌培育经验交流活动。开展优秀品牌培育典型案例征集活动，总结和推广优秀品牌培育典型案例，提高企业品牌建设能力。开展品牌诊断、经验交流等活动，围绕主导产业加强检验检测、试验验证等质量基础能力建设，打造竞争力强、美誉度高的区域品牌。

（五）加强品牌宣传推广，创新品牌培育新模式

品牌宣传推广需要综合运用多种营销策略，如产品策略、定价策略、渠道策略

等,加强组织管理,整合各方资源,深度挖掘品牌内涵,提升品牌价值,增强与消费者的粘性关系,强化消费者的品牌联想,从而提高企业市场竞争力。在大数据时代,新媒体平台的发展助推各类品牌加速成长,而品牌宣传推广的方式也随之发生改变。企业可以通过各类新媒体平台进行品牌宣传推广,利用网站、短视频、公众号等平台,高频次、长时间地出现在消费者的视野里,加深消费者对该品牌的印象,再通过直播带货、网红推荐等方式将产品推广出去。

(六)加快品牌联盟建设,推动工业品牌出海

加快品牌联盟建设,规避同质竞争,积极推动品牌出海,探讨创新品牌培育模式。工业企业品牌出海主要做好定位、塑造、传播3个步骤:首先,深入研究了解竞争对手品牌情况、品牌推广、目标客户及出海国家等,科学定位,制定产品的生产、设计、运营以及服务等方面策略;其次,把企业核心竞争力、公司实力、产品实力、客户案例等,通过图形、文字、视频、图片等方式进行品牌设计,完成品牌塑造过程;最后,通过线上和线下两个渠道进行传播。工业企业应重视品牌出海工作,加快"走出去",赢得海外市场。

(七)提高知识产权保护意识,强化知识产权保护

工业品牌培育过程中要重视知识产权保护,加强商标保护、专利保护、著作权保护、商业秘密保护;建立知识产权情报信息获取、风险预警机制;建立知识产权纠纷解决机制;建立健全知识产权保护的激励机制。针对互联网开放性、共享性、匿名性等特点,构建企业知识产权服务平台,为侵权判定提供基础;此外,开展知识产权文化建设宣传活动,促进工业企业知识产权文化传播。

博物馆数字化发展现状与案例分析

数字化是博物馆发展的必然趋势，是博物馆为适应数字时代的发展与挑战而出现的。当代博物馆已不再局限于藏品收藏、研究、展示，而是在连接社会与公众之间，扮演着越来越重要的角色。数字技术的运用促进了博物馆的多元化发展，拓宽了博物馆的类型与职能，增进了世界范围内人类文明的交流互鉴。在推进数字化建设进程中，博物馆从业人员充分运用了大数据、互联网、云计算、人工智能等技术实现博物馆的全面转型。

一、博物馆数字化的兴起

（一）博物馆定义与时俱进

从 1946 年开始，国际博物馆协会就不断根据时代变化适时地修改关于博物馆的定义。博物馆最初的定义为："一个不追求营利的、为社会和社会发展服务的、公开的永久机构。它把收集、保存、研究有关人类及其环境的见证物当作自己的基本职责，以便展出，公之于众，提供学习、教育、欣赏的机会。"其强调的是收藏和展出这两个基本职能。随着信息化及"互联网+"时代的全面到来，博物馆数字化已经开始渗透到日常生活的各个方面。

2022 年 5 月，国际博物馆协会从 3 个角度定义了"博物馆的力量"：实现可持续发展的力量、数字化与可及性创新的力量、通过教育进行社区建设的力量。数字化及可及性创新的力量首次被提及。从博物馆数字化推进的成果来看，新技术能在一定程度上给博物馆带来跨界融合、创新驱动、以人为本和连接一切的实际效果。对于博物馆的未来发展来说，以新技术为支撑，不仅能够很好地帮助博物馆实现改进工作、提升服务的变化，甚至有些新技术的创新发展，还在改变着博物馆办馆思路、服务理念、认知态度。

（二）文化数字化上升为我国国家战略

2006年，《国家"十一五"时期文化发展规划纲要》首次对公共文化数字化建设做出全面规划；2016年12月，国务院发布《"十三五"国家战略性新兴产业发展规划》，首次将数字创意产业纳入其中；2017年，文化部印发《关于推动数字文化产业创新发展的指导意见》，首次明确提出数字文化产业概念，向全社会发出鼓励数字文化产业发展的信号；2020年，党的十九届五中全会做出"实施文化产业数字化战略"部署，随后文化和旅游部印发《关于推动数字文化产业高质量发展的意见》，明确到2025年数字文化产业发展的主要目标，提出培育新型业态，构建数字文化产业生态；2022年年初，国务院印发《"十四五"数字经济发展规划》，明确数字经济是重组全球要素资源、重塑全球经济结构、改变全球竞争格局的关键力量；2022年5月，中共中央办公厅、国务院办公厅印发《关于推进实施国家文化数字化战略的意见》，明确到"十四五"时期末，基本建成文化数字化基础设施和服务平台，形成线上线下融合互动、立体覆盖的文化服务供给体系。博物馆等公共文化场所的数字化建设和发展基调，已在我国政策顶层设计中奠定成型。

（三）数字化应用深入人民生活

国家文化数字化战略明确提出，"文化数字化为了人民，文化数字化成果由人民共享"。从社会发展实际来看，文化产业以创新驱动推进供给侧结构性改革，与数字技术协同推进、融合发展，新型业态蓬勃兴起，为产业高质量发展注入新动能，数字文化产业成为优化供给、满足人民美好生活需要的有效途径和文化产业转型升级的重要引擎。新冠肺炎疫情期间，数字文化产业异军突起、逆势上扬，为疫情防控和推动经济社会发展发挥了积极作用，新业态新模式不断涌现并展现出强大的成长潜力，成为文化产业高质量发展的新动能。数字化应用已经深入到人们生活中的方方面面。

从数字文化需求来看，截至2021年12月，我国网民规模已达10.32亿人，互联网普及率达73.0%[①]，超大规模市场优势为数字文化产业发展提供了广阔空间。国家

[①] 数据来源于CNNIC：2022年第49次《中国互联网络发展状况统计报告》。

文物局发布的数据显示，2021年我国备案博物馆总数已达6183家，排名全球前列；虽然受新冠肺炎疫情影响，但全国博物馆年接待观众仍达7.79亿人次，全年策划推出3000余个线上展览、1万余场线上教育活动，网络总浏览量超过41亿人次。我国人民对历史文化、艺术审美的强烈需求，是博物馆数字化建设及普及的根本动力。

（四）国外博物馆数字化案例

谷歌公司于2011年2月开启谷歌艺术计划（Google Art Project），将全世界著名博物馆和美术馆作为合作对象，利用自身的技术优势，将博物馆、美术馆的馆藏品数字化，呈现给全世界群众。目前，谷歌艺术计划已经与全世界70多个国家和地区合作，完成了1000多家机构的藏品数字化工作。谷歌公司一方面通过藏品数据资料收集进行策展和艺术创作，达到了较好的场景体验；另一方面通过与众多博物馆合作形成容量巨大的资料库，为内容创作提供了丰富的积累，也拓宽了国际化合作与交流。

拥有800多年历史的法国著名建筑——巴黎圣母院在2019年4月发生火灾，造成建筑主体结构中三分之二的屋顶架构被焚毁。面对历史文物损毁较难修复的问题，世界各国的文博工作者开始将目光转向数字技术，通过对巴黎圣母院多处位置进行激光扫描，获取了大量有效信息，为后续修复工作提供了支持。巴黎圣母院修复项目得到了全球众多国家、机构组织、个人的支持，聚集了大量专业人才、先进技术、资金来完成这项工作。与此同时，利用VR/AR、云计算等先进技术制作云图像，运用社交媒体进行传播，也有效促进了世界范围内的文化交流。

法国凡尔赛宫的数字化经验也值得我们借鉴。法国凡尔赛宫携手谷歌公司、科技公司Orange进行合作，使传统文化与数字信息技术有效结合，又与米其林集团、迪奥公司跨界合作，创作高质量的文化内容，以此与游客增加互动，成功塑造了凡尔赛宫的新形象，获得了许多赞誉，提升了文化传播效果。2003年凡尔赛宫推出了"大凡尔赛宫"整修计划，两年后推进"大凡尔赛宫数字化项目"，在保护和修复工作中率先运用数字科技，得到文化研究与数字技术等团体的积极支持。在此基础上，凡尔赛宫也有意改善管理模式，在社交媒体上十分活跃，推出了许多高质量的线上免费课程，以响应信息时代多元化的文化需求，促进了对文化遗产的保护与利用。

（五）我国博物馆数字化发展历程

我国最早开展数字化工作的博物馆是故宫博物院，之后国内博物馆的数字化建设呈现快速发展的趋势。至2022年，仅在百度百科数字博物馆平台上，就有596家数字博物馆上线，比2018年的235家增加了153.6%[①]。

从1998年开始，故宫博物院就着手建设"数字故宫"项目，但最初只是搭建网站，深度应用不足。2019年，故宫博物院与腾讯公司合作，对故宫博物院进行整体性的数字化规划及建设。针对故宫游客数量剧增、文物失真破损、资源利用效率低的情况，通过文化内容数字化、传播渠道数字化、衍生品开发数字化等措施满足不同受众的需求。同时，腾讯云协助故宫博物院运营、升级数字文物库，为公众提供更优质的数字资源开放服务，共同提升数字文物库的文物检索能力，健全图片版权保护机制。故宫博物院的数字化充分展现了文化价值，直接扩大了优秀传统文化在青年人当中的影响，成为"文化+科技"的实践案例，为全国博物馆的数字化发展做出了示范。

2018年11月，湖南省博物馆联合百度公司开发文创产品，通过AI技术准确识别文物，并利用百度平台信息库的优势为博物馆信息检索提供支持；利用VR技术联合名人、明星，通过"小度"机器人为观众提供数字化语音讲解服务；设计百度AI博物魔盒为游客提供环绕式互动屏与XR全景图像，在此基础上又增加了合影功能，极大地提升了游客的沉浸式体验感受。文物的数字化提升了湖南省博物馆的公共服务水平，更促进了博物馆线上线下融合发展。

2021年3月，敦煌研究院与腾讯展开合作，利用AI技术修复和保护文物，在保护文物的基础上实现了文化资源社会价值的最大化。敦煌莫高窟长期面临着时间冲刷带来的自然褪色问题，风沙、虫害以及激增的游客数量也对壁画造成了不可避免的损伤。借助腾讯的AI病害识别技术，实现壁画病害分割自动化识别，达到了无障碍识别、沉浸式会诊，节省了人力、物力及财力。与此同时，敦煌还创新了数字化旅游模式，通过数字展示中心向游客讲述敦煌历史文化，缓解了游客接待压力，丰富了游客体验。"数字敦煌"保护开发工作的推进，加强了国际交流与合作，并通过打造多元化数字IP，丰富了敦煌的文化资产。

2021年8月，河南省文物局与支付宝公司签订协议，对河南博物院进行数字

---

① 资料来源：百度百科博物馆。

化建设，加码文创开发工作。2021年国庆期间，支付宝"一起考古吧"小程序共吸引超3000万用户"线上考古"，带动超500万用户访问河南博物院的支付宝官方小程序①。河南博物院的馆藏资源通过支付宝小程序增加了曝光，将信息精准送达客户，搭配紧跟消费潮流趋势推出的博物馆特色盲盒，增加了博物馆活动的趣味性，快速扩大了河南博物院的影响力。

江西农商银行钱币博物馆是弘扬货币文化、传播金融知识的重要阵地。2016年12月，钱币博物馆与外部设计团队合作，利用弧形地球幕等数字化展现方式，将当地的地理特征与历史文化特色融合，创作出"山脉币影"的互动性体验；还通过VI技术推出数码"摇钱树"、钱币词典互动、货币知识表达等功能，增强与观众的互动，达到"一物望古今，一币览春秋"的效果。

总体来看，当前国内外的博物馆数字化大多是与科技互联网公司合作开展的。各国在数字文化线上话语权方面，也呈现激烈的竞争态势。谷歌公司通过在线展览平台Google Arts and Culture和世界各地大量博物馆建立合作，以获得对不同国家不同类型文化的推广权和选择权。除上文提到的成功案例外，还与英国国家美术馆开启虚拟展览；通过新增Pocket Gallery功能，运用AR技术使观众足不出户逛美术馆，观众能看到来自全球多个国家的艺术藏品；谷歌还与我国辽宁省博物馆、湖北省博物馆、湖南省博物馆合作，运用创新的数字科技让世界各地的人们通过网络即可了解灿烂辉煌、源远流长的中国文化。

百度百科博物馆是百度公司旗下的大型公益科普项目，不仅通过技术手段在国内建立大量的数字博物馆，还与国外多个博物馆机构建立了合作，旨在推动国际文化交流。2017年，百度百科博物馆与西班牙高迪亚太研究中心合作，成立西班牙高迪数字博物馆，也是我国第一个走出国门的大型、深度数字博物馆项目；2018年7月，百度百科博物馆与法国著名的枫丹白露宫签署合作协议，9月与墨西哥、奥地利、德国三国代表在百度大厦共同签署MOU（合作备忘录），就共同在华推广墨、奥、德三国的文化达成共识；2019年10月，与俄罗斯冬宫博物馆建立合作。这种跨国合作呈不断上升趋势，正在不断丰富博物馆的体验，使其发挥出更大的社会价值，为用户创造新的文明体验方式。

---

① 资料来源：河南省人民政府网站。

二、我国博物馆数字化的类型及特点

在互联网时代,随着博物馆数字化工作日臻成熟,博物馆的文化传播从静态、固化及被动的传播方式,逐步向动态、多元化及主动的传播路径转变,消弭时间、空间等要素限制,利用各类传播媒介优势,打造极具个性化与接地气的全新博物馆形象。数字技术的运用与信息技术的普及,直接推动了一些新兴博物馆类型的出现。

(一)传统博物馆的数字化建设

博物馆的数字化建设对于文化遗产的传播推广、美育普及、保护和利用提供了更多元化、人性化的服务。目前我们讨论的数字博物馆,大多基于传统博物馆而建设。其实质是实现传统博物馆的数字化转型,提升博物馆观展体验,最大化博物馆馆藏文化资源的利用,同时提升博物馆综合管理体系的运营水平,最终达到传播文化、普及美育、保护利用藏品的目的。博物馆数字化让文化传播在传承传统文化、扩大文化传播覆盖面等方面具有重要作用。

传统博物馆的数字化建设主要分为两个方面:一是博物馆内部的数字化建设工作,这部分包括藏品数字化、综合运营管理的数字化、展览展示数字化等;二是博物馆的网上博物馆建设,用于满足观众云观展的需求。"云展览"是近年来博物馆行业兴起的一种新的展览形态,通过数字技术和网络技术的运用,"云展览"打破了传统展览的时空与实物限制,极大地拓展了博物馆展览的策划方式、表现手段、内容构成和社会影响,逐渐成为博物馆展览的重要部分,是博物馆实现功能提升的重要途径。新冠肺炎疫情暴发以来,"云展览"取得了良好的社会效益,得到了更为广泛的关注和认同。博物馆的数字展览内容及形式与多媒体技术和虚拟现实技术密不可分,是博物馆改善用户观展体验的有力尝试,但博物馆的内涵依旧是促进藏品推广、实现文化传播。

1. 中国电信博物馆——见证通信强国历史

中国电信博物馆作为国家级通信行业的综合性博物馆、全国电信文物收藏机构、传播电信科技科普知识的文化基地,是全方位展示中国通信行业发展历程的窗口。博物馆的科技科普厅主要普及通信科技知识、演示通信原理、介绍通信科技发展的最新成果及趋势。演示项目全部运用数字技术展示,包括程控交换、数字通信、微波通信、移动通信、卫星通信、数据通信、光纤通信、多媒体通信等系统。观众可以动手操作通信设备，得到良好观展体验。博物馆还利用丰富的实物收藏、翔实的文献资料与模型融合声光电等数字技术手段，展示中国电信奋发进取建设网络强国和数字中国、维护网信安全取得的丰硕成果。

2. 鞍钢集团博物馆——建构国家工业形象

工业博物馆作为重要的文化记忆场所，对工业遗产的保护与开发具有重要价值。工业博物馆的数字化可以很好地将历史文化以虚拟现实的形式展现给公众，使工业文化的感染力和表现力得以提升，增强公众对工业遗产的历史文化认知。鞍钢集团博物馆是鞍山的文化地标，由两座工业遗址组成，其线上博物馆于 2014 年上线，是我国首个冶金类网上博物馆。博物馆通过创建工业遗产数字化信息库来推进跨界合作；运用新媒体传播手段宣传推广鞍钢发展史，使"老工业基地"紧跟时代发展；最重要的是通过 VR/AR 技术与工业遗产的结合，以让观众体验从采矿作业到生产线运作的乐趣和意义，了解鞍山的独特地域文化，感受工人的辛苦奋斗。工业遗产博物馆的数字化运用，向公众呈现了一部生动立体的工业发展史。鞍钢集团博物馆作为工业遗产博物馆数字化的典型案例，为借助数字技术保护利用工业遗产起到了示范作用。

（二）基于实体的数字博物馆

这类博物馆是在实体产业基础之上衍生而出的，这里的实体大多是各类企业、传统村落、多样性的文化经营机构。其主营业务本不是博物馆，而是生产为行业服务的产品（服务于自身的生产生活），通过博物馆数字化建设，旨在更好地进行生产经营服务（生活），给消费者（自身）提供更大的便利。由于这类博物馆区别于传统意义上的实体博物馆，没有专门的收藏展览研究机构，大都起步较晚，在博物馆建设时多采用数字化的形式。

1. 传统村落数字博物馆——致力服务乡村振兴

2013 年起，每年的中央 1 号文件均提出传统村落保护要求。通过五批次全国性调查，有 6819 个村落列入中国传统村落名录。中国传统村落已经成为世界上最大的农耕文明遗产保护群。2017 年，住房和城乡建设部印发《关于做好中国传统村落数字博物馆优秀村落建馆工作的通知》，正式启动中国传统村落数字博物馆建设工作。2018年4月28日,中国传统村落数字博物馆正式上线,目前村落单馆数量已超过四百个,覆盖全国31个省(区、市),数量还在持续增加①。中国传统村落数字博物馆是百科式、全景式传统村落展示的数字化平台,也是传统村落学术资源的交流平台。博物馆由中国城市规划设计研究院负责建设和运营,各地传统村落主管部门牵头组织村落单馆的建馆工作,大量的高校和科技企业参与其中。传统村落数字博物馆的工作持续推进,是我国乡村振兴战略的催化剂,是提高村民收入、防止乡村居民返贫的有效措施;可有效地保护乡村的传统文化遗产,突出展现中华文化,提升民族文化自信;在增强国家文化软实力的同时,通过展示乡村的生产生活、节庆习俗、文化变迁,向世界讲好村落故事,来推动传统村落功能复兴和活化改造。

2. 茅台数字博物馆——宣传推广企业文化

企业文化是企业在长期发展过程中所形成的一种特有的精神层面的存在,是企业的重要资源和灵魂。建设企业文化博物馆,不但顺应企业发展战略,也是传承企业文化的重要措施。企业的现代化发展进程,为数字博物馆的建设与文化多元化传播拓展了路径,实现了文化传播效率的持续改进。企业为适应新时代发展,更好地实现市场经营、服务群众的目标,纷纷启动了企业文化博物馆的建设工作。

2020年3月16日,茅台集团联合百度百科博物馆共同打造的中国首座酒文化数字博物馆正式上线,开创了酒行业数字博物馆的先河。同时,依托百度百科这个全球最大中文百科全书的超大流量池,让全世界的人们了解中国白酒的酿造工艺和发展历史,对在世界范围内弘扬茅台酒文化和中国传统白酒文化有着重要的意义。通过茅台数字博物馆,用户可俯瞰茅台镇的全貌,还可自由选择参观三十多个具体场景。开启VR模式更带给人身临其境的观展体验,同时还配套有品牌故事视频、酿造工艺视频、语音讲解、场景介绍、地图、重力感应,能让用户随时随地免费游览茅台博物馆。

3. 中药数字化标本馆——传承文化服务民生

浙江省中药数字化标本馆于2016年开始建设,于2021年11月建成并免费向公众开放。中药数字化标本馆解决了传统中药标本馆因受标本贮藏与展示的时空局限性的不足,提高了中药资源的利用率与共享性,促进中医药的现代化建设与区域

---

① 资料来源:中国传统村落数字博物馆官网。

性发展平衡。中药数字化标本馆把五千年传承的中医药与现代IT技术结合起来，以数字化方式梳理、收藏和保护中医药丰厚的遗产。建立中医药数字信息资源体系，全方位地向世人展示中医药的源远流长和博大精深，以图片、科普文章、3D模型、视频形式将传统中药鉴别与数字化手段相结合，帮助群众解决选药难的问题。当前，中药标本馆已不仅是中药实物标本收藏陈列的场所，而且在科研、科普及弘扬中医药文化上发挥更大的作用。

4. 中国遗失海外工艺品（未展陈）数字博物馆——助力海外遗产回流

保护文化遗产、弘扬传统文化已是当今世界各国共同面对的全球化战略主题。中国遗失海外工艺品（未展陈）数字博物馆是工业和信息化部工业文化发展中心与英国剑桥大学菲茨威廉博物馆、考古和人类学博物馆合作共建的项目，也是第一个展示我国遗失海外文化遗产的数字博物馆。博物馆将保留在前述两馆内未对外展示的中国藏品进行数字化整理，以网页的形式对社会公众免费开放，促进藏品资源的深度开发和全球共享。博物馆线上展示了英方提供的500件藏品的详细资料，共2000张藏品图片，观众可通过藏品年代或类别进行搜索，在网络上即可了解藏品的全部信息。

传统的文化遗产回流主要依靠拍卖、不同形式的捐赠、法律追索等方式。数字技术的运用让遗失在国外的文化遗产以一种全新的方式回流，通过数字化整理研究和展览展示，让受众认识和了解这些文化遗产，进而了解中华传统文化。将博物馆数字化的形式运用于中国文化遗产的海外回流工作中，对于我国文化遗产的研究利用及国际文化交流意义重大。

（三）虚拟博物馆

虚拟博物馆主要的作用发生在展示体验及教育科普方面，因没有具体展品而不存在藏品保存、修复等方面的问题，其发展完全依赖于数字技术的支持。互联网技术、3D虚拟现实等相关技术的迅猛发展，让虚拟博物馆的发展建设变成现实。展馆是基于全景技术等现代科技打造的数字化博物馆，确保受众能够在垂直与水平等三维空间内自由转动浏览场景，该项技术被广泛应用于场馆展览等领域。

长沙理工大学于2015年建成的汽车虚拟博物馆，以其数字化、三维可视化，可以任意发挥创意，具有多样化形式的功能，正在发挥着实体展馆不可取代的作用和优势。汽车虚拟博物馆是一个高水平、特色鲜明的汽车工程虚拟仿真实验教学中心，为学生提供全方位"虚实结合"的实验教学环境。通过计算机技术营造三维虚拟展馆和立体的虚拟展品，利用网络将一个逼真的展品呈现到教师和学生面前，使体验者可以随意漫游整个展馆，并从不同的角度观察展品的外观，还能通过虚拟现实的交互技术，使体验者与虚拟场景产生交互，从而有身临其境的感觉，可以让对汽车不了解和没有亲身体验的观众方便快捷地了解汽车的相关信息，实现实体汽车博物馆所无法实现的趣味化、游戏化的互动体验功能。

三、博物馆数字化的经验及对工业文化发展的启示

（一）数字化推进博物馆当代转型

在世界范围内，新一代数字技术的浪潮持续推动博物馆的数字化变革，特别是在文化与科技融合的整体环境下，这既是政策导向和产业发展方向，也是时代的大势所趋。博物馆数字化营造出一种在场式的数字文化体验，在可保存性和开放性两方面打破了业余与专业之间的固有界限，这是博物馆数字化的范式转变，也推动了博物馆的当代转型。

从博物馆的职能来看，博物馆逐渐摒弃说教式的传统美学传授方式，提供能够调动感官愉悦的审美体验，强调与观众进行互动、交流；从追求知识传递，到强调对话探索，扩大至给予观众愉悦感官体验的场所。博物馆由藏品的仓库变为触发体验的场所，通过扩大审美活动的主体范围，来尊重多元视角与主体参与，进一步促进了博物馆的民主化进程。博物馆教育不再是传递固定专业知识的学科教育，而是转向利用多学科知识解释学习行为与心理的研究。大体来讲，博物馆不再强调官方塑造的意义，转而关注主体内部发生的反应[①]。

从博物馆藏品来看，藏品数字化后可无限复制、持续展示，减少藏品长期展示造成的损毁，有效解决了藏品展示和保护之间的矛盾。同时，藏品资源可得到最大化展示，大多博物馆常年展出的藏品占博物馆馆藏数量的比重很小，藏品数字化后，

---

① 陈佳璐、尹凯：《从实物到体验：博物馆转型的反思——评〈转型期博物馆的哲学观察〉》，《自然科学博物馆研究》2021年第5期。

可在网络上进行虚拟展示，使博物馆文化资源利用得到最大化。此外，博物馆的公众性可得到更好彰显。博物馆数字化可携带的信息量较大，通过图片、声音、视频等改变传统博物馆展示手段单一的状况。数字技术可呈现文物修复后的虚拟图像，从而检验藏品修复技术，考察修复过程的不同环节。数字化还可还原展品原来的生存环境，让观众更全面地了解其历史文化背景。博物馆数字化可让观众脱离传统博物馆的展线规则设计，改变藏品的呈现与解读方式，突破时间和空间的限制，实现自主观展。博物馆的数字化建设不但起到了宣传、教育、审美功能，同时作为一种重要的文化传播交流手段，成为向世界各国传递文化的重要媒介。

（二）数字化催生博物馆新生态

数字技术作为一种新的媒介方式，同时作为一种物质基础，正在影响文化的生产、分配、流通和消费逻辑，形成在线的平台化文化生态。博物馆的数字化工作持续推进，亦催生了新的博物馆文化生态。

首先，数字技术的参与让博物馆的类型与职能更为多样性，博物馆的发展趋势更多元化。博物馆的主体由原来的文博单位，扩大到企业、村集体及不同的文化机构，其形式从实体延伸至实体+数字博物馆再到虚拟博物馆，其职能也从收集保存、研究推广、审美教育扩大到了生产经营、提升服务、复兴遗产、活化改造以及更多更广的领域。

其次，藏品是博物馆存在和发展的基础，藏品管理与利用是博物馆的核心业务和博物馆学的重要研究课题。博物馆数字化的核心是藏品的数字身份、数字影像资源和数字影像价值。在元宇宙浪潮下，国内外多家博物馆相继推出了数字藏品项目，博物馆藏品元素成为数字藏品的主要形象之一。博物馆借助数字藏品这一新载体，实现了藏品数字化展示、再设计，让这些藏品及其故事不仅被保留在储存柜中，同时不再被时间、空间、修复技术等条件限制，被完整纪念与传承。工业和信息化部工业文化发展中心开发的工业文化数字藏品，应用在工业文化领域对新时代中国工业形象塑造和对外传播工程意义重大。藏品来源于具有代表性的经典产品、历史照片、图片资料等素材，重点反映中国工业发展历程中的重大事件、重大成果、关键人物和核心技术等，达到用数字技术弘扬中国工业精神、传播中国工业文化的目的。

数字藏品的发售不但满足了消费者追捧新潮的心理，也让每一件被卖出的数字藏品背后的历史故事得到宣传，这对消费者、博物馆与合作平台来说是多赢的。但数字藏品的发售对博物馆公益属性与文物信息安全造成的威胁，消费者权益与作品相关权利存在管理漏洞等问题，目前还无法解决。

再次，数字博物馆的发展重点从形式、内容开始转向服务与体验。数字博物馆的动态画面所营造的虚拟环境，使用户更容易参与到传播的过程并沉浸在没有边界的时空当中。这种沉浸感建立在个人、沉浸媒介，以及环境共同作用下的虚拟与现实相结合的空间中。在这个空间每件展品代表一个故事，故事围绕着沉浸者展开。为了满足受众的个性化需求，围绕着不同的受众，博物馆可以展开不同的叙事。拥有相似叙事路径的用户之间可以相互连接，进行更加深入的交流。

（三）博物馆数字化应合理稳步推进

博物馆的数字化之路刚起步，未来还有很长的路要走。需要注意的是，数字化是博物馆发展的辅助工具，不能完全以数字化产品取代藏品，要通过数字技术帮助观众更深度地去了解藏品，而不能忽略了藏品本身。此外，还需注意不同博物馆之间在数字技术应用中存在的同质化问题，数字化必须立足于博物馆的特色，充分发挥自身的优势，依托于馆藏品的特点，形成百花齐放的数字博物馆格局。

合理利用数字技术可以有利于博物馆的数字化管理、藏品的传播与保护，为历史文化资源保护提供动力与氛围，促进历史文化资源永续利用。数字博物馆以宣教为主要目的，采用了互联信息技术结合多媒体等多形式进行展现。博物馆的性质决定了技术必须为内容而服务，若一味地追求新技术新形式，而忽略博物馆建设的重点，会导致展览内容的内涵性缺失。

（四）建设数字博物馆，推动工业文化发展繁荣

文化是博物馆力量的根基，数字化是博物馆获取力量的重要渠道，也是发挥力量的重要途径，博物馆数字化建设是大势所趋。加快博物馆数字化进程，才能最大限度地提升博物馆的力量，促使博物馆在文化强国建设中扮演更重要的角色。

博物馆数字化需要重点加强以下几方面的工作：第一，积极推进博物馆数据库建设，将博物馆数字化建设纳入"新基建"，建立数据资源动态管理机制，建成国家博物馆资源大数据平台，实现涵盖数据内容的资源大数据一体化管理服务体系；

第二，提高博物馆藏品展示利用的数字化水平，推动"互联网＋中华文明"行动计划深入实施，加大博物馆信息资源公开的深度和广度；第三，加强博物馆数字化专业人才队伍建设，大部分博物馆在数字化建设中，存在人才队伍建设不足的问题，博物馆寄希望于技术人才的引进来应对，但更重要的是现有博物馆专业人员对相关知识的学习，博物馆应该积极为业务人员在学习数字技术方面提供机会，提高业务人员整体水平素质，以满足博物馆数字化建设的需求；第四，明确博物馆数字化未来的发展目标，应在相关政策、法规、制度、条例、经费、人员保障的基础上，实现博物馆文化资源的最大化社会共享。这是博物馆未来发展的愿景，亦是应该承担的社会责任。

工业和信息化部、国家发展改革委、教育部、财政部、人力资源和社会保障部、文化和旅游部、国务院国资委、国家文物局联合印发的《推进工业文化发展实施方案（2021—2025 年）》明确指出，"完善工业博物馆体系""支持运用新一代信息技术打造数字化、可视化、互动化、智能化新型工业博物馆"。工业博物馆要在传承弘扬工业精神、服务全民爱国主义教育、满足并引领人民群众文化需要、增强人民精神力量等方面发挥积极作用。

在新时代背景下，必须鼓励支持工业数字博物馆的建设，加强数字技术在工业文化企业、体验产品和项目建设中的应用；鼓励利用和共享馆藏资源，开发教育、文创、娱乐、科普产品，举办各类工业文化主题展览、科普教育、文创体验和研学实践活动；加快发展新型文化业态、消费模式，丰富工业文化载体，扩大优质工业文化产品供给，满足人民群众文化需求，最终推动国家工业新形象的塑造和传播，进而形成工业文化繁荣发展的新局面。

工业题材电影和工业形象塑造探究*

2021年,工业和信息化部等八部门联合印发《推进工业文化发展实施方案(2021—2025年)》,提出"鼓励创作工业题材的文化作品",通过"工业影视作品"等方式宣传工业故事、典型人物,弘扬中国工业精神,践行社会主义核心价值观[①]。工业题材电影的创作和生产在过去一直被视为中国电影创作和生产的短板,这是由于工业题材电影的专业知识属性和受限于科学技术发展的特征。但也正因为如此,中国工业题材电影具有巨大的潜力和发展空间,未来大有可期。

一、1949年以来的工业题材电影

回顾1949年以来每个重要的历史时期甚至是转折时期,工业题材电影独树一帜,塑造了栩栩如生、光彩照人的工人阶级艺术形象。

1949年问世的电影《桥》[②]被誉为新中国电影的奠基之作。影片意义在于第一次在银幕上正面描写了中国工人阶级进行的劳动和斗争。有专家评论说:"中国的第一部故事片《桥》,就是一部工业题材电影,塑造了全新的工人阶级形象。"《桥》一举拿下中国电影史上5个"第一":第一部故事片;第一部"写工农兵、给工农兵看"的人民电影;第一部以工人阶级为主人公的电影;第一部体现知识分子政策的电影;第一部"反现代的现代性电影"。《桥》的编剧于敏先生抱着写工人的宏

---

* 编者注:感谢中国电影评论学会会长饶曙光教授对本文做出的重要贡献。
[①] 工业和信息化部等八部门:《推进工业文化发展实施方案(2021—2025年)》(工信部联政法〔2021〕54号),2021年5月。
[②]《桥》是东北电影制片厂拍摄的剧情片,由王滨执导,1949年5月首映。该片讲述了东北某铁路工厂的工人们克服一系列困难完成抢修松花江铁桥的任务,为解放战争的胜利做出贡献的故事。

愿，于 1952 年举家落户到鞍钢，26 年里写出了《老孟泰的故事》等报告文学，以及《高歌猛进》《无穷的潜力》《炉火正红》等多部工业题材电影剧本。

1974 年，电影《创业》①公映后在全国引起轰动，该片再现了中国石油工业创业时期的艰辛和油田的风貌，反映艰难多舛而又轰轰烈烈的创业史。观众无不为大庆人"白手起家、自力更生、艰苦创业、战天斗地"的英雄事迹所震撼。《创业》插曲"晴天一顶星星亮，荒原一片篝火红。石油工人心向党，满怀深情望北京。要让那大草原石油如喷泉，勇敢去实践，哪怕流血汗……"成为反映石油工人题材的经典歌曲之一。之后，电影《铁人》《铁人王进喜》等陆续上映，因为时代、社会环境、接受群体的变化，没有产生像《创业》一般轰动的社会影响。

改革开放之初，小说《乔厂长上任记》②曾经在中国文坛产生了举足轻重的影响，甚至当时有读者要让自己所在工厂的领导阅读《乔厂长上任记》——人们渴望更多乔厂长式的改革人物在现实中诞生，引领劳动者创造更大的生产奇迹。小说着力塑造的乔厂长是改革开放初期象征"进步势力"的形象代表，文坛上的"改革文学"创作风气也渐渐形成。后来，《乔厂长上任记》改编成了电影《钟声》。

1983 年，《血，总是热的》③上映。影片根据同名话剧改编，讲述了江南市凤凰印染厂厂长罗心刚冲破重重阻力推进企业改革的故事。《血，总是热的》在电影史上一般被定义为"改革电影"，其实也是一部工业题材电影，塑造了富有感染力的艺术形象，影片中罗厂长有一段激动人心的演讲："我们要用鲜血做润滑剂，使锈死的机器转动起来。无论如何，血，总是热的！"今天回想起来仍然让人热血沸腾。

1989 年，导演翟俊杰执导电影《共和国不会忘记》，展现了钢铁行业自 1949 年来走过的曲折道路，再现了钢铁企业艰苦卓绝的变革，讴歌了工人和改革家的精神风貌。该影片在一定程度上突破了以往"改革电影"的老套，不仅铺陈改革过程和叙述事件的来龙去脉，还以写"人"为中心及透过人物写改革，从而赋予企业以人

---

① 《创业》是长春电影制片厂拍摄的剧情片，由于彦夫执导，1974 年上映。
② 《乔厂长上任记》是蒋子龙创作的短篇小说，1979 年发表于《人民文学》第 7 期。该小说讲述了 20 世纪 70 年代末期，某重型电机厂生产停顿、人心混乱，老干部乔光朴主动请缨"收拾烂摊子"，上任后大刀阔斧地进行改革，从而扭转了工厂被动局面的故事。
③ 《血，总是热的》是北京电影制片厂拍摄的改革题材剧情电影，由文彦执导、杨在葆主演。

格化的命运感。

1999年，电影《横空出世》公映，讲述了1949年后，一支经过烈火淬炼的英雄部队和留学归来的科学家在西北荒漠克服重重困难，最终成功完成我国第一枚原子弹爆炸的故事。该影片最终荣获1999年华表奖优秀影片奖、2000年金鸡奖等多个奖项。

2002年，导演吴天明拍摄电影《首席执行官》[①]，以海尔集团首席执行官张瑞敏为创作原型，讲述了海尔从一个欠债百万元、濒临倒闭的集体小厂发展成为全球销售额600多亿元的大型跨国企业的辉煌经历。工业题材电影难写难拍，"是海尔征服了我，使我明知难啃却欲罢不能。"影片具有吴天明的风格烙印，在工业题材电影中独树一帜，弘扬民族正气、讴歌工业精神。

2006年，以许振超为原型的数字电影《金牌工人》在北京市举行首映礼。时任中共中央政治局委员、全国人大常委会副委员长、中华全国总工会主席王兆国出席了首映式，并会见许振超及电影主创人员、演职人员，给予工业题材电影极大的鼓励。评论界认为，在提倡自主创新、努力构建创新型国家的大背景下，影片对"振超精神"的挖掘显得震撼人心、催人奋进。

2007年，贾樟柯执导的纪录片式电影《无用》则探讨关于服装工业的话题。炎热潮湿的广州某服装厂内，来自祖国各地的青年职工在喧嚣闷热的厂房中紧张地忙碌，独立品牌EXCEPTION（例外）的服装也在此诞生。青年设计师马可将对时尚、历史、文化的感悟融入服装设计，创立"例外"品牌，并设计出"无用"系列以参加巴黎时装周；而远在千里之外的山西省汾阳市，由于服装工业化的批量生产，致使底层的个体成衣制作受到强烈冲击，有的人选择坚守，有的人则被迫改行。

2008年，贾樟柯又执导并拍摄了伪纪录片式电影[②]《二十四城记》，以飞机军工厂420厂（成华集团）在经济浪潮冲击下不可避免地经历转型阵痛的真实背景来展开叙事。

电影《国徽》是第一部全景展示中国国徽诞生历程的3D故事片。该影片以真

---

① 《首席执行官》由中国电影集团公司北京电影制片厂、电影频道节目中心、山东电影制片厂联合出品，2003年获第九届中国电影华表奖。
② 又称"仿纪录片"，通常带有喜剧的嬉闹性，但也有非常严肃的一面。这是电影的一种拍摄手法，为了让观众更加具有真实感。

实事迹为依据，采用双线并进的叙述方式，一方面讲述了梁思成、张仃、高庄等一批艺术家几易其稿，为国徽能够展示民族和国家的鲜明特点而集思广益、反复推敲，最终设计出中华人民共和国国徽；另一方面突出描绘了沈阳第一机器制造厂以焦百顺为代表的产业工人，在国徽铸造过程中不断攻克技术难题，将中国第一面金属国徽挂上了天安门城楼。影片先后获得了中国电影第三十一届金鸡奖最佳影片提名、第九届澳门国际电影节最佳新导演奖、第四届丝绸之路国际电影节优秀影片、中宣部"五个一工程"奖等奖项。

电影《逆境王牌》讲述了一个与石化工业相关的故事。该影片以中国石化齐鲁石化原总经理李安喜的先进事迹为创作原型，通过主人公一心为公、勇担责任，使企业扭亏为盈的感人情节，反映了一名国有企业领导干部崇高的人生追求、坚定的理想信念、严谨的工作作风和忘我的奉献精神，树立了在改革开放时期国有企业党员领导干部敢担当、有作为的良好形象。《逆境王牌》在全国各大城市及百余家特大型企业上映，观影人数达到数百万次，获得了广大观众的热烈反响和评论家的赞誉，被誉为"中国最恢宏的工业大片""工业大片新风尚"。

《江南》是中国第一部以民族重工业为题材的国产动画电影。该影片以江南造船厂前身江南机器制造总局为原型，以具有幻想色彩的动画形式展现了小人物在民族大义和国家命运面前的大情怀。《江南》拒绝强行说教，而以能让观众接受的方式进行爱国主义教育和历史教育，并成功引导观众将个人的奋斗和国家的强盛紧密联系在一起。

2021年，电影《钢铁意志》赴本溪湖工业遗址博览园等地拍摄，挖掘辽宁省工业文化。辽宁省被称为"新中国工业的摇篮""共和国装备部""共和国工业长子"。《钢铁意志》讲述的是在中华人民共和国成立初期，中国共产党人带领广大工人，克服重重险阻，成功修复废弃的2号高炉，在最短时间内生产出中华人民共和国的第一炉铁水，并在技术革新等方面取得重大突破，艺术地呈现了中国共产党人钢铁般的意志。导演宁海强为了拍好影片，先后5次带领电影主创人员赴鞍钢深入生活，了解工人的工作、生活状态，到博物馆了解辽宁省的工业历史。笔者认为，《钢铁意志》艺术精湛、思想深刻，是一部完成度非常高的工业题材电影。

二、我国工业题材电影的特点及其塑造的工业形象变迁

（一）我国工业题材电影的特点

1949年以来，中国走完了发达国家几百年走过的工业化历程，由兵工至民用，由沿海至内地，由重工业至轻工业，越来越多的中国人与工业产生紧密的联系，生活方式、思想观念、人生命运都因工业化的发展产生深刻的变化，由此也带来了工业题材电影的诞生和发展。电影本身就是工业文明的产物，某种程度上，高投入、大制作、高产出的电影就体现了工业化生产的特点。回顾中国工业题材电影，从内容和传播的角度主要呈现了写实性、历史当代性、科学技术性的特点。

1. 写实性

中国工业题材电影的故事来源很多是真人真事改编，没有刻意创造工业奇观，情节、人物设定偏向写实。例如，《创业》描写的是中国石油工业创业时期的英雄事迹；《血，总是热的》虽然是同名话剧改编，但是讲了以1979年中国经济体制改革为真实背景展开的故事；《首席执行官》是以海尔集团首席执行官张瑞敏为原型描写的企业创业史；《国徽》叙述了艺术家设计新中国国徽形象和沈阳第一机器制造厂不断攻克技术难题铸造国徽的过程。这些影片的时代背景是真实的，故事发生地点也是真实的工业环境，如油田、电子工厂、服装工厂等；都是以写实的创作手法来展开叙事，虽然表达的主题各有不同，讴歌传播的工业精神也有着时代的区分，但都能让身处工业环境中的观众调动自身相关经验，对电影主人公感同身受。

2. 历史当代性

在快速发展的工业进程中，部分工业题材电影也许公映时没有获得商业上的成功，但电影表达的内容大多体现了当时的时代精神。例如，改革开放初期的很多电影关注了企业改革的阵痛，表现了在计划经济向市场经济转变的过程中人们生活所受到的影响。历史当代性还体现在电影类型的多样性上，科幻类型、魔幻类型也被应用于工业题材电影上，有很多交叉类型的电影也在内容上传播了中国的工业形象和工业精神。

3. 科学技术性

很多工业题材影片在内容中展现了工业文明的最新成果、科技发展的最新成果

或工业社会发展的未来趋势。因此，工业题材电影需要创作者具备工业领域相关的专业知识或有专业团队做技术支持。此外，很多电影展开的宏大的工业想象也需要使用高新技术手段进行创作，如《流浪地球》等科幻影片依赖于数字虚拟系统和信息通信技术的发展；同时也受限于中国电影工业化发展的进程，中国工业题材电影与好莱坞工业题材电影在电影文本和技术支撑上存在较大的差距，需要中国电影人在创作中不断寻求突破。

（二）工业题材电影塑造的中国工业形象变迁

工业题材电影是国家工业形象、民族工业文化宣传的重要载体。我国工业题材电影呈现的工业形象，和创作时所处的经济、政治、文化、科技背景息息相关，大致可分为 3 个阶段。

1. 社会主义革命和建设时期

1949 年中华人民共和国成立，社会主义建设随之展开，带动一系列反映工人阶级生活斗争与工业建设的电影创作。1949—1952 年，东北（长春）电影制片厂、上海电影制片厂共生产了《桥》《光芒万丈》《红旗歌》《在前进的道路上》《女司机》《团结起来到明天》6 部工业题材电影，均塑造了积极乐观、具有主人翁意识的工人阶级形象。

1952 年下半年，进入社会主义改造时期，《六号门》①《伟大的起点》②《无穷的潜力》③ 等反映工业战线新气象的影片陆续问世。这一期间的工业题材电影通过各个行业中的工人改革故事，号召观众理解社会主义改造的重要性，展现具有改革精神的工人形象及正在改造中的充满希望的工业形象。

1958 年以后的工业题材电影开始有所创新，代表影片有《燎原》④《十三陵水

---

① 《六号门》由东北电影制片厂于 1952 年摄制，1953 年上映。该影片讲述了在 1949 年前的天津码头，六号门站的搬运工人在党的领导下与货场把头坚决斗争，最终迎来中华人民共和国成立的故事。
② 《伟大的起点》围绕华东钢铁八厂炼钢部展开故事，以改扩建炼钢炉的事情突出了革新思想和保守思想之间的碰撞，最终成功改建炉子并提高了生产效率。
③ 《无穷的潜力》上映于 1954 年。该影片讲述了 1949 年后，东北某小型轧钢厂的工人为国家的工业建设做出贡献的故事。
④ 《燎原》摄制于 1962 年，主要讲述了 1905 年赣西安源煤矿工人自发斗争失败，中国共产党成立后，领导工人罢工最终取得胜利的故事。

库畅想曲》①《小太阳》②。后两部是科幻电影,《小太阳》中还出现了很前卫的大棚种植技术、无人驾驶汽车、机器人等设定,著名科幻小说家刘慈欣坦言其小说《中国太阳》受到了此片的影响。

2. 改革开放历史新时期

1978年党的十一届三中全会召开后,工业题材电影主要以改革开放为历史背景展开叙事,比较典型的是《血,总是热的》《共和国不会忘记》,聚焦国有企业改革的阵痛,后者更展现了新一代钢铁工人直面现实困境、努力突围起死回生的勇气和奋斗精神。

21世纪前后,工业题材电影创作内容进一步开放,电影类型更加多样化。1999年上映的《横空出世》聚焦国防尖端科技原子弹的研发工作,体现科技工作者和国防工业建设者"热爱祖国、无私奉献、自力更生、艰苦奋斗、大力协同、勇于攀登"的"两弹一星"精神。《金牌工人》则再现了许振超"练就一身绝活,做个优秀工人"的成长历程,通过工作生活中的典型事例体现了爱岗敬业、拼搏奉献和超越自我的精神,塑造了当代产业工人"自强不息、为国争光"的生动形象。

3. 中国特色社会主义新时代

党的十八大以来,电影工业市场化改革继续深入,电影票房快速增长,电影对人们生活的影响越来越大。一方面,多部反映中国工业成就的纪录片获得社会广泛关注,如《超级工程》《大国重器》等记录了国内重点工程、中国装备制造业的发展成就,"让年轻人追得热血沸腾"。另一方面,涌现出一批多种类型交叉③的电影,如《湄公河行动》《战狼2》《红海行动》等都有我国作为工业大国的剧情设定,《流浪地球》更是有着浓郁的工业化特征;还有部分电影把故事背景设在厂区的集体主义生活空间,记录、影射和反思时代变迁中"厂区二代"们面临的身份认同问

---

① 《十三陵水库畅想曲》讲述了十三陵一带的连年水灾给农民带来深重的苦难,1957年开始启动十三陵水库修建工程,经过了160个昼夜不停地劳动,克服了狂风暴雨等一切难以想象的困难,最终修成了十三陵水库的故事。

② 《小太阳》以儿童的视角讲述了生活在祖国北方的小朋友因为希望北方的春天早一点到来,商量决定种一个太阳上天,于是小朋友驾驶空中汽车来到科学研究所,最终通过可控核聚变、反物质制造了太阳并使用飞船运送上天的故事。

③ 这一时期的电影类型多样,呈现多种类型交叉的特征,如《流浪地球》电影当中也融合了一些工业元素。

题和社会地位流变问题，如《黑处有什么》《八月》《少年巴比伦》《六人晚餐》《你好，李焕英》。后者的工业形象发生了一定的流变，建设和生产不再是电影表达的主题，而是更多地用发展的眼光探讨产业工人的命运和时代的跃迁。

综上，由于工业发展与社会进步相联系，从工业结构调整与升级、社会主义市场经济体制改革到对产业工人及后代命运的关注，都赋予了工业题材电影极大的创作空间。新时代以来的作品是多年来工业题材创作不断淬炼的结果，是电影人对题材认知提升的表现，也是中国工业题材电影创作内生性的突破，让各界看到了工业题材电影的潜力，也为市场提供了新的选择。

三、未来展望

（一）机遇与挑战并存

展望未来，工业题材电影正在迎来前所未有的发展机遇。一是党和国家对文化产业和电影事业的高度重视。国家"十四五"规划纲要提出，2035年建成社会主义文化强国；2021年11月国家电影局发布《"十四五"中国电影发展规划》，提出"2035年建成电影强国"的发展目标。未来，促进包括工业题材在内的中国电影题材不断拓展，类型不断丰富，供给不断优化，构建持续健康的发展生态，是生产企业和创作者共同面对的重要课题，也是中国电影迈向高质量发展时代的必经之路。二是以互联网、人工智能、虚拟现实技术为代表的信息技术和数字技术大发展，极大地丰富了电影艺术创意变成视觉表现的工具库和表现手法，大量增加了电影作品的数字化传播渠道，有机会大幅度降低电影的创作成本。信息技术、数字技术本身就在工业的范畴内，忽如一夜春风来，工业题材电影获得了借助技术获得长足发展的客观条件。

尽管机遇空前，发展新时代的工业题材电影，仍面临一个巨大的挑战，这个挑战源自工业本身的技术特征。无论是传统制造业还是现代信息产业，都具有很强的技术性和专业性，从传统电影工作者的角度而言，工业内容既不容易理解和表达，又不容易找到市场认可的表现方式，因此，创作和拍摄工业题材电影的难度相对较高，拍摄高质量、高市场接受度的工业题材电影需要付出加倍的热情和努力，很多传统电影人因此望而却步。追根究底，这种割裂是具备工业通识且掌握数字技术的电影人才出现断档导致的。要弥补这一割裂，单纯依靠电影创作者的热情在短期内较难有根本性转变。

（二）发展工业题材电影的建议

工业题材电影的发展和繁荣需要多管齐下形成合力来推动，既需要主管电影宣传和主管工业发展的政府部门加大政策支持和扶持力度，又需要有专门的工业文化机构、电影业界及专业人士协同共进。

一是积极呼吁并推动有关方面建立促进工业题材电影发展的联系机制。2020年，国家电影局、中国科协印发《关于促进科幻电影发展的若干意见》提出，要建立促进科幻电影发展联系机制，由国家电影局、中国科协牵头，教育部、科技部、工业和信息化部、财政部、商务部、国务院国资委、中国科学院、中国工程院、国家国防科工局、中国文联等单位有关部门参加，联系机制日常办事机构设在中国科协科技传播与影视融合办公室。事实上，不单是科幻电影的发展有此诉求，整个工业题材电影都迫切需要形成有利于发展与繁荣的部门联系机制。

二是推动工业题材电影产业链相关的系统和政策体系的完善，从源头支持工业题材电影发展。既要有针对产业发展的政策，又要有针对产品产出的政策，还要有创新的金融支撑和技术发展等配套政策，吸引有实力的电影公司和知名创作人员进军工业题材电影，鼓励各类型企业研发具有自主知识产权的电影底层技术。

三是形成工业题材电影专门的人才体系和技术咨询体系。例如，在主管部门的指导下设立专门的工业题材电影技术支撑机构，建立科学顾问库和工匠咨询库，吸纳专家院士和科技工作者参加，为工业题材电影提供专业咨询、技术支持、技术培训等涵盖智力、技术和硬件的支持。

四是在创作层面加大对工业题材电影剧本的培育力度，鼓励扶持原创，促进工业文学、工业题材电影故事等资源转化，推动建立多元化、可持续的工业题材电影剧本供给体系。要健全完善工业题材电影评估体系，推动创作与评论良性互动。通过推动建立权威、系统、及时反馈的工业题材电影评价评估机制，引领多样化创作。

五是在工业题材电影流通领域有所作为，鼓励有关电影节设立工业题材电影单元，甚至设立专门的工业题材电影节；在放映层面，鼓励组建工业题材电影放映联盟，支持各级工业博物馆、科学馆、青少年宫、文化主题公园等加盟，推进资源共享；促进电影文化交流，推动与海外电影艺术节的合作。

　　自电影传入中国的第一天起，它既是新文化的载体，又是新文化的源头。新时代赋予新使命，新形势提出新要求，电影工作者应该勇于挑战，去尝试创作更多的工业题材电影。要"身入"生产一线、"心入"制造实践、"情入"工人冷暖，深度开掘工业题材新亮点，不断丰富中国制造的文化内涵，努力打造工业题材电影精品力作，担当起"讲好中国工业故事，传播中国工业文化"的历史使命，让中国工业故事变成世界工业故事，让中国工业题材电影如同迪士尼电影一样，属于世界、属于人类，创造属于世界的中国工业题材电影高峰，为新时代中国工业形象的弘扬与传播这一伟大事业做出新的贡献。

元宇宙，开启工业文化发展新纪元*

2021年被称为"元宇宙元年"。元宇宙作为多种新技术的集合、虚拟世界与现实世界的融合，使人类对未来世界的创想提升到一个新的维度，是科技发展到今天出现的最新形态的工业文化载体，在全球经济脱虚向实和虚实结合的大背景下有着广泛的应用场景。

从数字化时代到元宇宙时代，技术极大地提升了生产与沟通效率。在产品制造、医疗健康、销售服务、教育培训等场景中，扩展现实逐渐成为重要的生产工具，并且在经济、文化和社会生活场景中不断渗透。元宇宙产业链不断成熟，技术与内容持续创新迭代，苹果、Meta（脸书更名而来）、微软、谷歌、华为、腾讯、字节跳动等国内外知名企业纷纷入局，带动相关产业表现活跃，整个元宇宙生态正走向新的发展阶段。在疫情常态化的形势下，人们的日常生活和工作越来越多地转至线上，线下场景被数字化，上网人数和平均在线时间迅速增加，线上交易规模大幅增长，现实世界加速向虚拟世界扩展，元宇宙成为推动产业变革、刺激经济及社会发展的新动能。

一、元宇宙概述

（一）什么是元宇宙

元宇宙一词译自英文 Metaverse，其中，"verse"是版本的意思，而"Meta"有两个含义：一是在某种事物之外的一片领域；二是在某种事物的背后更为根本性的东西。一般观点认为，元宇宙是指一个可感知的虚拟空间。有人提出，元宇宙是一

---

* 编者注：感谢特邀专家尤可可、王儒西对本文做出的重要贡献。

个集体虚拟共享空间,是架构于现实逻辑之上的超大虚拟空间,由虚拟增强的物理现实和物理持久性虚拟空间(所有VR、AR和Internet的总和)的融合创建。也有人认为,元宇宙包含了现实世界和上述虚拟世界,或者是以这个虚拟世界为主要平台的现实世界与虚拟世界的融合空间[①]。本文认为,元宇宙并非指"更为本源的世界",而是指"另一个版本的世界"。

2022年1月,清华大学新闻与传播学院新媒体研究中心发布《元宇宙发展研究报告2.0》(以下简称"报告")认为,元宇宙是整合多种新技术而产生的下一代互联网应用和社会形态,它基于扩展现实技术和数字孪生技术实现时空拓展性,基于人工智能和物联网实现虚拟人、自然人和机器人的人机融生,基于区块链、Web3.0、数字藏品/NFT等实现经济增值性。在社交系统、生产系统、经济系统上虚实共生,每个用户可进行世界编辑、内容生产和数字资产自所有。该报告认为,标准的元宇宙构建分为以下四个步骤:一是数字孪生,即现实世界完全镜像到虚拟世界中,在虚拟空间内建立包括人、物品、环境等要素在内的拟真的动态孪生体;二是虚拟原生,虚拟世界里的人或物(如自己的虚拟分身、物品等)能够自动生成并运转起来,不需要借助真实场景来参与;三是虚实共生,现实世界信息与虚拟世界信息融合,且能相互共生,例如,在虚拟世界中拍的照片能在现实世界中发朋友圈并打印;四是虚实联动,通过人工智能引擎支撑高仿人、机器人和虚拟人,并与现实世界中的自然人进行交互,同时,场景和资产也构成广泛的虚实联动。

(二)元宇宙生态系统与核心技术

"元宇宙"这个说法源自美国科幻作家尼尔·斯蒂芬森在小说《雪崩》(*Snow Crush*)里虚构的概念。小说想象了21世纪初一种连接全球、与现实社会紧密联系的三维数字空间——元宇宙,人们通过虚拟现实设备来往于现实及元宇宙中的场景,通过各自的"化身"进行交流、娱乐和交易。在书中,元宇宙的场景"能够被眼睛看到,能够被缩小、被倒转",但并不真正存在。"它只是一份电脑绘图协议,写在一张纸上,放在某个地方。大街,连同街上的东西,没有一样被真正赋予物质形态。更确切地说,它们不过是一些软件,通过遍及全球的光纤网络供大众使用。"这些

---

① 郑磊、郑扬洋:《元宇宙经济的非共识》,《产业经济评论》2022年第1期。

文字在今天看来，似乎并不"科幻"，因为在 VR 和互联网技术高度发达的今天，这些场景和效果都可以实现，并与现实世界融生、交互，实实在在地改变着人们的生活和生产方式。

对应人的六大感官——眼、耳、鼻、舌、身、意，元宇宙生态系统由视觉加强、听觉延展、数字味感、意识映射、体感交互等部分构成，成为现实世界与虚拟世界、自然人与虚拟人的媒介，并具有时空延展性、人机融生性、经济增值性三大特征。该生态系统的实现有赖于三种能力：计算能力、底层技术能力、虚实交互能力。计算能力涉及空间计算、云计算、普适计算、边缘计算、语义计算、复杂计算等技术，是 Web3.0 的重要支撑；底层技术包括人工智能（机器学习、自然语言处理、智能语音）、大数据、区块链（DAO、数字藏品、NFR、NFT）、网络通信（5G、6G）、数字孪生（仿真、可视化）、游戏引擎（实时渲染）等；虚实交互则涵盖扩展现实（VR/AR/MR）、裸眼 3D（3D 建模、全息投影）、物联网、虚拟人、脑机接口（操作系统）、PC/ 手机等软硬件设施。

可见，元宇宙既包含了数字经济中的 5G、人工智能、区块链、云计算、大数据，也融合了对 VR、AR、脑机接口、物联网等技术的前瞻布局。元宇宙若与经济实体有效结合，必将产生巨大动能，极大地驱动经济发展。著名数字经济专家、科技部原副部长吴忠泽提出："元宇宙时代将构建物理世界和数字世界相互融合的新型数字空间，推动实体经济与数字经济深度融合，塑造数字经济发展的未来形态。在元宇宙时代，数字技术将集成应用到全社会的各类运行场景，实现数字经济高质量发展。其中，5G 网络实现数据高速稳定传输；物联网和工业互联网打通线上线下的数据，实现'数字孪生'；区块链技术将元宇宙中的数据资产化，形成新的可信机制和协作模式；VR 和 AR 改变人们与数字世界交互的方式，实现'虚实共生'；人工智能成为数字网络的智慧大脑，引领数字经济进入智能经济发展新阶段。元宇宙中多元化的应用场景，将为打造数字经济新优势和壮大经济发展新引擎提供新的成长空间、关键着力点和重要支撑。"①

---

① 吴忠泽：《元宇宙助推数字经济迈向新的发展阶段》，于佳宁、何超《元宇宙：开启未来世界的六大趋势》，推荐序一，中信出版集团，2021 年。

（三）元宇宙产业发展状况

目前，元宇宙产业已经出现两大发展路线，即 VR 元宇宙和区块链元宇宙。率先进入元宇宙赛道的企业主要有 Roblox、Meta、Epic Games、微软、腾讯、字节跳动等。其中，Roblox 是互联网行业元宇宙概念的发起者，拥有黏性极高的 UGC[①] 社区，并且以游戏的方式进入教育创新领域；Epic Games 拥有业界领先的图像引擎与带有元宇宙元素的游戏《堡垒之夜》（*Fortnight*）；微软一方面拥有定义 MR 的终端设备 Hololens，另一方面拥有 Xbox 游戏平台及与 Roblox 相似的类元宇宙产品《我的世界》（*Minecraft*）；Meta 和腾讯都是社交平台巨头，但 Meta 还拥有业界领先的 VR 设备 Oculus，腾讯则在大量元宇宙相关企业中拥有较为完备的投资布局；百度于 2021 年 11 月推出了首个国产元宇宙产品——"希壤"，打造跨越虚拟与现实、实现永久续存的多人互动空间；字节跳动的抖音及其海外版 TikTok 拥有全球范围的用户基础、活跃的 UGC 生态与线上线下打通的商业模式，并且通过收购 VR 设备公司 Pico，以及在游戏、人工智能、3D 视觉领域的资本布局，逐步形成自己的元宇宙生态。

目前在世界范围内，美国是元宇宙理念的开拓者，正处于投资风口，且拥有最前沿的技术、全球市场和健全的产业体系。中国在技术发展程度、产业健全程度上仅次于美国，资本市场相对活跃，且拥有广阔的国内市场。韩国、日本尚未出现元宇宙赛道上的巨头企业，但各自具有特定优势：韩国政府积极引领企业联盟，"元宇宙首尔市政厅"已于 2022 年 5 月 9 日向公众开放，且韩国的偶像工业对元宇宙行业具有强大的推动力；日本的优势在于 ACG[②] 产业和二次元文化积累深厚，IP 资源丰富，有利于向元宇宙转型。

除了面向个人用户，元宇宙还在面向企业的领域有广泛的前景。在企业生产中，基于数字孪生技术建立流水线和厂房的动态模型，并建立共享开发平台，可将线性生产流程转换为各环节的实时协作，对产品设计进行"所见即所得"的共同修改和动态模拟。基于元宇宙的社交和经济系统，可以营造员工的 UGC 创作生态，实现人力价值的释放与回馈。在企业营销方面，元宇宙可以打破实物与虚拟场景的隔阂，

---

① UGC 即 User Generated Content，意为用户生成内容，即用户原创内容。
② ACG 即 Animation、Comics 和 Games 3 个单词的首字母缩写，是动画、漫画、游戏的总称。

使企业和产品实现虚实融合的存在形态，满足个性化、多场景的营销需求。具体而言，可以利用数字孪生搭建拟真的营销场景，利用虚拟数字人进行品牌代言推广以规避与真人合作而带来的各种风险，利用游戏式交互场景来提升用户活跃度，利用线上线下共振来扩大营销传播面，利用实体机器人进行虚实结合的营销互动，利用元宇宙的UGC系统使用户从被动消费转换为参与生产设计，利用VR、AR、MR开发多样化的元宇宙体验模式，利用虚拟支付体系完成营销闭环等。

企业元宇宙的发展，能够实现企业内和行业内资源配置效率与社会整体资源配置效率的大幅提升。中国拥有61个行业产业链，市场规模超万亿元，企业元宇宙将产业链内外的关联度大幅提升，产业之间的界限模糊化，将出现大量的交叉产业和新业态，因此每个产业都将被重新赋能，元宇宙将带来不可估量的经济新动能。

二、元宇宙与工业

（一）工业元宇宙：数智制造，提质增效

本文所称的工业元宇宙，即元宇宙与工业的结合。工业尤其是制造业中，由人、事、物组成的系统相当庞大，流程错综复杂，依靠传统的基于文字的管理极为低效，管理沟通成本也因此增大。而数字语言最大限度地实现了沟通的一致性、精准性和及时性，工业的数字化转型势在必行。元宇宙作为多种数字技术的集合体应运而生，与工业的结合是必然的趋势。

1. 元宇宙变革工业管理

在具体的产业实践中，企业对元宇宙的应用，实际上是企业从数字化到数智化蜕变升级的过程。一般而言，分为以下4个阶段。

（1）业务数据化：即传统意义的企业信息化过程，是指将企业的实体事、物、人进行数据化记录，就是物理实体电子化。企业的信息化系统（如ERP、MES、WMS等）将事务流程数字化；IoT协议使设备数字化，将设备的运行数据参数同步到中心服务器。这个阶段更多的是支持业务数据的电子化记录。

（2）数据业务化：将获取的数据进行智能化分析，指导业务的进展方向，对业务产生影响，甚至成为企业的主要业务平台。近十年来迅猛发展的互联网公司正

是典型的代表，数据平台成为其最大的核心竞争力。实体经济也将各个环节收集的数据充分整合利用，优化业务流程，在市场营销、产品设计、生产制造、仓库管理、合同交付、售后服务等生命周期各环节发挥极大的作用。

（3）行业标准化：新的数据化工具虽然有技术领先性，但在初始阶段还是偏向于细分场景或者通用场景。这往往需要与行业的头部企业深度合作，结合行业实践与数据积累，形成在该行业的新标准，对行业中的其他企业产生引导和示范作用。然后反复迭代，形成一套成熟的系统。

（4）改变行业规则：工业元宇宙模拟真实生产过程和供应链组织流程，从而进一步优化企业组织结构和行业形态。一旦形成成熟的解决方案，新工具足以改变行业规则。

2. 元宇宙赋能工业生产

当前，物联网、人工智能、5G等新一代技术不断更新迭代，工业4.0将在极大程度上革新生产方式，促进社会生产力的发展与转型。元宇宙在工业上的应用可分为"由实入虚"与"由虚入实"两种路径。

"由实入虚"，即数字化虚拟开发的普及，在实体工厂、具体产品还未面世的情况下，利用计算机技术在虚拟状态下构思、设计、模拟制造，而后测试分析生产方案，发现问题，获取优化建议。通过将所有参数结构化成为通用数据，利用计算机对虚拟方案进行科学分析与优化，并在大数据背景下进行信息共享。由此产生的生产方案更具体透明，资金更明晰可控，产品开发与实施效率得以提高。如虚拟车间正是真实车间数字化的映射，在虚拟世界有一个真实物理空间的"克隆图"。通过对虚拟车间的模拟操作可以预测在现实车间真实操作时产生的影响，现实中的改变也能够对虚拟的"孪生体"发生作用。

"由虚入实"，即虚拟成品通过VR/AR等模拟技术被搬到现实世界中。以往的产品评估通常安排在生产完成之后，而仿真测试能够在产品生产前就在虚拟世界中进行这一环节。人们通过便捷的终端，沉浸式、全方位、多角度地观察和调节产品，产业链上下游被紧密连接，新的技术使得大生产的个性化定制成为可能。如汽车领域中的虚拟仿真测试，不仅能够通过VR测试用户满意程度，还能够模拟驾驶场景检验汽车性能及潜在的问题。

元宇宙通过"智能工厂"及虚拟现实的新型生产力工具，在全球范围内实现虚拟与实体生产体系的灵活协作。如专门针对制造业研发的 AR 智能眼镜，集合了 5G、空间计算、AR 云、自然交互和 AR 智能硬件等 AI 核心技术，用于设备安装调试、产线巡检、远程运维、产品售后及员工培训等智能制造环节，在各个环节提升协作效率，催生新的运营模式。在进行远程装配时，此端专家可以通过 AR 实时空间标注、音视频通信、桌面共享等技术，远程协助彼端现场工程师的装配工作，从而提升远程沟通效率，缩短工程建设周期。

在人员协作上，元宇宙建立了一个新型远程协作平台，以往平台侧重于解决人与人连接的问题，元宇宙办公体系则解决了人与信息、人与空间的连接问题。用户可以将数字信息（如温度、湿度等物联网数据，视频等数字信息资料，个人公开信息等）放在元宇宙中；之后，佩戴 AR 眼镜的人就能够来到这个空间看到这些信息，并通过这些信息辅助自己的工作。

3. 工业元宇宙融合增值

工业元宇宙以虚实整合系统，能极大地降低人力成本与时间成本，在人员培训、巡查维修、监控维护、专家会诊、市场营销等领域具有较大的价值。消费者通过 App 等入口参观、体验，甚至参与设计、制造等流程；构建工业元宇宙智库平台，实现专家与知识库、人工智能系统多方集成，促进工业能源、资源、智源三大协同。据估算，工业元宇宙将推动全球智能制造市场规模在 2025 年突破 5400 亿美元，2021—2025 年复合成长率达 15.35%[①]。

（二）元宇宙时代工业经济提质增效的多种模式

从过去几年的情况看，工业尤其是制造业提质增效已经表现出很多新的可喜变化：有些提升了局部生产活动的效率，有些更好地实现了进口替代，有些则在全国乃至全球优化了资源配置。元宇宙时代的到来，将促使这类变化持续加速演进，也预示着我国工业经济新动能的成长壮大。

1. 用新技术改造传统产业

在 2021 年以前，很多传统企业就积极探索利用各种不断涌现的新技术、新模式、新业态寻求转型升级。在服装和家居行业，有企业积极运用数字建模、扩展现

---

① 尤可可、王儒西：《元宇宙：数字化生存新机遇》，电子工业出版社，2022 年。

实、智能制造等技术为客户设计专属版型，满足客户个性化需求，在提升客户体验、提高生产和营销效率的同时，还大大提升了盈利水平和企业形象。

进入元宇宙时代以后，尽管规模化的产品和服务尚未成型，但是，集合了多种新技术的元宇宙可以为更加复杂的工业场景提供一体化解决方案已经得到共识。例如，数字孪生技术可以真实模仿一些高成本、高风险、高污染、难再现的场景，在安全巡检、教育培训领域有着广阔应用；扩展现实技术、虚拟人技术可在自然人难看见、难介入、难操作的场景大显身手，如航空、建筑、高压电站等领域的维护维修、远程会诊等。

近20年来，大量中小型技术企业纷纷涌现，凭借自己掌握的高新技术为传统产业服务。这些技术企业通过数字化解决方案帮助传统企业解决转型升级中的痛点难点问题，自觉推动着工业经济的发展，它们在这个过程中积极研发新技术、创新商业模式，主动作为，不断突破，涌现出大量"专精特新"企业、专精特新"小巨人"企业、国家高新技术企业，蕴藏着巨大的发展潜力。

2. 通过向服务化转型加速制造业的数字化转型

回顾欧美发达国家的工业演进过程，制造业服务化是普遍的发展趋势。统计显示，部分发达国家服务业增加值已占GDP比重的70%，而制造服务业占整个服务业比重同样高达70%，服务成为越来越多制造业企业销售收入和利润的主要基础，是制造业竞争优势的核心来源。例如，IBM成功从计算机硬件生产商转型为全球著名的IT综合服务提供商，转型完成后公司盈利能力更趋稳定，金融危机中仍保持净利润持续增长，服务收入占总收入的比重超过80%。基于产品的增值服务也成为国际大型装备制造企业的主要收入来源。[1]

与发达国家相比，我国服务型制造业发展相对滞后，但近年来国内部分企业在制造业服务化方面进行了许多积极的探索，发展势头良好。可以预见，元宇宙时代的到来不仅将加速这一趋势，而且能为制造业向服务化转型带来新的思路和实现路径。

下面以中铁工程服务有限公司（以下简称"中铁工服"）[2]为例，来看我国劳动

---

[1] 刘世锦：《中国经济增长十年展望（2017—2016）：老经济与新动能》，中信出版社，2017年。
[2] 刘玉焕、王洋慧：《大国重器"盾构机"的工业互联网平台——中铁工服的数字化创新之路》，《清华管理评论》2021年。

密集型企业的数字化创新之路。中铁工服初创时聚焦于劳动密集型的盾构机安装服务，由于技术门槛较低且竞争激烈，在夹缝中艰难生存。凭借对用户需求的深刻洞察，中铁工服创新盾构机租赁服务模式，并跨界融入盾构装备技术、土木施工技术和信息化技术，提升地下工程服务质量，并初步构建了以盾构云平台、掘进机租赁网、中铁工服 MALL、共享工程师平台为主的工业互联网平台，为传统盾构机行业找设备、找人、找配件的难题提供了全新的解决方案，实现了"线上平台+线下服务"联动运营发展。中铁工服的工业互联网平台也推动了盾构产业从传统施工模式向智能化、数字化的新经济形态转变，帮助中铁工服从传统机电安装服务提供商这一劳动密集型企业向平台型高科技服务企业转型，形成了跨界技术创新格局。然而，这还只是中铁工服数字化创新的第一步，如何实现各个平台的协同发展，真正推动地下工程服务行业的数字化和智能化转型，成为其后续面临的关键挑战。这些难题或许可以在元宇宙时代迎刃而解。

3. 以一些关键共性技术的突破和应用推动提质增效

尽管近年来中国稳居世界第一制造大国的地位，然而核心的关键共性技术缺失造成中国制造长期"大而不强"，主要体现为：高端装备所需的关键基础原材料、关键基础零部件严重依赖进口，先进基础工艺缺乏广泛应用，基础技术支持没有保障。在当前全球新冠肺炎疫情蔓延的形势下，国际贸易关系更加微妙，全球产业链面临巨大的不确定性，我国制造业发展尤为艰难。但进入元宇宙时代，新技术、新工艺、新商业模式、新业态层出不穷，我国和发达国家处于同一起跑线，都没有成形的发展经验可供借鉴，我国工业发展有望借此契机实现跨越式发展。

例如，作为元宇宙重要的底层技术，数字孪生已经引起美国、欧盟的高度重视，支持将现实世界虚拟化，承担了基于现实信息构建和更新元宇宙世界的任务，其最早诞生于美国的航空航天领域，目前主要应用于工业生产领域。数字孪生可以实现对现实设备的监控、数据的可视化，以及对设备故障的诊断兼预测。工程师们通过在数字孪生模型上模拟设备在各种参数下的运转状况，可以大大降低产品设计和维护的成本、提高效率。2013 年，德国提出的"工业 4.0"战略，主张利用信息物理系统实现制造业的智能化转型，其核心技术就是物联网与数字孪生。2020 年 4 月，我国发布《关于推进"上云用数赋智"行动　培育新经济发展实施方案》，指出数字孪生是与大数据、人工智能、云计算、5G、物联网、区块链并列的七大新一代数字技术之一,并提出要开展"数字孪生创新计划",通过鼓励研究机构与产业联盟的数字孪生创新来推动企业数字化转型。与此同时,支撑该技术发展的芯片、传感器等硬件的相关技术也将得到跨越式发展[①]。

4. 通过产业的跨区域转移带动产业转型

我国国土面积广阔,东部、中部、西部、东北部四大区域的经济发展水平存在较大差异。近年来,随着东部地区生产成本上涨,资源环境约束趋紧,加快经济发展方式转变和产业结构升级成为各地政府工作的重要任务。党的十八大以来,中央相继提出"一带一路"、京津冀协同发展和长江经济带三大发展战略,为区域协调发展创造了良好的政策环境。随之频繁出现龙头企业带动配套企业共同搬迁、产业链整体转移的现象,不仅能降低产业转移风险,而且有助于承接地加快形成产业集群。

元宇宙是物理世界的智能化升级版本,有海量的数据需要收集和处理。为了满足社会经济日益增长的算力需求,解决东西部算力发展不平衡的问题,我国于2022年2月启动"东数西算"工程。国家发展改革委等部门同意在京津冀、长三角、粤港澳大湾区、成渝地区、内蒙古自治区、贵州省、甘肃省、宁夏回族自治区启动建设国家算力枢纽节点,并规划了10个国家数据中心集群[②]。实施"东数西算"工程,既能满足全国尤其是东部地区快速增长的算力需求,又能切实带动西部地区的产业升级、人才汇聚、资金吸纳、技术转移、公共治理优化等,推动中西部地区产业链生态培养;既有利于提升国家整体算力水平,实现算力的规模化和集约化,又有利于促进绿色发展,就近消纳西部绿色能源,持续优化数据中心能源使用效率。可以说,"东数西算"工程是国家对数字经济基础设施的长期性规划、综合性布局,是我国经济实现高质量发展极为有力的助推器。

5. 加大政策扶持,利用市场机制引导产业升级

合理的产业政策能够有效引导和扶持相关产业发展,例如,2012年《"十二五"

---

① 2020年4月7日,国家发展改革委、中央网信办联合印发《关于推进"上云用数赋智"行动 培育新经济发展实施方案》(发改高技〔2020〕552号)。
② 2022年2月7日,国家发展改革委、中央网信办、工业和信息化部、国家能源局联合印发《关于同意京津冀地区启动建设全国一体化算力网络国家枢纽节点的复函》(发改高技〔2022〕212号)。

国家战略性新兴产业发展规划》①的印发就对当时拉动中国经济加快走出国际性金融危机发挥了重要作用。因此，政府应当以"完善市场制度、补充市场不足"为目标，将产业政策的重点放在为市场机制充分发挥其决定性作用上，提供完善的制度基础，强化保持市场良好运转的各项制度，为企业主体创新活动创造良好的外部条件。

2022年年初，工业和信息化部中小企业局明确提出将培育一批进军元宇宙的创新型中小企业②。多地围绕元宇宙产业化进行了系统布局，出台了不少政策文件。从各地年度政府工作报告和主流媒体的公开报道来看，除了北京市和上海市，还有十多个省市率先对元宇宙进行了布局。不同地方对元宇宙的定位和产业化路径选择各有不同。例如，湖北省把元宇宙看作AR/VR、人工智能、5G等前沿数字科技的集合体，其关键价值在于为实体经济的数字化、网络化、智能化转型赋能，通过改善设计、生产等来提升实体经济数字化程度，进而提升生产效率。而以河南省、江西省等为代表，更多将元宇宙视为核心技术有所突破、具有广阔市场空间和应用需求的成长期未来产业。

各地制定的具体措施，大多从科技创新、应用场景、项目和园区等几项重点工作入手。北京市通州区、上海市虹口区则提供了系统性布局的"基层"案例。通州区印发了《关于加快北京城市副中心元宇宙创新引领发展的若干措施》，从示范应用、产业布局、鼓励投资、知识产权保护和标准创制、房租补贴、产业联盟、人才引进、交流合作八个方面鼓励元宇宙相关企业落地发展；虹口区发布了"元宇宙产业发展行动计划"，提出重点做好"六个一"，即培育和引进一批元宇宙场景应用优质企业、建设一批元宇宙产业经济空间、打造一批硬件技术创新中心、构建一个良好数字经济生态圈、打造一批场景应用示范标杆项目、成立一个元宇宙产业党建联盟③。

---

① 国务院印发《"十二五"国家战略性新兴产业发展规划》（国发〔2012〕28号），2012年7月9日。
② 2022年1月24日，工业和信息化部召开新闻发布会，介绍支持中小企业发展相关工作情况，中小企业局局长梁志峰在会上表示，将培育一批进军元宇宙、区块链、人工智能等新兴领域的创新型中小企业。
③《元宇宙发展报告·政府篇》，川观新闻2022年3月21日。

三、布局元宇宙，抢占工业文化发展新高地

2021年10月，脸书创始人扎克伯格宣布公司改名为Meta，引发了全球范围内对元宇宙的热烈讨论。国内企业界、金融界对此反响热烈，股市尤为敏感，到2021年11月30日，上市企业凡宣布进入元宇宙领域股票即上涨，元宇宙板块达到了117家企业，引起证监会关注。与此同时，由学术界和产业界发起的元宇宙专业委员会、产业联盟等组织及各类高峰论坛、研讨活动相继涌现，掀起一波又一波舆论高潮。但据工业和信息化部工业文化发展中心调研发现，最初对元宇宙的过热舆论，不乏资本的炒作动机；随着国内外互联网巨头争相布局元宇宙，网民关于元宇宙的讨论越来越深入，舆情逐渐趋于理性。

（一）我国元宇宙产业发展的优劣势分析

总体来看，我国元宇宙产业发展主要有3个方面优势。第一，互联网规模较大，尤其是网民规模已经超过10亿人，庞大的人口基数是丰富和完善元宇宙应用场景的重要力量。第二，通信技术基础扎实，国内互联网产业发展仅次于美国，且商业模式较为灵活，在元宇宙相关产业的运营及发展上具有一定的经验。第三，我国政府对数字经济领域及新技术、新业态的高度重视和支持，成为元宇宙发展的外部助力。我国元宇宙产业发展也存在一些劣势，例如，我国的芯片半导体、云计算等关键产业链环节发展落后于欧美国家，而这些环节构成了元宇宙发展的主要基础；虚拟经济带来的风险也可能对实体经济造成冲击与影响。此外，对于呈现爆发式增长的元宇宙相关产业来说，需要大量素质能力与之匹配的从业人员，这对我国的人才教育培训体系提出了极高的要求；早期成立的元宇宙相关组织多关注元宇宙的技术概念和未来场景，对元宇宙的产业基础及其对工业的赋能机制则较少涉猎。

2021年，工业和信息化部等8部门联合印发《推进工业文化发展实施方案（2021—2025年）》，提出"把工业文化建设作为推动制造业高质量发展的重要内容""鼓励数字技术在工业文化企业、体验产品和项目建设中的应用""加快发展新型文化业态、消费模式""促进文化与产业融合发展"[①]。在此背景下，工业和信息

---

① 2021年5月11日，工业和信息化部、国家发展改革委等部门联合印发《推进工业文化发展实施方案（2021—2025年）》（工信部联政法〔2021〕54号）。

化部工业文化发展中心成立了工业元宇宙实验室，密切关注元宇宙技术发展前沿与趋势，探索元宇宙与工业的结合，聚焦元宇宙技术与工业的结合方式和连接标准，逐步成为工业元宇宙的行业组织者。2022年，工业文化发展中心陆续发行工业主题系列数字藏品；联合业界头部企业和高校共同发起成立工业元宇宙联盟，搭建资源整合、交流合作、融合发展和行业公共服务平台；后续还将就工业元宇宙基础理论、战略规划、建设运营、产业发展、行业标准、评价评估体系等开展研究并加以推广，进一步促进文化与产业融合发展；为上级主管部门制定相关政策提供参考与支撑，自上而下引导工业元宇宙行业健康有序发展。

（二）加速工业元宇宙发展的若干建议

1. 支持元宇宙相关基础研究和学科发展

政府应加大资金投入和政策扶持力度，围绕元宇宙发展关键技术支撑领域，协同国家实验室、科研院所、企业研发中心等机构，打造重大科技基础设施集群，发布脑科学、认知科学、计算机图形学、数学、光学、材料学等相关学科基础理论研究课题，推动相关学科发展。

2. 推动元宇宙相关技术研发和产品落地

在当前复杂微妙的国际形势下，中国一些关键技术的发展被限制，因此，要积极推动元宇宙相关技术的自主研发和产品落地。政府应鼓励和支持相关企业加强基础研究，增强技术创新能力，稳步提高技术成熟度，推动元宇宙相关专精特新技术研发。通过鼓励相关技术的研发，从交互层、传输层、数据层等多层面为元宇宙构建夯实基础设施，助力元宇宙的融合场景搭建、经济系统构建以及生产交互机制等功能的实现，推动元宇宙从技术创新走向治理模式创新。从技术方面来看，技术局限性是当前我国元宇宙发展面临的最大瓶颈，尤其是移动通信、大数据、人工智能等底层架构性信息技术急需提升。

3. 促进适合元宇宙时代的内容创新生产

在元宇宙特性的影响下，内容生产的形态将更为复杂，通过普及图像渲染、建模工具，打造开放性、共享性的自主知识产权引擎，促进用户进行3D模型的构建及内容的生产；通过搭建更强的AI算法，使计算机自动生成大量的数字内容；通过物联网生产内容，实现更普及的数据采集和设备数据管理平台，从而打造梯次布局、高效协作的内容创新平台体系。

4. 引导社会资本投向泛产业泛民生应用

2021年，元宇宙概念成为资本市场最火爆且最具想象空间的新兴事物。但是，受制于现有的技术进展，目前元宇宙产业仍处于"社交＋游戏"场景应用的初级阶段，需进一步拓展元宇宙的场景入口，激活其在产业发展和公共服务领域的应用空间，实现从泛娱乐到泛产业、泛民生的梯次变革。要谨防出现新的虚拟经济泡沫，规范元宇宙投资市场，引领资本向有国际竞争力的元宇宙项目集中。

5. 鼓励元宇宙产业出海竞争全球化拓展

政府应推动我国元宇宙产业全球化，鼓励优秀的元宇宙产品出海竞争，构建元宇宙国家软实力，通过元宇宙这一新型互联网应用更好地讲述中国故事，传播中国形象。中国目前在元宇宙配套技术发展、产业健全程度上仅次于美国，国内市场空间广阔；在海外市场拓展上，中国企业也积累了一定的经验，政府还需进一步面向元宇宙场景入口企业、底层技术企业、第三方配套服务企业等提供差异化的孵化及监管策略，推动技术、资源、用户等多层面的全球化发展。

6. 加强行业监管规范产业健康有序发展

在治理模式上，通过总结网络平台发展过程中的治理经验，加强元宇宙前瞻性立法研究，重点关注监管审查、数据安全等问题。总体上，技术应用、平台垄断与数据隐私风险规制是推动元宇宙健康有序发展的关键，目前元宇宙分布式自治中存在的各种问题仍需制度介入并规范。要加强对区块链等关键技术的应用风险研究，探索形成法律、市场、代码架构和社会规范相结合的多元规制路径。还要综合运用法律、市场和监管技术等多种手段，引导平台型企业主动承担社会责任，建立开放包容、互利共生的元宇宙治理生态。同时，在虚实空间的构建上，要完善元宇宙的定义标准、交互方式、技术规范等，强化以"筑基"为核心的大数据平台顶层设计，建设完善统一的元宇宙数据资源开发平台。①

总而言之，当下应把扶持核心技术发展、研发爆款应用、去泡沫、健全元宇宙公共政策4个方面结合起来，稳步推动元宇宙与工业的结合，全方位铺平元宇宙发展道路。

---

① 尤可可、王儒西：《元宇宙：数字化生存新机遇》，电子工业出版社，2022年。

元宇宙的出现，是多种技术聚合发展、有机融合的结果，是新技术、新经济联动发展的良好契机。面对重大历史机遇，结合"十四五"规划总体要求，以工业文化为指引，以元宇宙建设为牵引，带动新一轮技术革新、产业迭代，占领科技制高点，培育新型领军企业，孕育新型产业集群，必将促生工业经济新的巨大动能，有力促进制造强国、网络强国建设。